GRANNY SQUARE

그래니 스퀘어 사각 모티브 100 소스북

THE ULTIMATE GRANNY SQUARE SOURCEBOOK

Copyright © 2021 by Meteoor Books bv
Original English Edition 2019 by Meteoor Books, Antwerp, Belgium
Korean-language edition copyright © 2021 by Book Blossom Co., Ltd.

이 책의 한국어판 저작권은 대니홍 에이전시를 통한 저작권사와의 독점 계약으로 북핀에있습니다.
저작권법에 의해 한국 내에서 보호를 받는 저작물이므로 무단전재와 복제를 금합니다.

GRANNY SQUARE

그래니 스퀘어 사각 모티브 100 소스북

코바늘 손뜨개
사각 모티브 도안과 믹스앤매치

북핀

머리말

코바늘과 뜨개실을 준비하고, 음료도 준비해 주세요.
그리고 손가락에 힘을 주세요.
자, 멋진 디자인의 그래니 스퀘어 사각 모티브를 뜰 준비가 되셨나요?

고전적인 디자인, 현대적인 디자인, 섬세하고 정교한 패턴, 화려하고 생동감 넘치는 무늬와 조화로운 색상 등 무한한 가능성을 지닌 100개의 모티브를 만나 보세요.

이 책에 실린 독창적인 작품들은 전 세계에서 온 23명의 창의적인 디자이너들이 각자의 최고의 작품을 가져온 것입니다.
작품마다 정확한 도안과 지문 설명을 제공하고, 어떤 모티브와 연결하고 매치하면 그 멋스러움이 배가되는지 정보를 제공하며, 블로킹과 모티브 연결을 위한 테크닉 및 튜토리얼까지 충분하고도 다양한 정보를 담고 있습니다.
모티브 자체는 실로 그린 캔버스처럼 아름답고, 여러 개를 떠서 연결하면 포근한 담요, 부드러운 쿠션, 실용적인 옷이 됩니다.

이 책에 실린 모티브들은 그래니 스퀘어 디자인 공모전(www.allcrochetpatterns.net)을 통해 선정된 작품들로, 전형적이고 고전적이어서 누구에게나 친숙한 초급 단계 모티브부터 놀라운 완성도를 보여주는 섬세하고 정교한 입체 모티브까지 다양한 수준과 디자인의 작품들로 구성되어 있습니다. 또한, 각 모티브는 총 콧수가 80코 또는 112코로 일정하므로, 서로 조합해서 연결하기 쉽습니다.

모티브 뜨기는 여러 가지 면에서 만족스럽습니다. 자투리 실을 활용할 수 있는 좋은 방법이고, 작품의 크기가 크지 않아 이동 중에 가지고 다니며 뜨기에 좋습니다. 모티브 하나를 뜨는 데 걸리는 시간도 비교적 짧아서 완성물을 금방 확인할 수 있다는 것도 장점이고, 일상의 걱정을 잠시나마 떨쳐버리며 힐링할 수 있는 완벽한 취미활동이기도 합니다.

이 책에 실린 100개의 모티브 디자인이 아름다움이 만들어내는 만족감은 물론, 여러분의 뜨개 생활에 위로와 영감을 줄 수 있기를 바랍니다.

즐거운 코바늘뜨기가 되기를!

해시 태그 #grannysquaresourcebook으로 전 세계의 니터들과 작품을 공유하세요!

ABOUT THIS BOOK

이 책은 다양한 국적의 23명의 작가들이 디자인한, 초급부터 최고급까지 다양한 수준의 개성 있는 작품 100개로 구성되어 있다.
각 모티브는 모두 도안이 제공되며, 각 단계에서 주의해서 떠야 할 부분에 대해서는 지문에서 설명하고 있으니 반드시 지문을 함께 확인하면서 뜨기를 권한다.

사용된 실 색상. 색 이름에 해당하는 색상은 p.22의 표에서 확인할 수 있다. 다만, 촬영한 실물 뜨개의 실 색상과 표로 안내된 색상은 다소 색감의 차이가 있을 수 있다.

작품을 디자인한 작가 정보

최종 콧수 표시. 이 책에 실린 모든 작품은 80코 혹은 120코로 끝난다.

함께 매치하면 좋은 다른 모티브에 대한 정보를 제공한다.

어울리는 다른 모티브와 배치한 모습이나 같은 디자인을 다른 배색으로 뜬 결과물을 사진으로 보여준다.

작품의 난도 표시. 각 레벨에 대한 자세한 설명은 p.11을 참조한다.

완성 사진

기호로 그려진 도안. 각 뜨개별 기호는 p.23을 참조한다.

지문 설명. 도안만으로 충분하지 않거나 특별히 주의해서 떠야 할 부분에 대해서는 지문으로 따로 안내하고 있다.

분리된 도안. 입체 모티브인 만큼 2단 이상을 내려가 뜨거나 앞뒤로 층이 생기는 구조가 많기 때문에 도안이 다소 복잡하게 표현되는 작품이 많다. 이런 경우 도안을 분리하여 보여줌으로써 혼란을 줄이고자 하였다.

CONTENTS

80코 사각 모티브 / **112코 사각 모티브**

51	106p	레몬과 라임
52	108p	레인보우 블라섬
53	110p	강강술래
54	112p	풍성한 다발꽃
55	114p	스윗 피치
56	115p	8개의 꽃
57	116p	바람개비
58	118p	블루베리 농장
59	120p	수박
60	122p	빛나는 태양
61	124p	꽃의 정원
62	126p	미로
63	127p	작약
64	130p	공작새
65	132p	코티지 플라워
66	134p	6-행성
67	137p	연꽃
68	138p	써니 사이드 팝
69	140p	팔각별
70	142p	골든 엣지
71	144p	대칭 무늬
72	146p	팝업 플라워
73	148p	노르딕 해피니스
74	150p	물 위의 수련
75	152p	블루 하트 꽃잎
76	154p	두 겹 꽃받침
77	156p	긴 6장 꽃잎
78	158p	고양이 발톱
79	160p	스퀘어 센터
80	162p	접힌 꽃잎
81	164p	연금술사의 정원
82	167p	풍차
83	168p	스타 스티치
84	170p	로제트
85	172p	붉은 8장 꽃잎
86	174p	잭필드 타일
87	177p	비오는 날 물웅덩이
88	178p	꽃 위의 꽃
89	180p	그러데이션 로즈
90	183p	핑크 하트 꽃잎
91	184p	방울과 팝콘
92	186p	아이리스
93	188p	물레방아
94	190p	작은 선물
95	192p	팔각 테두리
96	194p	꽃 왕관
97	196p	겹꽃
98	199p	4-하트
99	202p	물결
100	204p	플라워 헤드

※목차에서는 모티브 이름에서 '사각 모티브' 명칭을 생략하였습니다.

재료와 도구

뜨개로 완성한 작품을 보고 있으면, 서로 다른 굵기와 색상, 다양한 소재의 실들에 감탄하게 된다. 이런 실들 중에 자신에게 맞는 실을 찾는 데 다음의 가이드가 작은 도움이 될 수 있을 것이다.

실

이 책에 있는 모든 작품은 면 100% 머서 가공 처리(더 강하고 광택 나게 처리하는 것)된 약간 가늘거나 중간 굵기 정도의 실과, 필수로 구비해야 할 실용성 높은 색들로 이루어져 있다. 하지만, 적당한 굵기의 바늘을 사용한다면, 다른 굵기의 면/아크릴/울 소재의 실도 대용할 수 있으니 실 선택 시 너무 고민할 필요는 없다.

실의 굵기는 다양하다. 실의 굵기는 무게로 측정되며, 라벨에 1~7의 숫자로 표시되기도 한다. 또한 다음과 같은 명칭으로 구분하기도 한다.

- **슈퍼 파인(Superfine)** 레이스를 뜰 때도 사용할 만큼 아주 가는 실
- **파인(Fine)** 슈퍼 파인보다는 굵지만, 가는 편에 속하는 실. 부드럽고 가벼운 편물을 주로 뜸
- **라이트(Light)** 다용도로 가장 많이 쓰이는 굵기 중 하나
- **미디엄(Medium)** 많이 사용되는 굵기 중 하나. 스웨터 등 방한용 옷이나 소품 등을 많이 뜸

모티브 뜨기에는 파인, 라이트, 미디엄의 실이 많이 사용되는데, 큰 블랭킷을 빨리 뜨고 싶다면 라이트나 미디엄 실을 사용하면 좋다. 그 밖에 디테일한 요소가 많은 작은 핸드백이나 스카프처럼 작은 소품을 만들 계획이라면 파인 실로 시도해 보기를 추천한다.

실의 소재는 크게, 울/면/아크릴로 나뉜다.

- **울(Wool)** 부드럽고 자연적이며 내구성이 뛰어난 섬유이지만, 울 알레르기와 높은 가격이 단점이 될 수 있다.
- **면(Cotton)** 다소 뻣뻣해서 초보자가 사용하기에는 약간 어려움이 있지만, 뜬 모양이 명확하게 드러나는 장점이 있다. 내구성이 뛰어나지만, 신축성은 조금 떨어지고, 따뜻한 감은 덜 해서 여름에 많이 선택되는 소재이다.
- **아크릴(Acrylic)** 가격이 저렴해서 인기 있는 합성 섬유로, 세탁이 자유롭고 튼튼하며 가볍다. 다만, 아크릴 실로 뜬 편물은 내구성이 떨어져 시간이 지나면 다소 그 형태가 무너질 수 있다.

각 소재를 혼합하여 만든 실이 질이 좋은 경우도 많다.

💡 **Tip:** 일반적으로, 꼬임이 단단하고 질감이 부드러운 실이 뜨기 쉽다.

실을 선택할 때는 본격적으로 작품을 뜨기 전에 사각 모티브 하나를 선택해서 테스트를 거치는 것이 좋다. 세탁 및 블로킹 작업까지 해서 그 결과가 만족스러운지 확인하자.

이 책에서는 각 모티브를 뜨는 데 필요한 실의 양(길이나 무게)을 기재하지 않았다. 여러 가지 색으로 뜨기 때문에 한 가지 실이 한 모티브를 뜨는 데 많이 필요하지 않으며, 뜨는 사람의 손땀에 따라서도 드는 실의 양이 많이 달라지기 때문이다. 다른 모티브를 뜨다 남은 실로 떠도 좋다.

💡 **Tip:** 어두운 색으로 뜰 경우에는 패턴이나 뜨개의 형태가 명확하게 보이지 않을 수 있으므로 주의한다.

바늘

바늘도 실과 마찬가지로 다양한 사이즈가 있다. 실 무게(굵기)에 맞는 사이즈의 바늘을 사용하며, 보통 실 라벨에 안내되어 있다.

💡 **Tip:** 다음 표는 각 실의 굵기/무게에 따라 일반적으로 추천되는 표준적인 바늘 사이즈이다.

번호	1	2	3	4
명칭	슈퍼 파인 (Superfine)	파인 (Fine)	라이트 (Light)	미디엄 (Medium)
영국 실 명칭	3ply	4ply	double knitting(DK)	aran
미국 실 명칭	fingering	sport	light worsted	worsted
추천 바늘 굵기(호수)	2.25~3.5mm (3/0~6/0호)	3.5~4.5mm (6/0~7.5/0호)	4.5~5.5mm (7.5/0~9/0호)	5.5~6.5mm (9/0호~10/0호)

안내된 바늘 사이즈와 실 굵기로 떠도 너무 타이트 하거나 느슨하게 느껴질 수 있는데, 이럴 때는 완성된 모티브의 질감과 늘어짐의 정도가 마음에 들 때까지 다양한 바늘 사이즈를 시도해 본다. 더 뻣뻣하고 단단하게 뜨려면 바늘 사이즈를 줄이고, 더 늘어짐과 신축성이 있기를 원한다면 바늘 사이즈를 늘린다.

바늘은 보통 알루미늄이나 철로 만들어진다. 금속 바늘은 실 사이로 더 잘 미끄러지는 경향이 있다. 고무 또는 인체공학적 손잡이로 만들어진 바늘을 선택하면 더 편리하다.

기타 도구

실과 바늘 외에 필요한 도구는 게이지를 측정하기 위한 줄자, 실을 자를 수예용 가위, 단 마무리 등 실을 꿰어서 꿰매는 용도의 돗바늘 정도다. 블로킹 작업을 위한 블로킹 보드와 핀도 준비해 두면 좋다.

지문 읽는 법

이 책에서는 뜨개 기호로 작성된 도안 외에, 그 내용을 설명해주는 지문을 함께 제공하고 있다. 지문에서 제공하는 내용은 다음과 같다.

- **단 수, 뜨개의 종류, 총 콧수** 각 지문의 첫 줄에서는 단 수와 해당 단에서 사용된 뜨개의 종류, 해당 단의 총 콧수를 제공한다. 총 콧수는 뜨개의 콧수와 사슬 수를 별도로 계산하여 표시하며, 단을 연결할 때 사용되는 빼뜨기 등은 콧수에 포함되지 않는다.

  (예) <u>1단</u> 긴뜨기, 사슬뜨기 〈8코+16사슬〉

- **단을 시작하고 끝내는 방법** 단을 시작하는 방법에는 크게 스탠딩 스티치(p.18 참조)로 시작하는 방법과 기둥코 사슬을 이용하는 방법이 있고, 단을 끝내는 방법은 크게 돗바늘로 단 마무리(p.19 참조)를 하는 방법과 빼뜨기로 첫 코와 연결하는 방법이 있다.

  (예) • 사슬 공간에 실B를 연결하며 첫 코를 스탠딩 스티치로 뜬다. • 첫 번째 팝콘뜨기 다음 첫 번째 사슬에 단 마무리를 한다.

  (예) • [사슬 5(=한길긴뜨기 기둥코 사슬 3+사슬 2)]로 뜨기 시작한다. • 단의 끝에서는 3번째 사슬에 빼뜨기하여 연결한다.

- **뜨는 방법에 대한 설명** 중간에 색을 바꿔 뜨거나, 2단 이상 내려가서 뜨는 부분이 있거나, 기타 주의사항이 있는 경우, 변형뜨기가 있는 경우 등 별도의 뜨는 법에 대한 설명이 필요한 경우 이를 자세히 설명한다.

  (예) • 8단의 뜨지 않은 1-사슬 공간에 실A를 연결하며 첫 코를 스탠딩 스티치로 뜬다. • 이 단은 모두 9단의 뒤에서, 8단의 뜨지 않은 사슬 공간에 뜬다.

  (예) *Note.* 단의 중간에서 실 바꾸기: 한길 4코 팝콘뜨기를 뜨기 전 마지막 한길긴뜨기 마지막 단계(즉, 바늘에 실을 걸어 바늘에 걸린 고리를 모두 빼는 단계)에서 실D로 교체하고, 팝콘뜨기 마지막 단계(사슬뜨기로 팝콘을 닫는 단계)에 실C로 다시 바꾼다. 자세한 설명은 p.18 참조

도안 보는 법

각 작품마다 기호로 그려진 도안이 제공되어 한 눈에 보고 뜰 수 있다. 각 기호에 해당하는 뜨개법은 p.23의 표를 참고한다. 도안은 시계 반대 방향(편물을 돌려뜨는 경우가 아니라면)으로 읽는다.

첫 코로 뜬 스탠딩 스티치(p.18 참조) 부분은 진하고 굵게 표시하여 단의 시작 부분을 쉽게 확인할 수 있도록 하였고, 해당 단을 다른 단과 헷갈리지 않고 쉽게 따라가며 확인할 수 있도록 각 단은 세 가지 색상을 교대로 사용해 그렸다. 이 색상은 실제 사용된 실의 색상을 뜻하는 것은 아니므로 혼돈하지 않도록 한다.

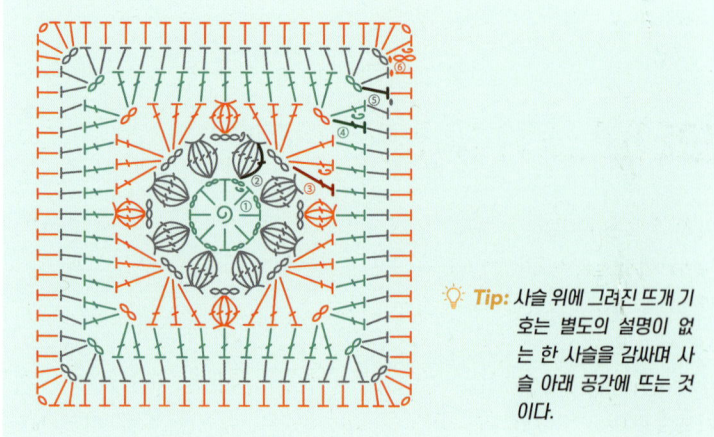

Tip: 사슬 위에 그려진 뜨개 기호는 별도의 설명이 없는 한 사슬을 감싸며 사슬 아래 공간에 뜨는 것이다.

2단 이상을 건너서 뜨거나 2개 이상의 층이 생기는 경우가 많은데, 이런 경우 다음과 같이 도안을 분리해서 설명하였으며, 분리된 도안에서 이미 뜬 단들은 회색으로 표시하였다.

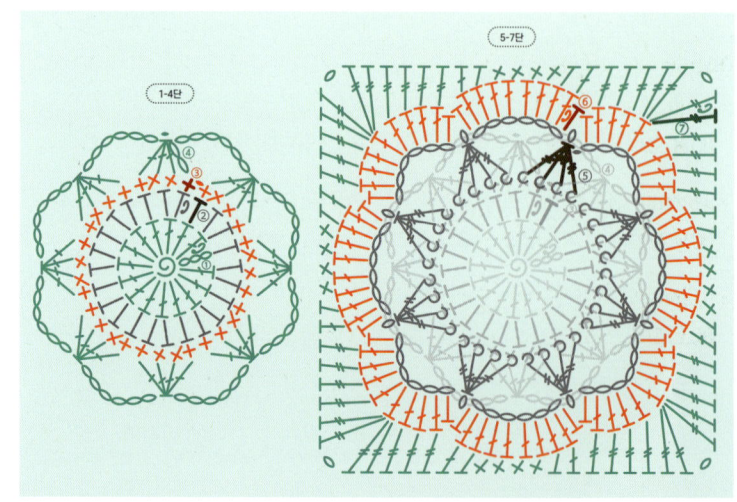

레벨 구분

- **초급** 기초적인 뜨개로만 이루어져 있으며, 모두 전단의 코나 사슬 공간에 뜬다. 단순한 반복이 많고, 단의 중간에서 색이 바뀌거나 하지 않는다.
- **중급** 조금 더 수준 높은 뜨개법이 사용되고, 2단 이상 아래의 단에 뜨는 경우가 종종 있으며, 단의 중간에서 색을 바꿔 뜨기도 한다.
- **고급** 복잡한 뜨개법이 사용되고, 반복되는 부분도 단순하지 않고 복합적인 경우가 많다. 바늘을 넣어 뜨는 단도 일정하지 않고 변화가 많다.
- **최고급** 반복되는 방법도 단순하지 않고, 바늘을 넣어 뜨는 위치도 까다로운 뜨개가 많다. 능숙한 니터들을 위한 패턴이다.

모티브 크기 맞추기

이 책의 모든 모티브는 마지막 단이 80코 또는 112코로 끝나지만, 완성된 결과물의 사이즈까지 동일하지는 않다. 뜨개의 높이, 실의 굵기, 또 뜨는 사람의 뜨개 습관도 완성된 결과물의 크기에 영향을 줄 수 있다.

따라서 두 가지 이상의 완성된 모티브를 연결하고 싶다면, 사이즈가 동일하게 나오는지 미리 샘플로 테스트해 보는 것이 좋다. 만약 원하는 모티브들끼리 사이즈가 맞지 않으면 바늘 사이즈를 바꿔서 뜬다. 뜨개를 더 타이트하거나 느슨하게 뜨기보다는 바늘을 바꾸는 방법을 추천한다.

다른 작품보다 특별히 더 크거나 작은 크기로 완성되는 모티브의 경우에는 지문에서 따로 안내하고 있으니 참고하면 좋다. 차이가 크지 않을 때는 블로킹 작업(p.20 참조)을 통해 어느 정도 조정이 가능하다.

〈바늘과 실에 따른 완성품 크기 예시〉

- 3mm(5/0호) 바늘, 적당히 가는 실
  80코 모티브-3.5inch/9cm, 112코 모티브-4.75inch/12cm

- 4.5mm(7.5/0호) 바늘, 조금 굵지만 가는 쪽에 속하는 실
  80코 모티브-4.5inch/11.5cm, 112코 모티브-6.5inch/16.5cm

- 5.5mm(9호/0) 바늘, 중간 굵기 실
  80코 모티브-5.75inch/14.5cm, 112코 모티브-8inch/20cm

코바늘뜨기 기초

시작코

시작코는 뜨개를 뜨기 위한 첫 번째 단계가 된다.

1. 그림과 같이 실 끝으로 고리를 만들어 고리 안으로 바늘을 넣고, 바늘 끝에 실타래로 이어진 실을 걸어 뺀다. 2. 실 끝을 당겨 고리를 단단히 조인다.

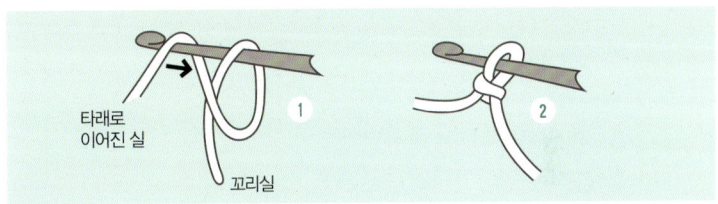

사슬

바늘 끝에 그림과 같이 뒤에서 앞으로 실을 걸고, 바늘을 당겨 바늘에 걸린 고리를 통과해 빼내면 사슬 1개가 완성된다.

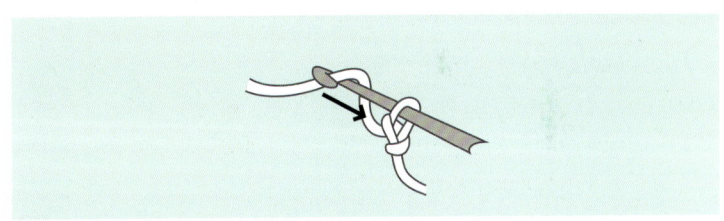

빼뜨기

빼뜨기는 한 코 이상을 이동하거나 단의 끝에서 처음과 연결할 때 사용한다.

1. 지정된 코(공간)에 바늘을 넣는다. 2. 바늘에 실을 걸어 당겨 빼고 바늘에 걸린 고리까지 모두 빼낸다.

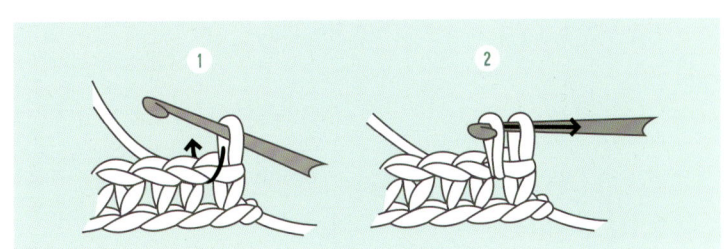

짧은뜨기

1. 지정된 코(공간)에 바늘을 넣는다. 2. 바늘에 실을 걸어 빼면 바늘에 2개의 고리가 걸리게 된다. 3. 바늘에 실을 감고 바늘을 당겨 빼서 바늘에 걸린 고리 2개를 모두 빼낸다. 4. 짧은뜨기 완성

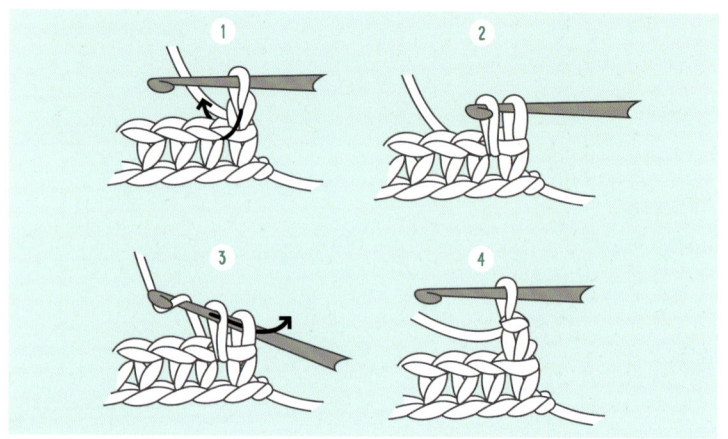

긴뜨기

1. 바늘에 실을 1번 감고 지정된 코(공간)에 바늘을 넣는다. 2. 바늘에 실을 걸어 뺀다(바늘에 걸린 고리 3개). 3. 바늘에 실을 감아 바늘에 걸린 고리를 모두 빼낸다. 4. 긴뜨기 완성

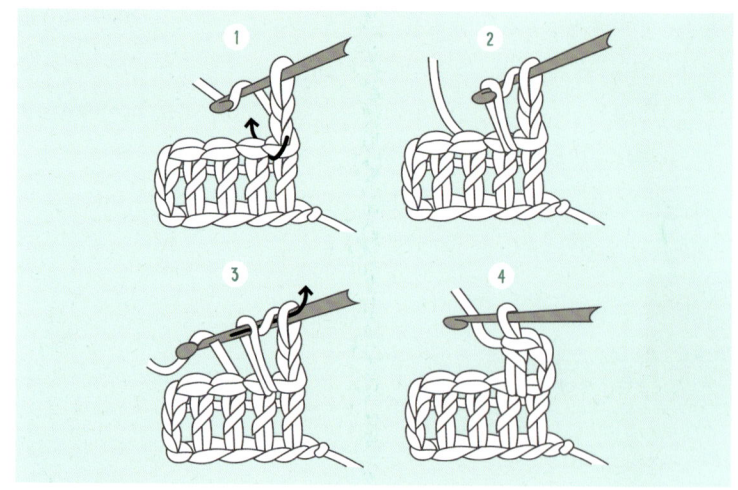

긴 짧은뜨기

1. 지정된 코(공간)에 바늘을 넣는다. 2. 바늘에 실을 걸어 빼면 바늘에 2개의 고리가 걸리게 된다. 3. 바늘에 실을 감아 바늘에 걸린 고리 1개만 빼낸다. 4. 다시 실을 감아 바늘에 걸린 고리 2개를 모두 빼낸다. 5. 긴 짧은뜨기 완성

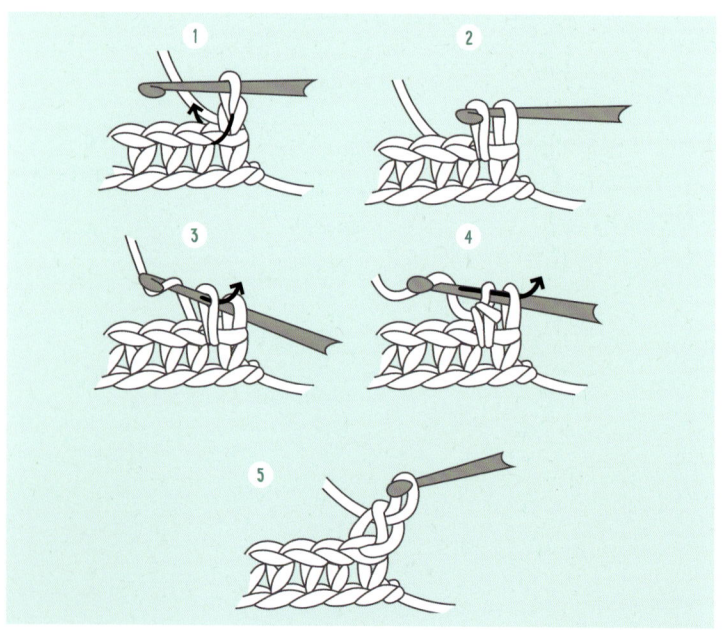

한길긴뜨기

1. 바늘에 실을 1번 감아 지정된 코(공간)에 바늘을 넣는다. 2. 바늘에 실을 걸어 뺀다. 3. 바늘에 실을 감아 바늘에 걸린 고리 3개 중 2개만 빼낸다. 4. 바늘에 한 번 더 실을 감아 바늘에 걸린 고리를 모두(2개) 빼낸다. 5. 한길긴뜨기 완성

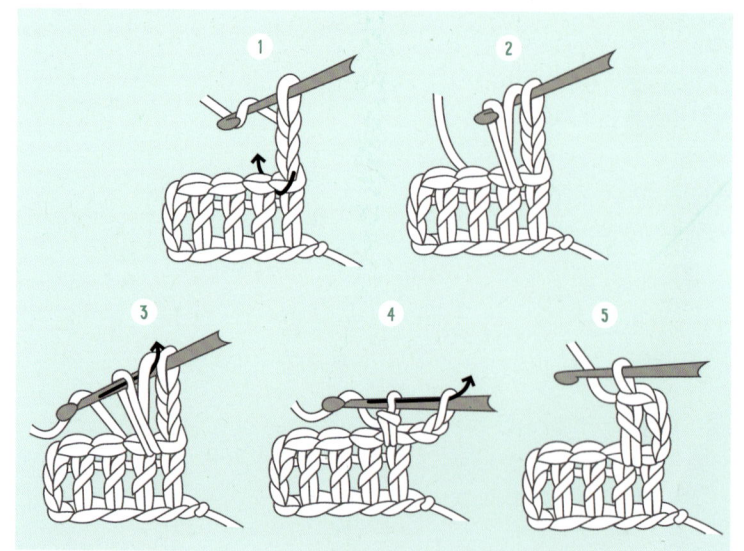

긴 한길긴뜨기

1. 바늘에 실을 1번 감고 지정된 코(공간)에 바늘을 넣는다. 2. 바늘에 실을 걸어 뺀다. 3. 바늘에 실을 감아 바늘에 걸린 고리 3개 중 1개만 빼낸다. 4. 다시 바늘에 실을 감아 바늘에 걸린 고리 2개를 빼낸다. 5. 다시 한 번 실을 감아 바늘에 걸린 고리 2개를 모두 빼낸다.

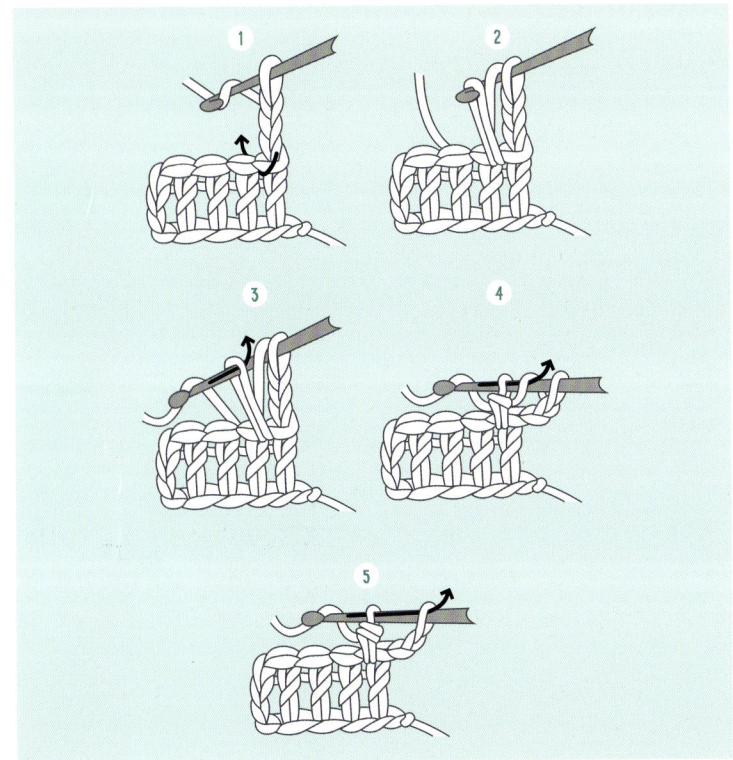

짧은 두길긴뜨기

1. 바늘에 실을 2번 감고 지정된 코(공간)에 바늘을 넣는다. 2. 바늘에 실을 걸어 뺀다. 3. 바늘에 실을 감아 바늘에 걸린 고리 4개 중 2개만 빼낸다. 4. 다시 바늘에 실을 감아 바늘에 걸린 고리 3개를 모두 빼낸다.

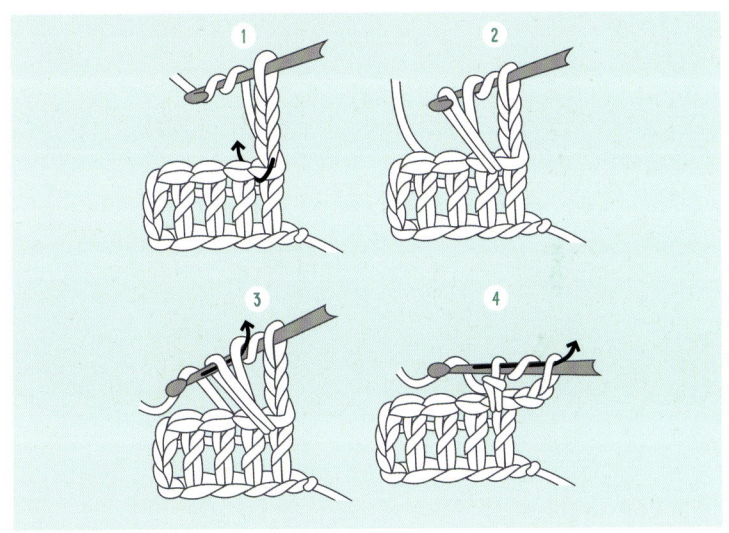

두길긴뜨기

1. 바늘에 실을 2번 감고 지정된 코(공간)에 바늘을 넣는다. 2. 바늘에 실을 걸어 뺀다. 3. 바늘에 실을 감아 바늘에 걸린 고리 4개 중 2개만 빼낸다. 4. 바늘에 실을 감아 바늘에 걸린 고리 3개 중 2개를 빼낸다. 5. 다시 한 번 실을 감아 바늘에 걸린 고리 2개를 모두 빼낸다.

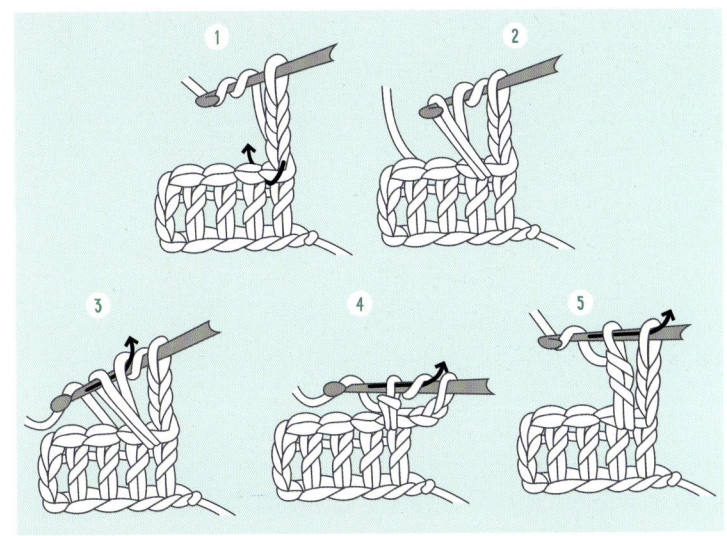

긴 두길긴뜨기

1. 바늘에 실을 2번 감고 지정된 코(공간)에 바늘을 넣는다. 2. 바늘에 실을 걸어 뺀다. 3. 바늘에 실을 감아 바늘에 걸린 고리 4개 중 1개만 빼낸다. 4. 바늘에 실을 감아 바늘에 걸린 고리 4개 중 2개를 빼낸다. 5. 다시 한 번 바늘에 실을 감아 바늘에 걸린 고리 3개 중 2개를 빼낸다. 6. 마지막으로 바늘에 실을 감아 바늘에 걸린 고리 2개를 모두 빼낸다.

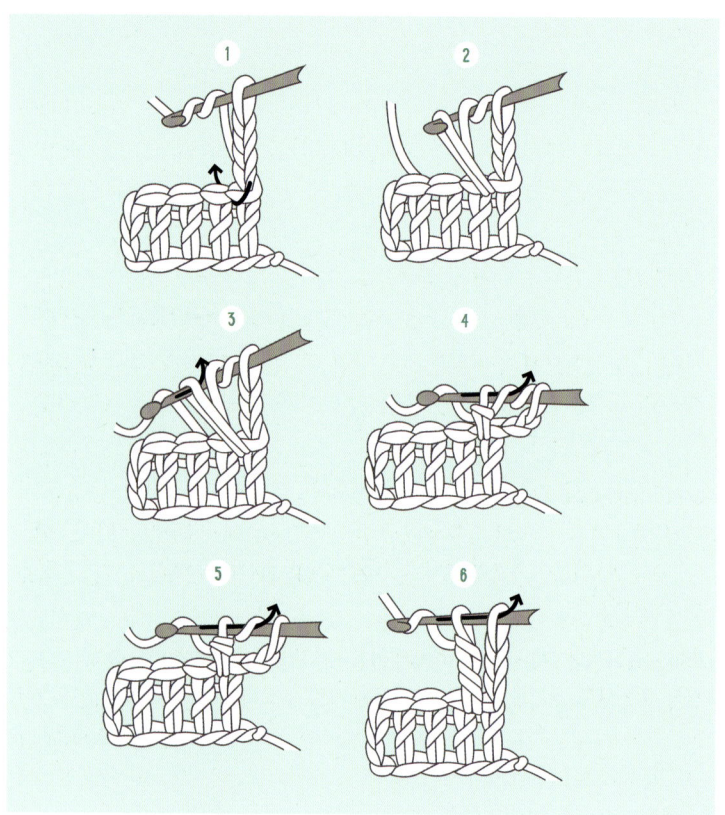

세길긴뜨기

바늘에 실을 3번 감고 지정된 코(공간)에 바늘을 넣은 다음 실을 걸어 뺀다. 바늘에 실을 감아 바늘에 걸린 고리 5개 중 2개만 빼내고, 바늘에 실을 감아 바늘에 걸린 고리 중 2개만 빼내는 작업을 3번 더 반복한다.

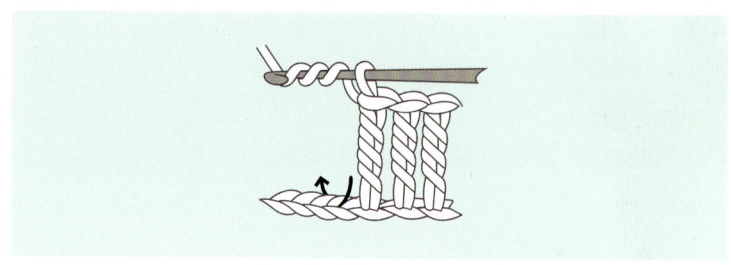

네길긴뜨기

바늘에 실을 4번 감고 지정된 코(공간)에 바늘을 넣은 다음 실을 걸어 뺀다. 바늘에 실을 감아 바늘에 걸린 고리 6개 중 2개만 빼내고, 바늘에 실을 감아 바늘에 걸린 고리 중 2개만 빼내는 작업을 4번 더 반복한다.

바늘을 넣는 위치

뜨개를 뜨면 위쪽에 머리 사슬 2가닥이 만들어지고, 다음 단에서 이 머리 사슬 2가닥 아래에 바늘을 넣어 뜨게 된다('머리 사슬 2가닥을 주워 뜬다.'라고도 표현한다). 하지만 다음과 같이 일반적인 뜨기 방법과 다른 무늬를 만드는, 머리 사슬 2가닥이 아닌 다른 곳에 바늘을 넣어 뜨는 방법도 있다.

- **뒤쪽 반 코에 뜨기** 바늘을 머리 사슬 2가닥 중 뒤쪽에 있는 한 가닥에만 넣어 뜨는 방법이다. 뜨고 나면 뜨지 않은 앞쪽 반 코가 남아있게 된다.
- **앞쪽 반 코에 뜨기** 바늘을 머리 사슬 2가닥 중 앞쪽에 있는 한 가닥에만 넣어 뜨는 방법이다. 뜨고 나면 뜨지 않은 뒤쪽 반 코가 남아있게 된다.

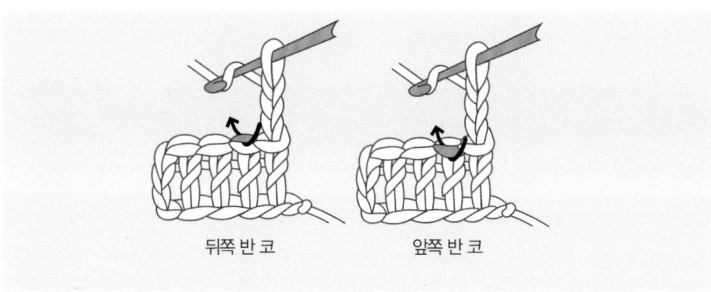

뒤쪽 반 코　　　앞쪽 반 코

- **서드 루프(Third Loop)** 편물을 앞쪽으로 살짝 기울여보면 머리 사슬 뒤쪽 가닥 바로 아래에 가로줄이 하나 보이는데, 이것을 서드 루프라고 하며, 이 곳에 바늘을 넣어 뜨는 경우도 있다.
- **뒤걸어뜨기** 코의 머리 사슬이 아닌 다리(기둥)를 주워 뜨는 방법으로, 바늘을 오른쪽에서 왼쪽, 뒤쪽에서 앞쪽으로 다리 사이에 바늘을 넣는다.
- **앞걸어뜨기** 코의 머리 사슬이 아닌 다리(기둥)를 주워 뜨는 방법으로, 바늘을 오른쪽에서 왼쪽, 앞쪽에서 뒤쪽으로 다리 사이에 넣는다.

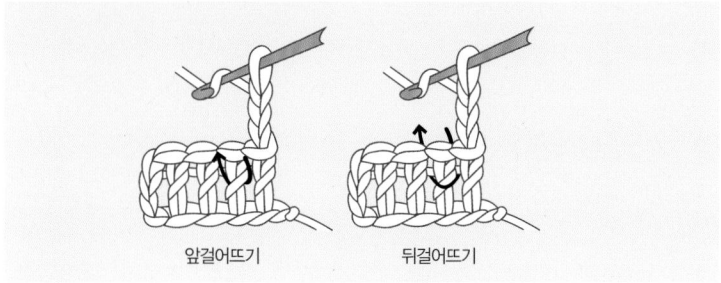

앞걸어뜨기　　　뒤걸어뜨기

- **코 사이에 뜨기** 코의 머리 쪽 모든 가로줄 아래, 뜨개와 뜨개의 다리 사이에 바늘을 넣는다.
- **교차뜨기** 한 코를 건너뛰고 다음 코를 먼저 뜬 다음 다시 건너뛴 코로 돌아가 뜨는 방법으로, 먼저 뜬 코 위로 다음 코를 뜨게 된다.
- **원형 고리 안에 뜨기** 머리 사슬이 아닌 매직 링(p.16 참조)으로 만든 고리나 사슬로 만든 원형 고리 안에 바늘을 넣어 뜨는 것을 말한다.

모아뜨기

모아뜨기는 연속적인 코나 공간에 각각의 코를 뜨면서 시작하고 마지막에 결합해서 하나의 코로 셀 수 있도록 하는 형태를 말한다. 각 뜨개의 마지막 단계를 뜨지 않는 미완성뜨기를 반복하다가 마지막에 바늘에 실을 감아 바늘에 걸린 고리를 모두 빼내는 방식이다.

- **짧은뜨기 X코 모아뜨기** 【다음 코에 바늘을 넣고 실을 걸어 뺀다(=미완성 짧은뜨기)】를 X번 반복한다. → 바늘에 실을 감아 바늘에 남아 있는 고리를 모두 빼낸다.
- **긴뜨기 X코 모아뜨기** 【바늘에 실을 1번 감고, 다음 코에 바늘을 넣은 다음 실을 걸어 뺀다(=미완성 긴뜨기)】를 X번 반복한다. → 바늘에 실을 감아 바늘에 남아 있는 고리를 모두 빼낸다.
- **한길긴뜨기 X코 모아뜨기** 【바늘에 실을 1번 감고, 다음 코에 바늘을 넣은 다음 실을 걸어 빼고, 바늘에 실을 감아 바늘에 걸린 고리 중 2개를 빼낸다(=미완성 한길긴뜨기)】를 X번 반복한다. → 바늘에 실을 감아 바늘에 남아 있는 고리를 모두 빼낸다.
- **두길긴뜨기 X코 모아뜨기** 【바늘에 실을 2번 감고, 다음 코에 바늘을 넣은 다음 실을 걸어 빼고, 바늘에 실을 감아 바늘에 걸린 고리 중 2개를 빼내는 작업을 2번 반복한다(=미완성 두길긴뜨기)】를 X번 반복한다. → 바늘에 실을 감아 바늘에 남아 있는 고리를 모두 빼낸다.

한 뭉치가 되는 뜨개

한 코나 공간에 여러 번의 뜨개를 뜨다가 한 번에 묶으며 끝내기 때문에, 한 코로 세어진다. 다음과 같은 방법이 있으며, 각각은 입체감이 있는 고유의 무늬를 가진다.

구슬뜨기

한곳에 미완성뜨기를 여러 번 뜨다가 끝에서 결합하는 방법으로, 완만한 양감을 형성한다.

> Tip: 미완성뜨기란 마지막에 바늘에 실을 감아 바늘에 걸린 고리를 모두 빼내는 단계 전까지 뜬 상태를 말한다. (p.15 모아뜨기 참조)

- **한길긴뜨기 2/3/4코 구슬뜨기** 미완성 한길긴뜨기×2/3/4 → 바늘에 실을 감고 바늘에 남아 있는 고리(3/4/5개)를 모두 빼낸다.
- **두길긴뜨기 2/3/4코 구슬뜨기** 미완성 두길긴뜨기×2/3/4 → 바늘에 실을 감고 바늘에 남아 있는 고리(3/4/5개)를 모두 빼낸다.

팝콘뜨기

한곳에 여러 코를 뜬 다음 마지막에 첫 코와 마지막 코의 머리 사슬을 결합하는 방법으로, 이 책에서는 한길긴뜨기 2/3/4코로 이루어진 팝콘뜨기가 이용되었다.

- **한길긴뜨기 3/4/5코 팝콘뜨기** 한 코에 한길긴뜨기를 3/4/5번 뜬다. → 바늘을 뺐다가 첫 코의 머리 사슬 아래 바늘을 넣고 마지막 코 머리 사슬을 바늘 끝에 걸어 바늘에 걸린 고리까지 빼낸다. → [사슬 1]을 떠서 뜨개를 마무리한다.

방울뜨기

방울뜨기는 긴뜨기 구슬뜨기를 따로 지칭하는 용어라고 할 수 있다. 즉, 【바늘에 실을 감고 코나 공간에 바늘을 넣은 다음 실을 걸어 빼기】를 여러 번(4-방울뜨기는 【~】을 4번, 5-방울뜨기는 5번) 한 후 바늘에 실을 감아 바늘에 남아 있는 고리를 모두 빼낸다.

> Tip: 마지막으로 바늘에 실을 감아 바늘에 걸린 고리를 모두 빼낼 때, 바늘에 걸린 여러 개의 고리 뭉치 아래쪽을 손으로 꼭 잡고 바늘을 빼야 중간에 걸리거나 바늘이 미끄러져 나가는 것을 막을 수 있다.

방울뜨기는 마지막에 사슬을 1개 뜨면서 마무리하기도 하는데, 이런 경우에는 지문이나 도안에 따로 언급되거나 표시되므로 참고하도록 한다.

조개무늬 뜨기

몇 개의 코는 건너뛰고 한곳에 여러 코의 뜨개를 뜨면 뜨개가 부채꼴처럼 넓게 펼쳐지며 조개무늬를 만들게 된다.
이런 조개무늬 뜨기 중 양쪽에 뜨개를 1개씩 넣고 중간에 사슬 2개를 넣어서 V 모양을 만드는 것들은 특별히 V스티치라고 표기하였다.

- **V스티치** 한길긴뜨기 1+사슬 2+한길긴뜨기 1
- **긴 V스티치** 두길긴뜨기 1+사슬 2+두길긴뜨기 1

매직 링

매직 링은 원형뜨기를 시작하는 방법 중 하나로, 실 끝으로 원형 고리를 만든 다음, 그 고리 안에 바늘을 넣어 1단을 뜨고, 꼬리실을 당겨서 고리를 조인다. 이 방법은 원 중심에 구멍이 생기지 않도록 조일 수 있다는 장점이 있다.
다음은 매직 링을 만들어 뜨는 방법으로, 1단의 뜨개가 짧은뜨기일 때를 기준으로 설명한다.

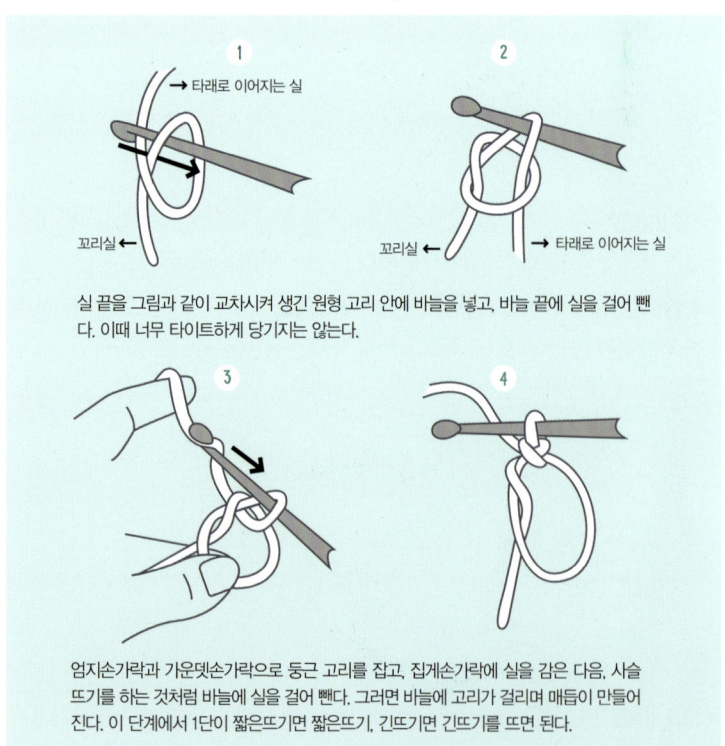

실 끝을 그림과 같이 교차시켜 생긴 원형 고리 안에 바늘을 넣고, 바늘 끝에 실을 걸어 뺀다. 이때 너무 타이트하게 당기지는 않는다.

엄지손가락과 가운뎃손가락으로 둥근 고리를 잡고, 집게손가락에 실을 감은 다음, 사슬뜨기를 하는 것처럼 바늘에 실을 걸어 뺀다. 그러면 바늘에 고리가 걸리며 매듭이 만들어진다. 이 단계에서 1단이 짧은뜨기면 짧은뜨기, 긴뜨기면 긴뜨기를 뜨면 된다.

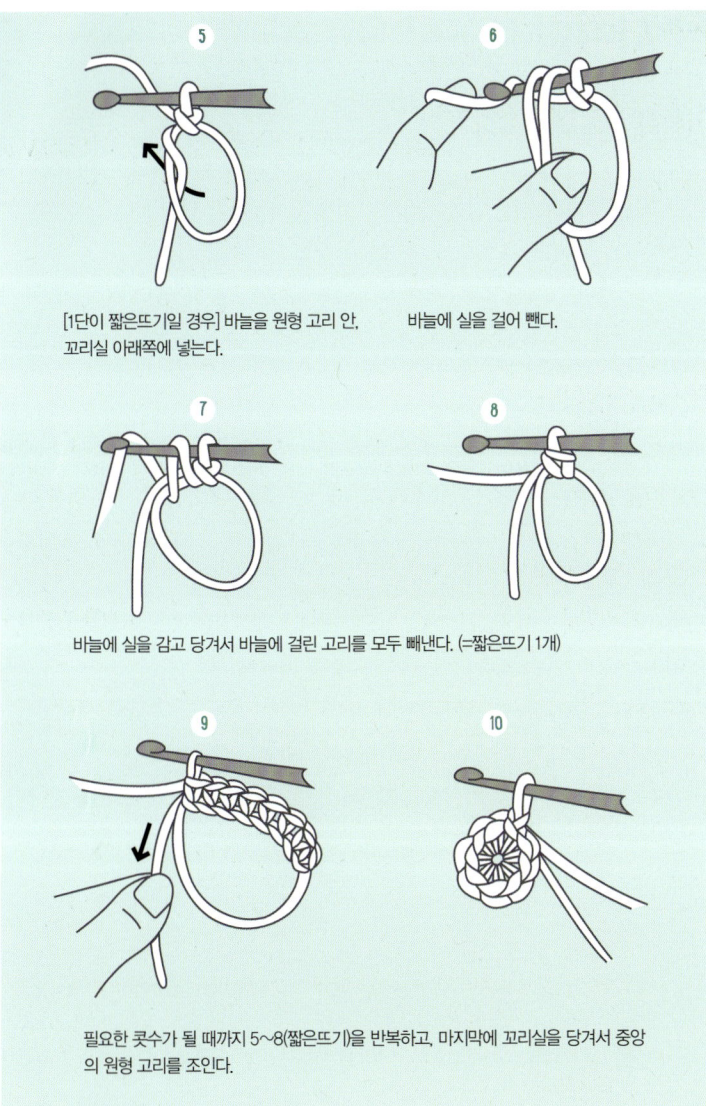

그 밖의 응용 뜨개

피코뜨기(2-사슬/3-사슬/4-사슬 피코)
표기된 수만큼의 사슬을 뜬 다음 첫 번째 사슬에 빼뜨기하여 피코를 만든다.

겹뜨기(겹짧은뜨기, 긴뜨기 겹뜨기, 한길긴뜨기 겹뜨기)
다음 코(즉, 전단의 머리 사슬)에 뜨는 것이 아니라, 2단 이상 아래에 있는 코에 넣어 뜨는 방법이다.

길게 당겨 뜨기
(길게 당겨 빼뜨기/짧은뜨기/긴뜨기/한길긴뜨기/두길긴뜨기/방울뜨기)

기본 뜨개법과 뜨는 방법은 같지만 코에 바늘을 넣고 실을 걸어 뺄 때 실을 좀 더 길게 당겨서 다른 코들과 높이를 맞추는 방법을 말한다.

브룸 뜨기
브룸스틱(broomstick) 스티치를 응용한 것으로, 빼뜨기를 타이트하게 뜬 다음, 바늘을 위로 당겨 바늘에 걸린 고리를 길게 만들고, 고리에서 바늘을 빼고 길게 빼둔 고리에 연필이나 대바늘 등을 끼워서 풀리지 않도록 한다. 다음 코에 바늘을 넣어 실을 걸어 빼고, 다시 빼뜨기하듯이 바늘에 걸린 고리까지 빼낸다. 그리고 바늘에 걸린 고리를 길게 당긴다. 길게 빼 둔 고리는 다음 단에서 주워 뜨면서 안전하게 고정될 것이다.

헤링본 뜨기(헤링본 한길긴뜨기)
헤링본 뜨기는 스티치의 모양이 앞쪽으로 기울어 사선 모양을 만든다. 이 책에서 헤링본 뜨기는 한길긴뜨기로만 떴다.
바늘에 실을 감고 바늘을 다음 코에 넣은 다음, 실을 걸어 바늘에 걸리 고리 중 첫 번째 고리까지 빼낸다. 바늘에 실을 감고 바늘에 걸린 고리 중 1개를 빼내고 다시 바늘에 실을 감고 바늘에 걸린 고리 2개를 모두 빼낸다.

💡 **Note:** 그 밖에 한 번만 나오는 특수한 뜨개법은 본문 내에서 설명한다.

장식 기법

표면 빼뜨기

표면 빼뜨기는 장식을 목적으로 하는 빼뜨기로 편물 표면에 선을 두르는 것을 말한다. 선을 두르고자 하는 곳의 시작 부분에 편물의 겉쪽에서 안쪽으로 바늘을 넣고, 바늘에 실을 걸어 뺀다. 다음 코에 바늘을 넣고 실을 걸어 빼며 바늘에 걸린 고리까지 모두 빼낸다.(⇐빼뜨기) 이후 끝까지 빼뜨기를 반복한다.

프렌치 노트

프렌치 노트는 자수 기법 중 하나이다.
1. 바늘에 실을 꿰고, 매듭을 만들 위치(1)에서 편물의 뒤에서 바늘을 넣어 앞으로 뺀 다음 바늘에 실을 2번 감는다. 2. 바늘에 실을 감은 채 바늘을 빼낸 지점(1) 바로 옆(2)에 넣으며 실을 당겨 조인다. 3. 앞쪽에 매듭 모양이 남으며, 뒤쪽에서 실을 끊고 정리한다.

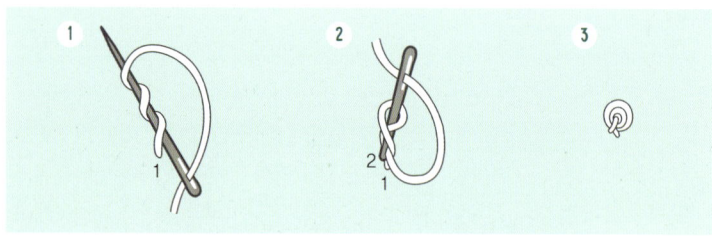

실 바꿔 뜨기
(뜨던 실을 끊지 않고 가지고 다니며 뜨기)

단의 중간에서 실을 바꿀 때, 즉 한 단 안에서 중간중간 다른 색으로 뜰 때 다음과 같은 방법으로 깔끔하게 교체할 수 있다.

원래 뜨던 실(바탕실)로 색을 바꾸기 직전 마지막 뜨개를 뜨다가 뜨개의 마지막 단계(바늘에 실을 감아 바늘에 걸린 고리를 모두 빼내기)에서 바꿔 뜨려는 실(배색실)을 사용한다. 배색실로 뜨는 동안 바탕실은 끊지 않고 코 위에 걸쳐 놓고 이를 감싸며 뜬다.

각 작품에서 실 색을 바꾸는 단계에 대한 별도의 설명이 있을 때는 그 방법을 따른다.

단 시작하기

기둥코 사슬로 시작하기

다음 단에서 실 색을 바꿀 필요가 없을 때는 단의 끝에서 첫 코에 빼뜨기하여 연결하고, 기둥코 사슬로 다음 단을 시작하는 방법을 사용했다. 단의 끝에서 첫 코에 빼뜨기하고, 뜨개의 높이에 맞는 수의 사슬을 기둥코로 뜬다.

긴뜨기는 기둥코 사슬 2개, 한길긴뜨기는 기둥코 사슬 3개, 두길긴뜨기는 기둥코 사슬 4개가 필요하다. 짧은뜨기로 시작할 때는 기둥코 사슬을 뜰 필요가 없는데, 빼뜨기에서 짧은뜨기로 넘어갈 때는 추가적인 높이가 필요하지 않기 때문이다.

> 💡 **Tip:** 지문에서는 '기둥코 사슬 3(=한길긴뜨기 1)'과 같이 표현되는데, 기둥코로 뜬 사슬 3개는 한길긴뜨기 1개와 같이 취급되고, 코의 수를 셀 때도 하나의 코로 세어진다는 뜻이다.

스탠딩 스티치로 시작하기

이 책의 작품들은 여러 가지 색상의 실을 사용하는데, 다음 단에서 색이 바뀔 때는 새 실을 연결하며 스탠딩 스티치로 시작하는 방법을 택했다.

• 짧은뜨기 스탠딩 스티치

1. 시작코를 만든다. 2. 시작코 고리에 바늘을 끼우고, 코(공간)에 바늘을 넣는다. 3. 바늘에 실을 걸어 뺀다. 4. 바늘에 다시 실을 감고 바늘에 걸린 고리를 모두 빼낸다.

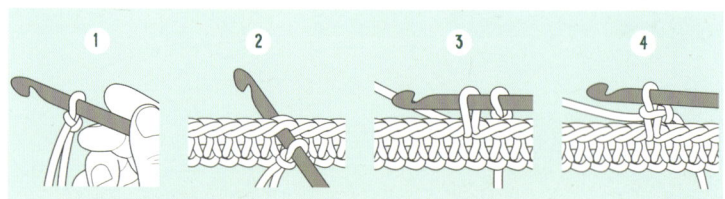

> 💡 **Tip:** 빼뜨기 스탠딩 스티치는 2의 단계에서 바늘에 실을 걸어서 바늘에 걸린 고리까지 한 번에 빼내면 된다.

• 긴뜨기 스탠딩 스티치
시작코를 만들고 그 고리에 바늘을 끼운 다음, 실을 한 번 감고(뜨개가 완전히 끝날 때까지 바늘에 감긴 이 고리를 손가락으로 잡아 고정시켜 준다), 바늘을 코(공간)에 넣는다. 바늘에 실을 걸어 빼고, 다시 실을 감은 다음 바늘에 걸린 고리 3개를 모두 빼낸다.

• 한길긴뜨기 스탠딩 스티치
시작코를 만들고 그 고리에 바늘을 끼운 다음, 실을 한 번 감고(뜨개가 완전히 끝날 때까지 바늘에 감긴 이 고리를 손가락으로 잡아 고정시켜 준다), 바늘을 코(공간)에 넣어 실을 걸어 뺀다. 바늘에 실을 감고 바늘에 걸린 고리를 2개씩 2번에 걸쳐 빼낸다.

- **두길긴뜨기 스탠딩 스티치** 시작코를 만들고 그 고리에 바늘을 끼운 다음, 실을 두 번 감고(뜨개가 완전히 끝날 때까지 바늘에 감긴 이 고리를 손가락으로 잡아 고정시켜 준다), 바늘을 코(공간)에 넣어 바늘에 실을 걸어 뺀다. 바늘에 실을 감고 바늘에 걸린 고리를 2개씩 3번에 걸쳐 빼낸다.
- **팝콘뜨기 스탠딩 스티치** 첫 번째 뜨개를 스탠딩 스티치로 뜬다.
- **구슬뜨기 스탠딩 스티치** 첫 번째 미완성뜨기를 스탠딩 스티치로 뜬다.
- **방울뜨기 스탠딩 스티치** 첫 번째 뜨개를 스탠딩 스티치로 뜨되, 시작코를 만들어 바늘에 끼우고, 바늘에 걸린 고리를 한길긴뜨기 높이 정도로 당긴 다음(마지막 단계에서 실을 걸어 뺄 때 부드럽게 잘 나오게 하기 위해서) 나머지 단계를 뜬다.

💡 **Tip:** 만약 스탠딩 스티치가 번거롭게 느껴진다면, 이 방법대신 기둥코 사슬을 이용하면 된다.

💡 **Note:** 스탠딩 스티치는 별도의 기호가 없으므로 도안에서 쉽게 찾을 수 있도록 굵고 진하게 표시하였다.

단 마무리

다음 단에서 실 색을 바꾸어 뜰 경우에는 첫 코에 빼뜨기하여 단을 끝내지 않고 돗바늘로 해당 단을 마무리하였다. 그 방법은 다음과 같다. (그림은 첫 코가 스탠딩 스티치일 경우)

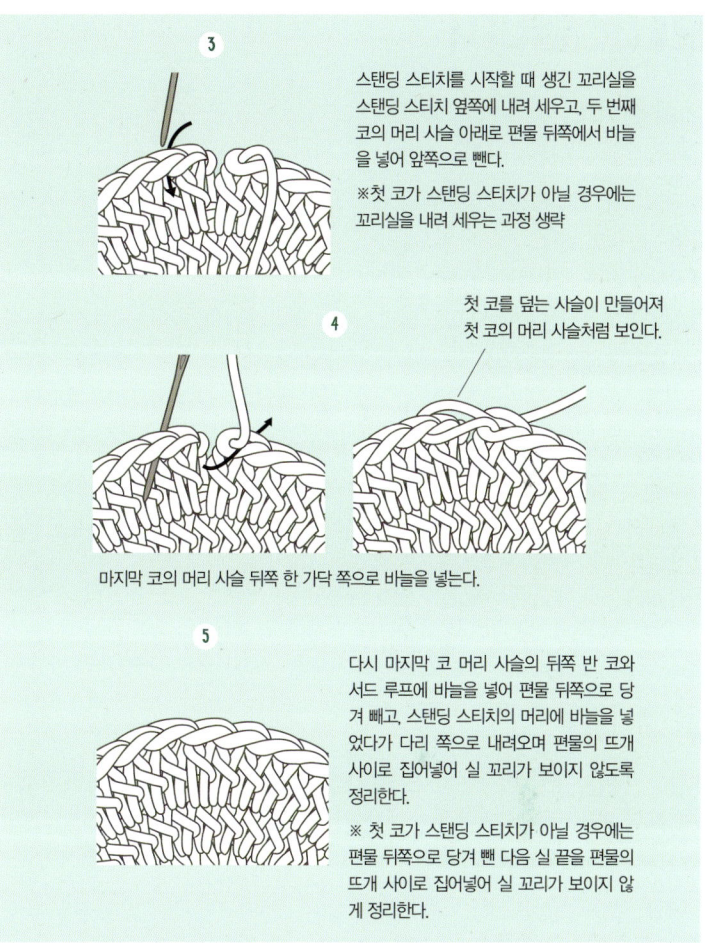

3
스탠딩 스티치를 시작할 때 생긴 꼬리실을 스탠딩 스티치 옆쪽에 내려 세우고, 두 번째 코의 머리 사슬 아래로 편물 뒤쪽에서 바늘을 넣어 앞쪽으로 뺀다.

※ 첫 코가 스탠딩 스티치가 아닐 경우에는 꼬리실을 내려 세우는 과정 생략

첫 코를 덮는 사슬이 만들어져 첫 코의 머리 사슬처럼 보인다.

4
마지막 코의 머리 사슬 뒤쪽 한 가닥 쪽으로 바늘을 넣는다.

5
다시 마지막 코 머리 사슬의 뒤쪽 반 코와 서드 루프에 바늘을 넣어 편물 뒤쪽으로 당겨 빼고, 스탠딩 스티치의 머리에 바늘을 넣었다가 다리 쪽으로 내려오며 편물의 뜨개 사이로 집어넣어 실 꼬리가 보이지 않도록 정리한다.

※ 첫 코가 스탠딩 스티치가 아닐 경우에는 편물 뒤쪽으로 당겨 뺀 다음 실 끝을 편물의 뜨개 사이로 집어넣어 실 꼬리가 보이지 않게 정리한다.

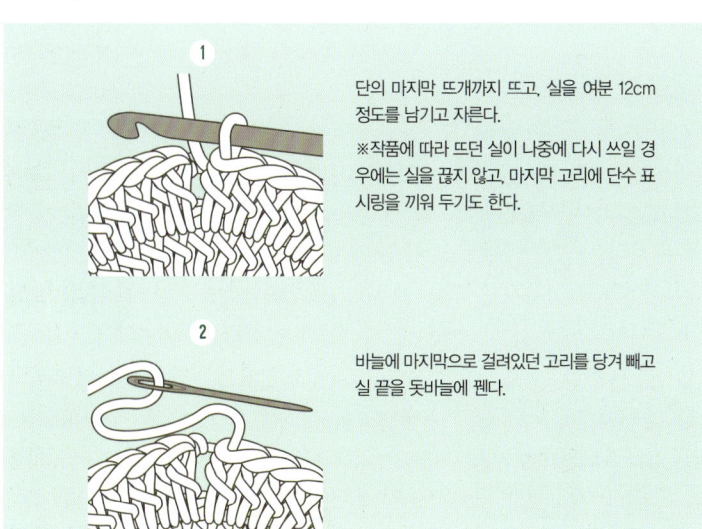

1
단의 마지막 뜨개까지 뜨고, 실을 여분 12cm 정도를 남기고 자른다.

※ 작품에 따라 뜨던 실이 나중에 다시 쓰일 경우에는 실을 끊지 않고, 마지막 고리에 단수 표시링을 끼워 두기도 한다.

2
바늘에 마지막으로 걸려있던 고리를 당겨 빼고 실 끝을 돗바늘에 꿴다.

💡 **Tip:** 이러한 방법으로 단을 끝내는 것을 지문에서는 '단 마무리를 한다'고 표현한다.

💡 **Note:** 스탠딩 스티치의 장점은 기둥코를 세울 때와 달리 표가 나지 않는다는 점이다. 반면, 실 끝이 두 번 생겨(돗바늘로 이은 실 끝과 다음 단에서 뜨는 스탠딩 스티치의 실 끝) 끝 처리를 두 번 해주어야 한다는 점은 단점이라 할 수 있다.

💡 **Note:** 두 번째 코가 사슬일 때는 3번 과정에서 바늘을 사슬의 머리 사슬 2가닥 아래로 넣는다(머리 사슬 2가닥은 바늘 위에, 서드 루프는 바늘 아래 위치하게 됨).

모티브 끝내기

실 끝 숨기기
완성한 모티브 작품이 오랜 시간 정돈된 형태로 유지되길 바란다면, 편물을 다 뜨고 나서든 중간에 새 실을 연결하고 난 다음이든, 실 끝 등을 뜨개 안으로 넣어 정리해주는 것이 좋다.

이 책에 소개된 모티브들처럼 여러 가지 색을 사용한 작품의 경우 꼬리실이 많이 생겨 일일이 정돈하는 것이 다소 귀찮고, 편물에 구멍이 많이 생기는 패턴의 경우 실 꼬리를 보이지 않게 숨기는 것이 까다로운 것도 사실이다.

실 끝을 뜨개 위에 걸쳐 놓고 이를 감싸며 다음 단을 떠서 실 꼬리를 감추기도 하는데, 촘촘하지 않은 패턴을 뜰 때는 숨겨둔 실이 보이기도 하므로, 돗바늘에 실을 꿰어 최소 2.5cm 정도 뜨개 사이로 실을 통과시키고 다시 되돌아오는 방식으로 뜨개 사이에 실을 숨기도록 한다. 실 끝을 부드럽게 당긴 다음 남은 실을 잘라서 실 끝이 자연스럽게 뜨개 속으로 들어가도록 한다.

💡 **Tip:** 중간에 실 색이 바뀐 경우, 실을 숨길 때 해당하는 색으로 뜬 뜨개 속으로 숨겨야 한다. 다른 실로 뜬 뜨개 속에 숨기면 색이 달라서 쉽게 눈에 띄기 때문이다.

블로킹하기
대칭을 이루는 패턴, 각진 모서리 등 사각 모티브의 모양을 제대로 정돈하기 위해서는 블로킹 작업이 필수적이다. 특히 다른 모티브와 연결하려고 할 때는 각 모티브의 크기가 동일한지 확인해보기 위해서도 필요하다.

1. 완성된 편물, 찬물을 담은 물뿌리개, 핀, 블로킹 매트(다리미판 또는 폼 보드)를 준비한다. 2. 원하는 사각형의 크기를 결정하고, 모티브를 고정한다. 이때, 마주보는 모서리(코너) 2개씩을 먼저 고정하고, 그다음에 각 변의 일직선상에 핀을 최대한 많이 꽂아 형태를 만든다. 3. 물을 살짝 뿌린다(흠뻑 젖지 않도록 주의). 편물이 마를 때까지 핀을 제거하지 않는다. 4. 편물이 아크릴 혹은 아크릴 혼합 소재의 실로 뜬 것이라면, 스팀을 쐬어 주면 최상의 결과를 얻을 수 있다. 편물에서 몇 cm 떨어진 곳에 다리미의 스팀을 15초 정도 쐬어 준다. 다리미를 편물에 직접 대면 아크릴 실이 녹을 수 있으므로 주의한다. 5. 편물이 마르도록 둔다.

💡 **Tip:** 블로킹을 하기 전에 실 끝을 정리해 뜨개 속으로 숨기는 과정을 잊지 않도록 한다.

모티브 연결하기

모티브 여러 개를 연결하여 블랭킷이나 가방, 옷 등을 만들 계획이라면, 다음과 같은 방법 중 원하는 것을 선택해 모티브를 연결한다.

💡 **Tip:** 모티브를 뜰 때 사용한 실과 같은 소재와 굵기의 실을 이용하는 것이 좋다.

돗바늘로 감치기
이 방법을 사용하면 편물의 겉쪽에 연결한 실이 보이면서 양쪽 편물의 남아 있는 사슬 반 코가 일종의 능선의 형태를 띠면서 장식의 역할을 한다.

1. 연결할 때 사용할 실을 돗바늘에 꿰어 둔다. 2. 두 개의 편물을 안쪽이 보이도록 나란히 놓는다. 3. 두 개의 편물 모두 대응하는 코의 바깥쪽 머리 사슬(바로 앞에 보이는 가닥)에 바늘을 넣고 당겨 뺀다. 이어서 감치기 하듯이 같은 방향으로 바늘을 넣어 이어나간다.

돗바늘로 꿰매기
이 방법을 사용하면 편물의 겉쪽에 연결한 실이 보이지 않고 연결한 라인이 평평하게 보인다.

1. 연결할 때 사용할 실을 돗바늘에 꿰어 둔다. 2. 두 개의 편물을 안쪽이 보이도록 나란히 놓는다. 3. 대응하는 코의 머리 사슬 바깥쪽 한 가닥 아래로 바늘을 넣고(모티브1에서 모티브2 방향) 실을 당긴다. 그다음엔 반대 방향으로(모티브2에서 모티브1 방향) 바늘을 넣고 실을 당긴다. 방향을 교대로 바꾸며 이어나간다.

코바늘로 짧은뜨기
편물의 바깥쪽 혹은 안쪽에서 코바늘로 짧은뜨기를 하여 연결할 수 있다. 두 편물을 겹쳐 놓고 짧은뜨기를 한 다음 연결된 편물을 펼치면, 짧은뜨기를 한 쪽에는 볼록 튀어나온 능선이 생기고 반대쪽에는 평평한 솔기가 만들어진다. 따라서, 같은 색상으로 뜬 모티브를 연결할 때는 모티브를 겉이 마주보게 겹쳐 놓고 편물의 안쪽에서 짧은뜨기를 하고, 서로 다른 색으로 뜬 모티브를 연결할 때는 모티브를 안쪽이 마주보게 겹쳐 놓고 편물의 바깥쪽에서 짧은뜨기를 하는 것이 이상적이다.

1. 두 편물을 안과 안, 혹은 겉과 겉이 마주보도록 겹쳐 놓고 두 편물을 함께 쥔다. 2. 코바늘을 대응하는 코에 한꺼번에 넣고 짧은뜨기를 한다. 계속해서 이어나간다.

💡 **Tip:** 깔끔한 시작을 위해 첫 코는 스탠딩 스티치로 뜬다.

코바늘로 빼뜨기

코바늘을 이용해 빼뜨기로 연결하는 방법은 가급적 모티브 앞쪽(겉쪽)에서 하는 것이 좋다.

1. 모티브를 안과 안이 만나도록 겹쳐 놓고, 모티브의 끝단을 가지런히 정렬한다. 2. 바늘을 두 모티브의 뒤쪽 반 코(각각의 바깥쪽 가닥)에 한꺼번에 넣었다가 실을 걸어 바늘에 걸린 고리까지 빼내면서 빼뜨기를 한다.

80코 모티브와 112코 모티브 믹스앤매치

80코 사각 모티브끼리, 혹은 112코 모티브끼리 연결하는 것은 각 변의 콧수가 같기 때문에 쉽지만, 80코 모티브와 112코 모티브를 연결할 때는 가로와 세로의 전체 코가 같도록 계산을 해야 한다. 계산법은 다음과 같다.

80코 모티브 7개는 112코 모티브 5개와 길이가 같다.

80×7=560 / 112×5=560

따라서 80코 모티브는 7의 배수로, 112코 모티브는 5의 배수로 수를 맞추어야 한다.

기호	뜨개	활용 및 약어
ꝺ	매직링	
○	사슬	
•	빼뜨기	
×	짧은뜨기	
✝	긴 짧은뜨기	
ㅏ	긴뜨기	
ㅏ	한길긴뜨기	
ㅏ	긴 한길긴뜨기	
ㅏ	짧은 두길긴뜨기	
ㅏ	두길긴뜨기	
ㅏ	긴 두길긴뜨기	
ㅏ	세길긴뜨기	
ㅏ	네길긴뜨기	
ㅏ	헤링본 한길긴뜨기	
ㅏㅏㅏ	겹뜨기	한길긴뜨기 겹뜨기, 긴뜨기 겹뜨기, 겹짧은뜨기
	한길긴뜨기 X코 팝콘뜨기	한길 5/4/3/2코 팝콘뜨기
	한길긴뜨기 X코 구슬뜨기	한길 5/4/3/2코 구슬뜨기
	두길긴뜨기 X코 구슬뜨기	두길 5/4/3/2코 구슬뜨기
	방울뜨기	5/4/3/2-방울뜨기
ㅅㅅ	짧은뜨기 2코 모아뜨기	
ㅅ	한길긴뜨기 3코 모아뜨기	한길 3코 모아뜨기
	피코뜨기	2/3/4-사슬 피코
	V스티치	
	긴 V스티치	

기호	뜨개	활용 및 약어
⌒	머리 사슬 뒤쪽 한 가닥	뒤쪽 반 코
⌣	머리 사슬 앞쪽 한 가닥	앞쪽 반 코
c	뒤걸어뜨기	
ɔ	앞걸어뜨기	
∨	서드 루프에 뜨기	
˂	백스티치	
⊃	표면 빼뜨기	
	짧은뜨기 뒤걸어뜨기	뒤걸어 짧은뜨기
	짧은뜨기 앞걸어뜨기	앞걸어 짧은뜨기
	머리 사슬 뒤쪽 한 가닥만 주워 짧은뜨기	뒤쪽 반 코 짧은뜨기
	머리 사슬 앞쪽 한 가닥만 주워 짧은뜨기	앞쪽 반 코 짧은뜨기
	긴뜨기 뒤걸어뜨기	뒤걸어 긴뜨기
	긴뜨기 앞걸어뜨기	앞걸어 긴뜨기
	머리 사슬 뒤쪽 한 가닥만 주워 긴뜨기	뒤쪽 반 코 긴뜨기
	머리 사슬 앞쪽 한 가닥만 주워 긴뜨기	앞쪽 반 코 긴뜨기
	한길긴뜨기 뒤걸어뜨기	뒤걸어 한길긴뜨기
	한길긴뜨기 앞걸어뜨기	앞걸어 한길긴뜨기
	머리 사슬 뒤쪽 한 가닥만 주워 한길긴뜨기	뒤쪽 반 코 한길긴뜨기
	머리 사슬 앞쪽 한 가닥만 주워 한길긴뜨기	앞쪽 반 코 한길긴뜨기
	두길긴뜨기 뒤걸어뜨기	뒤걸어 두길긴뜨기
	두길긴뜨기 앞걸어뜨기	앞걸어 두길긴뜨기
	머리 사슬 뒤쪽 한 가닥만 주워 두길긴뜨기	뒤쪽 반 코 두길긴뜨기
	머리 사슬 앞쪽 한 가닥만 주워 두길긴뜨기	앞쪽 반 코 두길긴뜨기
ʃ	단 마무리	
	스탠딩 스티치	

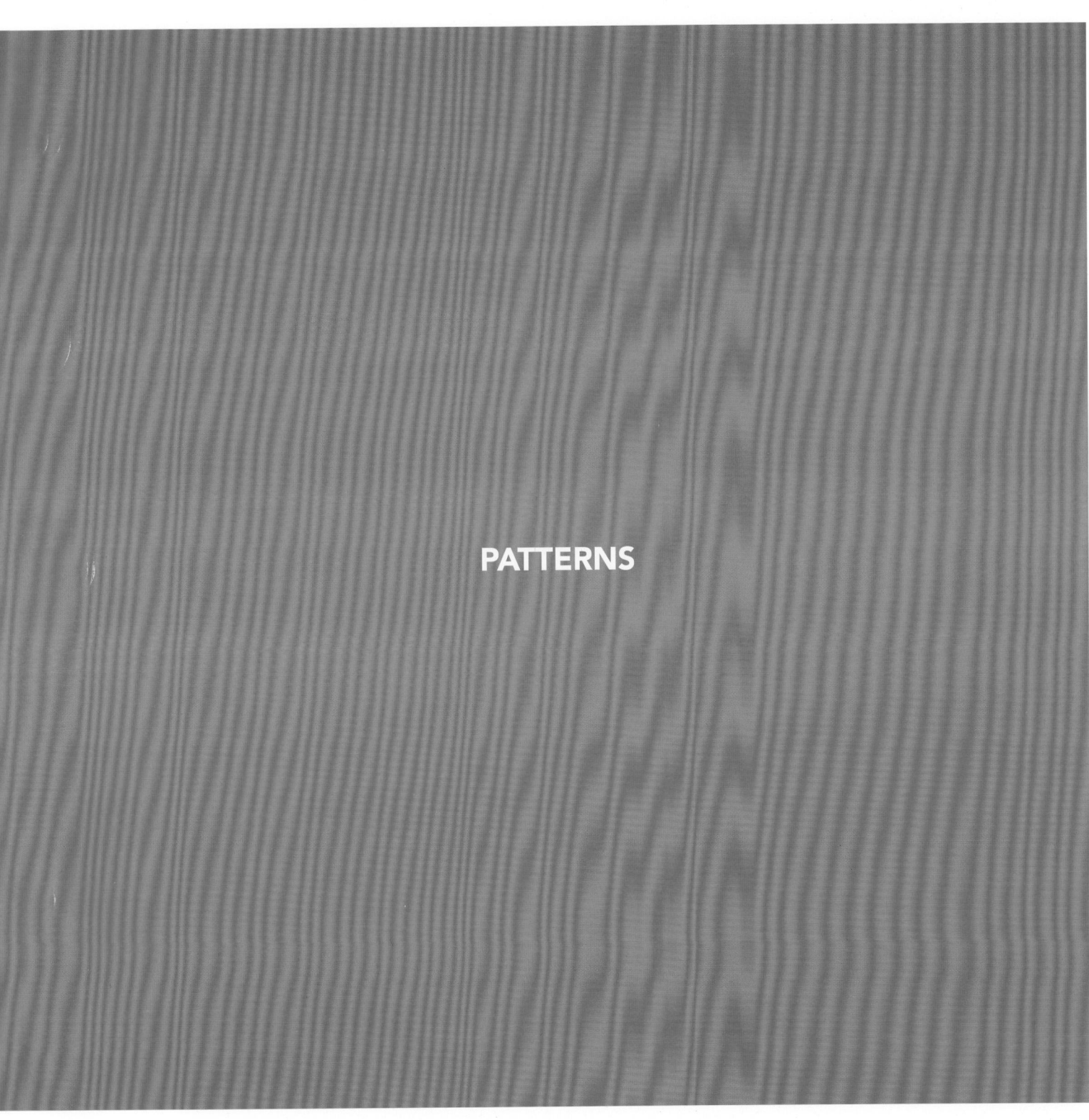

01 봄꽃 사각 모티브 ⑧

Conmismanoss (Susana Villalobos) — Argentina
@conmismanoss hilandosuenoss

Level 초급
Colors A-해바라기색, B-다홍색, C-크림색, D-새싹색, E-복숭아색

INSTRUCTIONS

1단 긴뜨기, 사슬뜨기 〈8코+16사슬〉

- 실A로 매직 링을 만들어 뜬다. • 첫 번째 긴뜨기 다음 첫 번째 사슬에 단 마무리를 한다.

2단 한길 5코 팝콘뜨기, 사슬뜨기 〈8코+24사슬/8개의 꽃잎〉

- 사슬 공간에 실B를 연결하며 첫 코를 스탠딩 스티치로 뜬다. • 첫 번째 팝콘뜨기 다음 첫 번째 사슬에 단 마무리를 한다.

3단 한길긴뜨기, 사슬뜨기, 한길 4코 팝콘뜨기 〈28코+8사슬〉

- 사슬 공간에 실C를 연결하며 첫 코를 스탠딩 스티치로 뜬다. • 한길 4코 팝콘뜨기 부분만 실D로 뜬다. • 두 번째 코에 단 마무리를 한다.

Note. 단 중간에서 실 바꾸기: 한길 4코 팝콘뜨기를 뜨기 전 마지막 한길긴뜨기 마지막 단계(즉, 바늘에 실을 걸어 바늘에 걸린 고리를 모두 빼는 단계)에서 실D로 교체하고, 팝콘뜨기 마지막 단계(사슬뜨기로 팝콘을 닫는 단계)에 다시 실C로 바꾼다. 자세한 설명은 p.18 참조

4단 한길긴뜨기, 사슬뜨기 〈44코+8사슬〉

- 사슬 공간에 실E를 연결하며 첫 코를 스탠딩 스티치로 뜬다. • 두 번째 코에 단 마무리를 한다.

5단 긴뜨기, 사슬뜨기 〈60코+8사슬〉

- 사슬 공간에 실B를 연결하며 첫 코를 스탠딩 스티치로 뜬다. • 단의 끝에서는 첫 코에 빼뜨기하여 단을 연결한다.

6단 긴뜨기, 사슬뜨기 〈76코+4사슬〉

- 다음 코에 [빼뜨기 1] → 다음 사슬 공간에 [빼뜨기 1+기둥코 사슬 2(=긴뜨기 1)]로 뜨기 시작한다. • 두 번째 코, 즉 기둥코가 아닌 첫 번째 실제 긴뜨기 코에 단 마무리를 한다.

단 마무리(p.19 참조)

02 데이지 사각 모티브

Conmismanoss (Susana Villalobos) — Argentina
@conmismanoss hilandosuenoss

Level 초급
Colors A-해바라기색, B-크림색, C-연두색, D-베이지색

INSTRUCTIONS

1단 긴뜨기 〈6코〉
- 실A로 매직 링을 만들어 뜬다. • 두 번째 코에 단 마무리를 한다.

2단 빼뜨기, 사슬뜨기 〈12개의 꽃잎〉
- 임의의 코에 실B를 연결하며 첫 코는 스탠딩 스티치로 뜬다. • [사슬 11]이 하나의 꽃잎을 이룬다. • 첫 번째 빼뜨기 다음 첫 사슬에 단 마무리를 한다.

3단 서드 루프에 짧은뜨기, 사슬뜨기 〈12코+24사슬〉
- 11-사슬 중 6번째 사슬의 서드 루프에 실C를 연결하며 첫 코를 스탠딩 스티치로 뜬다. • 단의 끝에서는 첫 코에 빼뜨기하여 연결한다.

Note. 짧은뜨기가 사슬로 만들어진 꽃잎 끝을 잡아주는 역할을 하게 되며, 이 단의 모든 짧은뜨기는 꽃잎의 6번째 사슬 서드 루프를 주워 뜬다. 서드 루프에 대해서는 p.15 참조
Note. 조금 타이트하게 느껴진다면 짧은뜨기 사이에 [사슬 2]가 아닌 [사슬 3]을 떠도 좋다.

4단 한길긴뜨기, 사슬뜨기 〈48코+8사슬〉
- 다음 사슬 공간에 [빼뜨기 1+기둥코 사슬 3(=한길긴뜨기 1)]으로 뜨기 시작한다. • 두 번째 코, 즉 기둥코가 아닌 첫 번째 실제 한길긴뜨기 코에 단 마무리를 한다.

5단 한길긴뜨기, 사슬뜨기 〈60코+8사슬〉
- 코너의 사슬 공간에 실D를 연결하며 첫 코를 스탠딩 스티치로 뜬다. • 직선 구간의 [한길긴뜨기 3]은 전단의 3-한길긴뜨기 뜨개 사이에 뜬다. • 단의 끝에서는 첫 코에 빼뜨기하여 연결한다.

6단 한길긴뜨기, 사슬뜨기 〈72코+8사슬〉
- [다음 코에 빼뜨기 1]×2 → 다음 사슬 공간에 [빼뜨기 1+기둥코 사슬 3(=한길긴뜨기 1)]으로 뜨기 시작한다. • 직선 구간의 [한길긴뜨기 3]은 전단의 3-한길긴뜨기 뜨개 사이에 뜬다. • 두 번째 코, 즉 기둥코가 아닌 첫 번째 실제 한길긴뜨기 코에 단 마무리를 한다.

⊃ 단 마무리(p.19 참조)   ∨ 서드 루프에 뜨기(p.15 참조)

03 오버 더 레인보우 사각 모티브 🔘

Crafty CC (Celine Semaan) — Australia
@crafty_cc   www.craftycc.com

Level 초급
Colors A-은회색, B-자줏빛 보라, C-터키블루, D-연두색, E-해바라기색, F-파파야색, G-진한 빨강, H-크림색

INSTRUCTIONS

1단 한길긴뜨기 ⟨12코⟩
• 실A로 매직 링을 만들고, [기둥코 사슬 3(=한길긴뜨기 1)]으로 뜨기 시작한다. •단의 끝에서는 3번째 사슬에 빼뜨기하여 연결한다.

2단 긴뜨기 ⟨24코⟩
• [기둥코 사슬 2(=긴뜨기 1)]로 뜨기 시작하고, 단 마무리나 빼뜨기 연결을 하지 않는다.

3단 긴뜨기 ⟨24코⟩
• 기둥코를 올리지 않고 전단에 이어서 뜬다.
Note. 이후 4~9단도 단 연결 없이 전단에 이어서 다음 단을 뜨게 된다.

4단 긴뜨기 ⟨36코⟩
• 실A로 [긴뜨기 2 → 긴뜨기 1 → 긴뜨기 2]를 뜨다가, [긴뜨기 1 → 긴뜨기 2]×7 → [긴뜨기 1]은 실B로 뜬다. 그리고 다시 실A로 [긴뜨기 2 → 긴뜨기 1]×3을 뜬다.
Note. 실B로 바꿔 뜰 때 뜨던 실A를 끊지 않고 코 위에 걸쳐서 감싸서 뜨는 방식으로 뜬다(p.18 참조). 실B는 해당 구간을 뜨고 나면 실을 끊는다. 이후 5~9단(실C~G)도 같은 방법으로 뜬다.

5단 긴뜨기, 뒤쪽 반 코 긴뜨기 ⟨36코⟩
• 뒤쪽 반 코 긴뜨기 부분은 실C로 바꿔 뜬다.
Note. 5단 이후, 무지개 부분은 모두 뒤쪽 반 코만 주워 뜬다.

6단 긴뜨기, 뒤쪽 반 코 긴뜨기 ⟨48코⟩
• 뒤쪽 반 코 긴뜨기 부분은 실D로 바꿔 뜬다.

7단 긴뜨기, 뒤쪽 반 코 긴뜨기 ⟨48코⟩
• 뒤쪽 반 코 긴뜨기 부분은 실E로 바꿔 뜬다.

8단 긴뜨기, 뒤쪽 반 코 긴뜨기 ⟨60코⟩
• 뒤쪽 반 코 긴뜨기 부분은 실F로 바꿔 뜬다.

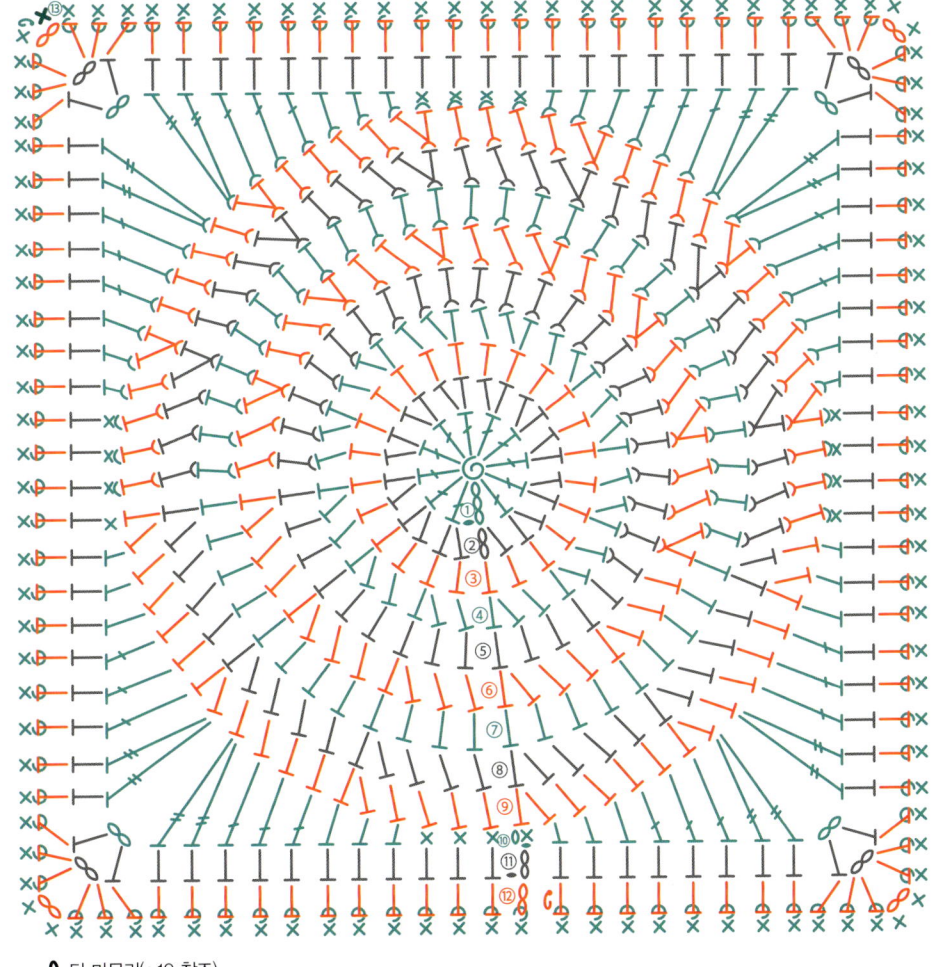

↻ 단 마무리(p.19 참조)

9단 긴뜨기, 뒤쪽 반 코 긴뜨기 〈72코〉
- 뒤쪽 반 코 긴뜨기 부분은 실G로 바꿔 뜬다.

10단 짧은뜨기, 긴뜨기, 한길긴뜨기, 두길긴뜨기, 사슬뜨기, 뒤쪽 반 코 짧은뜨기/긴뜨기/한길긴뜨기/두길긴뜨기 〈80코+9사슬〉
- [사슬 1+짧은뜨기 1]로 뜨기 시작한다. • 단의 끝에서는 첫 코(짧은뜨기)에 빼뜨기하여 연결한다.

11단 긴뜨기, 사슬뜨기 〈88코+8사슬〉
- [기둥코 사슬 2(=긴뜨기 1)]로 뜨기 시작한다. • 단의 끝에서는 2번째 사슬에 빼뜨기하여 연결한다.

구름(2장)

1단 짧은뜨기 〈8코〉
- 실H로 뜬다. • 사슬 4 → 끝에서 2번째 사슬에 짧은뜨기 1 → 짧은뜨기 1 → 짧은뜨기 3 → (기초코 사슬의 반대쪽에서) 짧은뜨기 1 → 짧은뜨기 2

2단 짧은뜨기 〈13코〉
- 전단에 이어서 뜬다. • 짧은뜨기 3 → [짧은뜨기 1 → 짧은뜨기 2]×3 → 짧은뜨기 1

3단 사슬뜨기, 한길긴뜨기 〈19코+3사슬〉
- 전단에 이어서 뜬다. • [빼뜨기 1]×2 → 사슬 3 → 한길긴뜨기 5 → 1코 건너뛰기 → 빼뜨기 1 → 1코 건너뛰기 → 긴뜨기 5 → 1코 건너뛰기 → [빼뜨기 1]×5 → [빼뜨기 코에 빼뜨기 1]×2 • 처음 뜬 사슬 3개 중 3번째 사슬에 단 마무리를 한다. • 모티브에 꿰매 붙인다.

구름

12단 긴뜨기, 사슬뜨기 〈104코+8사슬〉
- [기둥코 사슬 2(=긴뜨기 1)]로 뜨기 시작한다. • 두 번째 코, 즉 기둥코가 아닌 첫 번째 실제 긴뜨기 코에 단 마무리를 한다.

13단 짧은뜨기, 뒤걸어 짧은뜨기 〈112코〉
- 코너의 사슬 공간에 실H를 연결하며 첫 코를 스탠딩 스티치로 뜬다. • 두 번째 코에 단 마무리를 한다.

04 귀여운 꽃 사각 모티브 ⑧⓪

Marie et ses jolies choses (Marie Orhon) — France
◎ @marie_et_ses_jolies_choses f Marie et ses jolies choses

Level 초급
Colors A-진주색, B-진한 빨강, C-녹색

INSTRUCTIONS

1단 한길긴뜨기 〈12코〉
• 실A로 매직 링을 만들고, [기둥코 사슬 3(=한길긴뜨기 1)]으로 뜨기 시작한다. • 단의 끝에서는 3번째 사슬에 빼뜨기하여 연결한다.

2단 짧은뜨기 〈24코〉
• 모든 코에 [짧은뜨기 2]를 뜨고, 두 번째 코에 단 마무리를 한다.

3단 한길긴뜨기, 빼뜨기 〈36코/6개의 꽃잎〉
• 임의의 코에 실B를 연결하며 첫 코를 스탠딩 스티치로 뜬다. • 단의 끝에서는 첫 코에 빼뜨기하여 연결한다.

4단 긴뜨기, 빼뜨기 〈42코〉
• [기둥코 사슬 2(=긴뜨기 1)]로 뜨기 시작한다. • 꽃잎과 꽃잎 사이에 뜨는 빼뜨기는 3단의 빼뜨기를 감싸며 2단의 코에 뜬다. • 두 번째 코, 즉 기둥코가 아닌 첫 번째 실제 긴뜨기 코에 단 마무리를 한다.

5단 짧은뜨기, 긴뜨기 〈48코〉
• 꽃잎의 2번째 긴뜨기 코에 실C를 연결하며 첫 코를 스탠딩 스티치로 뜬다. • 4단의 빼뜨기 코에 [긴뜨기 2]를 뜬다는 점에 주의한다. • 단의 끝에서는 첫 코에 빼뜨기하여 연결한다.

6단 짧은뜨기, 긴뜨기, 한길긴뜨기, 사슬뜨기 〈60코+8사슬〉
• 다음 코에 [짧은뜨기 1]로 뜨기 시작한다. • 단의 끝에서는 첫 코에 빼뜨기하여 연결한다.

7단 짧은뜨기, 긴뜨기, 사슬뜨기 〈68코+8사슬〉
• 다음 코에 [짧은뜨기 1]로 뜨기 시작한다. • 단의 끝에서는 첫 코에 빼뜨기하여 연결한다.

8단 짧은뜨기, 사슬뜨기 〈72코+8사슬〉
• 다음 코에 [짧은뜨기 1]로 뜨기 시작한다. • 두 번째 코에 단 마무리를 한다.

단 마무리(p.19 참조)

05 레이지 데이지 사각 모티브 ⑧⁰

RedAgape (Mandy O'Sullivan) — Australia
@crochetbyredagape   www.redagapeblog.com   redagapeblog

Level 초급
Colors A-레몬색, B-크림색, C-아쿠아블루

이 모티브는 다른 80코 모티브보다 크기가 다소 작게 떠질 것이다. 따라서 다른 모티브와 연결하고자 한다면 바늘 사이즈를 바꾸어서 뜨는 것이 좋다.

INSTRUCTIONS

1단 한길 3코 구슬뜨기, 사슬뜨기 〈8코+8사슬〉
• 실A로 매직 링을 만들고, [기둥코 사슬 2]로 뜨기 시작한다.
• 첫 번째 구슬뜨기 다음 사슬에 단 마무리를 한다.
Note. 첫 번째 한길 3코 구슬뜨기=기둥코 사슬 2+한길 2코 구슬뜨기

2단 두길 5코 구슬뜨기, 사슬뜨기 〈8코+32사슬〉
• 사슬 공간에 실B를 연결하며 첫 코를 스탠딩 스티치로 뜬다.
• 첫 번째 구슬뜨기 다음 첫 번째 사슬에 단 마무리를 한다.

3단 짧은뜨기 〈48코〉
• 사슬 공간에 빼뜨기로 실C를 연결하여 뜨기 시작한다.
• 단의 끝에서는 첫 번째 짧은뜨기 코에 빼뜨기하여 연결한다.

4단 두길긴뜨기, 한길긴뜨기, 긴뜨기, 사슬뜨기 〈48코+8사슬〉
• [기둥코 사슬 4(=두길긴뜨기 1)]로 뜨기 시작한다.
• 단의 끝에서는 4번째 사슬에 빼뜨기하여 연결한다.

5단 한길긴뜨기, 사슬뜨기 〈72코+8사슬〉
• [기둥코 사슬 3(=한길긴뜨기 1)]으로 뜨기 시작한다.
• 두 번째 코, 즉 기둥코가 아닌 첫 번째 실제 한길긴뜨기 코에 단 마무리를 한다.

↻ 단 마무리(p.19 참조)

06 80코 클래식 사각 모티브

RedAgape (Mandy O'Sullivan) — Australia
@crochetbyredagape www.redagapeblog.com redagapeblog

Level 초급
Colors A-아쿠아블루, B-크림색, C-파스텔 핑크, D-레몬색

INSTRUCTIONS

1단 두길긴뜨기, 사슬뜨기 〈12코+12사슬〉
- 실A로 매직 링을 만들고, [기둥코 사슬 4(=두길긴뜨기 1)]로 뜨기 시작한다.
- 두 번째 코, 즉 기둥코가 아닌 첫 번째 실제 두길긴뜨기 코에 단 마무리를 한다.

2단 한길긴뜨기, 사슬뜨기 〈24코+12사슬〉
- 사슬 공간에 실B를 연결하며 첫 코를 스탠딩 스티치로 뜬다.
- 두 번째 코에 단 마무리를 한다.

3단 두길긴뜨기, 사슬뜨기 〈36코+20사슬〉
- 코너의 2-사슬 공간에 실C를 연결하며 첫 코를 스탠딩 스티치로 뜬다.
- 두 번째 코에 단 마무리를 한다.

4단 한길긴뜨기, 사슬뜨기 〈48코+20사슬〉
- 코너의 3-사슬 공간에 실D를 연결하며 첫 코를 스탠딩 스티치로 뜬다.
- 단의 끝에서는 첫 코에 빼뜨기하여 연결한다.

5단 짧은뜨기, 사슬뜨기 〈76코+ 4사슬〉
- [다음 코에 빼뜨기 1]×2 → 다음 사슬 공간에 [짧은뜨기 2]로 뜨기 시작한다.
- 두 번째 코에 단 마무리를 한다.

단 마무리(p.19 참조)

이 작품은 매우 전형적인 사각 모티브 디자인으로, 클래식한 패턴인 만큼 가능성이 무한하며, 이 책에서 소개하는 다른 80코 모티브 중 어떤 것과 연결해도 잘 어울린다.

07 에게해 사각 모티브 112

Spincushions (Shelley Husband) — Australia
www.spincushions.com @spincushions Spincushions

Level 초급
Colors A-밝은 파랑, B-터키블루, C-아쿠아블루, D-크림색

INSTRUCTIONS

1단 한길긴뜨기 〈12코〉
- 실A로 매직 링을 만들고, [기둥코 사슬 3(=한길긴뜨기 1)]으로 뜨기 시작한다.
- 두 번째 코, 즉 기둥코가 아닌 첫 번째 실제 한길긴뜨기 코에 단 마무리를 한다.

2단 짧은뜨기, 사슬뜨기 〈6코+18사슬〉
- 임의의 코에 실B를 연결하며 첫 코를 스탠딩 스티치로 뜬다.
- 단의 끝에서는 첫 코에 빼뜨기하여 연결한다.

3단 한길긴뜨기, 사슬뜨기, 짧은뜨기 〈12코+24사슬〉
- [사슬 5(=한길긴뜨기 기둥코 사슬 3+사슬 2)]로 뜨기 시작한다.
- 단의 끝에서는 3번째 사슬(기둥코의 마지막 사슬)에 빼뜨기하여 연결한다.

4단 한길긴뜨기, 사슬뜨기, 긴뜨기, 짧은뜨기 〈36코+12사슬〉
- [사슬 5(=한길긴뜨기 기둥코 사슬 3+사슬 2)]로 뜨기 시작한다.
- 4번째 사슬(기둥코 다음 사슬)에 단 마무리를 한다.

5단 짧은뜨기, 사슬뜨기 〈6코+48사슬〉
- 2-사슬 공간에 실C를 연결하며 첫 코를 스탠딩 스티치로 뜬다.
- 단의 끝에서는 첫 코에 빼뜨기하여 연결한다.

6단 한길긴뜨기 〈60코〉
- [기둥코 사슬 3(=한길긴뜨기 1)]으로 뜨기 시작한다.
- 두 번째 코, 즉 기둥코가 아닌 첫 번째 실제 한길긴뜨기 코에 단 마무리를 한다.

7단 두길긴뜨기, 한길긴뜨기, 짧은뜨기 〈64코+8사슬〉
- 별 모양의 꼭지 선에 있는 코에 실D를 연결하고, 첫 코를 스탠딩 스티치로 뜬다.
- 단의 끝에서는 첫 번째 두길긴뜨기 코에 [긴뜨기 1]로 연결한다.

8단 짧은뜨기, 사슬뜨기 〈80코+8사슬〉
- 7단 마지막에 뜬 긴뜨기를 옆으로 감싸며 뜨는 [짧은뜨기 2]로 뜨기 시작한다.
- 단의 끝에서는 첫 번째 짧은뜨기 코에 [짧은뜨기 1]로 연결한다.

9단 마무리(p.19 참조)

Note. 8~10단은 사슬 아래 공간에 뜰 때 사슬을 감싸서 뜨는 것처럼 전단의 끝에서 단을 연결하며 뜬 코를 감싸며 뜨기 시작한다.

9단 짧은뜨기, 사슬뜨기 〈96코+8사슬〉
- 8단의 마지막에 뜬 짧은뜨기를 옆으로 감싸며 뜨는 [짧은뜨기 2]로 뜨기 시작한다.
- 단의 끝에서는 첫 번째 짧은뜨기 코에 [짧은뜨기 1]로 연결한다.

10단 짧은뜨기, 사슬뜨기 〈104코+8사슬〉
- 9단의 마지막에 뜬 짧은뜨기를 옆으로 감싸며 뜨는 [짧은뜨기 1]로 뜨기 시작한다.
- 두 번째 코에 단 마무리를 한다.

이 작품의 디자이너는 세계의 바다와 대양의 이름을 따서 그녀의 사각 모티브 이름을 지었다. 에게해 사각 모티브는 그녀가 가장 좋아하는 터키블루-블루 컬러로 디자인되어 화사한 느낌을 준다. 물론 자신이 원하는 색의 조합으로 떠도 좋다.

08 작약 핑크 레이스 사각 모티브

RedAgape (Mandy O'Sullivan) — Australia
@crochetbyredagape　www.redagapeblog.com　redagapeblog

Level 초급
Colors A-작약 핑크

INSTRUCTIONS

1단 사슬뜨기 〈4코〉
- 실A로 [사슬 4]를 뜨고, 첫 번째 사슬에 빼뜨기하여 원형 기초코를 만든다.

2단 한길 3코 구슬뜨기, 사슬뜨기 〈8코+8사슬〉
- [기둥코 사슬 2]로 뜨기 시작한다. • 이후 원형 기초코로 만들어진 고리 안에 바늘을 넣어서 뜬다. • 단의 끝에서는 첫 번째 구슬뜨기에 빼뜨기하여 연결한다.

Note. 첫 번째 한길 3코 구슬뜨기=기둥코 사슬 2+한길 2코 구슬뜨기

3단 한길긴뜨기, 사슬뜨기 〈16코+24사슬〉
- 다음 사슬 공간에 [빼뜨기 1+기둥코 사슬 3(=한길긴뜨기 1)]으로 뜨기 시작한다. • 단의 끝에서는 3번째 사슬에 빼뜨기하여 연결한다.

4단 한길 3코 구슬뜨기, 사슬뜨기, 한길긴뜨기 〈20코+28사슬〉
- 다음 사슬 공간에 [빼뜨기 1+사슬 2+한길 2코 구슬뜨기+ …]로 뜨기 시작한다. • 모두 사슬 공간에 뜬다. • 단의 끝에서는 첫 번째 구슬뜨기 코에 빼뜨기하여 연결한다.

5단 짧은뜨기, 사슬뜨기 〈24코+76사슬〉
- 다음 사슬 공간에 [빼뜨기 1+짧은뜨기 1]로 뜨기 시작한다. • 모두 사슬 공간에 뜬다. • 단의 끝에서는 첫 번째 짧은뜨기 코에 빼뜨기하여 연결한다.

6단 짧은뜨기, 사슬뜨기 〈56코+8사슬〉
- 다음 사슬 공간에 [짧은뜨기 2]로 뜨기 시작한다. • 단의 끝에서는 첫 번째 짧은뜨기 코에 빼뜨기하여 연결한다.

7단 한길긴뜨기, 사슬뜨기 〈72코+8사슬〉
- [기둥코 사슬 3(=한길긴뜨기 1)]으로 뜨기 시작한다. • 두 번째 코, 즉 기둥코가 아닌 첫 번째 실제 한길긴뜨기 코에 단 마무리를 한다.

이 모티브는 사진처럼 한 가지 색으로 떠도 좋고, 여러 가지 색상으로 시도해봐도 좋다.

단 마무리(p.19 참조)

09 다이아몬드 사각 모티브

Crafty CC (Celine Semaan) — Australia
@crafty_cc   www.craftycc.com

Level 초급
Colors A-파스텔 핑크, B-진한 분홍, C-파파야색, D-해바라기색, E-피스타치오색,
F-아쿠아블루, G-자줏빛 보라, H-크림색

INSTRUCTIONS

1단   한길긴뜨기, 사슬뜨기 〈12코+8사슬〉
• 실A로 매직 링을 만들고, [기둥코 사슬 3(=한길긴뜨기 1)]으로 뜨기 시작한다. • 두 번째 코, 즉 기둥코가 아닌 첫 번째 실제 한길긴뜨기 코에 단 마무리를 한다.

2단   한길긴뜨기, 사슬뜨기 〈24코+8사슬〉
• 사슬 공간에 실B를 연결하며 첫 코를 스탠딩 스티치로 뜬다. • 두 번째 코에 단 마무리를 한다.
Note. 2~8단은 모두 두 번째 코에 단 마무리를 한다. (이후 지면 관계상 생략함)

3단   한길긴뜨기, 사슬뜨기 〈36코+8사슬〉
• 사슬 공간에 실C를 연결하며 첫 코를 스탠딩 스티치로 뜬다.
Note. 3~4단, 7~8단에서 사슬 공간 외에 뜨는 [한길긴뜨기 3]은 전단의 3-한길긴뜨기 뜨개 사이에 뜬다.

4단   한길긴뜨기, 사슬뜨기 〈48코+8사슬〉
• 사슬 공간에 실D를 연결하며 첫 코를 스탠딩 스티치로 뜬다.

5단   빼뜨기, 뒤쪽 반 코 짧은뜨기/긴뜨기, 사슬뜨기, 뒤쪽 반 코 한길긴뜨기, 두길긴뜨기 〈60코+16사슬〉
• 사슬 공간에 실E를 연결하며 첫 코(빼뜨기)를 스탠딩 스티치로 뜬다.

6단   두길긴뜨기, 사슬뜨기, 한길긴뜨기 〈60코+8사슬〉
• 2-사슬 공간에 실F를 연결하고, 첫 코를 스탠딩 스티치로 뜬다. • 2-사슬 공간에 뜨는 [한길긴뜨기 3]은 5단의 빼뜨기를 감싸면서 4단의 2-사슬 공간에 뜬다.

7단   한길긴뜨기, 사슬뜨기 〈72코+8사슬〉
• 사슬 공간에 실G를 연결하며 첫 코를 스탠딩 스티치로 뜬다.

8단   한길긴뜨기, 사슬뜨기 〈104코+8사슬〉
• 사슬 공간에 실H를 연결하며 첫 코를 스탠딩 스티치로 뜬다.

단 마무리(p.19 참조)

10　112코 클래식 사각 모티브 ⑫

RedAgape (Mandy O'Sullivan) — Australia

@crochetbyredagape　www.redagapeblog.com　redagapeblog

Level 초급
Colors A-레몬색, B-크림색, C-파스텔 핑크, D-작약 핑크, E-복숭아색, F-아쿠아블루

INSTRUCTIONS

1단 두길긴뜨기, 사슬뜨기 〈12코+12사슬〉
• 실A로 매직 링을 만들고, [기둥코 사슬 4(=두길긴뜨기 1)]로 뜨기 시작한다. • 두 번째 코, 즉 기둥코가 아닌 첫 번째 실제 두길긴뜨기 코에 단 마무리를 한다.

2단 한길긴뜨기, 사슬뜨기 〈24코+12사슬〉
• 사슬 공간에 실B를 연결하며 첫 코를 스탠딩 스티치로 뜬다. • 두 번째 코에 단 마무리를 한다.

3단 두길긴뜨기, 사슬뜨기 〈36코+20사슬〉
• 2-사슬 공간에 실C를 연결하며 첫 코를 스탠딩 스티치로 뜬다. • 두 번째 코에 단 마무리를 한다.

4단 한길긴뜨기, 사슬뜨기 〈48코+20사슬〉
• 3-사슬 공간에 실D를 연결하며 첫 코를 스탠딩 스티치로 뜬다. • 두 번째 코에 단 마무리를 한다.

5단 한길긴뜨기, 사슬뜨기 〈60코+24사슬〉
• 2-사슬 공간에 실E를 연결하며 첫 코를 스탠딩 스티치로 뜬다. • 두 번째 코에 단 마무리를 한다.

6단 한길긴뜨기, 사슬뜨기 〈72코+28사슬〉
• 2-사슬 공간에 실F를 연결하며 첫 코를 스탠딩 스티치로 뜬다. • 단의 끝에서는 첫 코에 빼뜨기하여 연결한다.

7단 짧은뜨기, 사슬뜨기 〈108코+4사슬〉
• [다음 코에 빼뜨기 1]×2 → 다음 사슬 공간에 [짧은뜨기 2]로 뜨기 시작한다. • 두 번째 짧은뜨기 코에 단 마무리를 한다.

이 모티브는 매우 전형적인 디자인의 112코 사각 모티브로, 클래식 패턴인 만큼 다른 어떤 112코 모티브와 조합해도 잘 어울린다.

단 마무리(p.19 참조)

11 팝콘 플라워 사각 모티브 ⑧⓪

RedAgape (Mandy O'Sullivan) — Australia
@crochetbyredagape www.redagapeblog.com redagapeblog

Level 초급
Colors A-복숭아색, B-파스텔 핑크, C-아쿠아블루, D-크림색

INSTRUCTIONS

1단 짧은뜨기 〈6코〉
- 실A로 매직 링을 만들어 뜬다. • 단의 끝에서는 첫 코에 빼뜨기하여 연결한다.

2단 한길 5코 팝콘뜨기, 사슬뜨기 〈6코+6사슬〉
- [기둥코 사슬 3(=한길긴뜨기 1)]으로 뜨기 시작한다. • 첫 번째 팝콘뜨기 다음 첫 번째 사슬에 단 마무리를 한다.

Note. 첫 번째 한길 5코 팝콘뜨기=기둥코 사슬 3(=한길긴뜨기 1)+한길긴뜨기 4+바늘을 뺐다가 기둥코의 3번째 사슬에 바늘을 넣고 바늘 끝에 마지막 고리를 걸어 빼낸 다음, [사슬 1]로 마무리한다(마지막 사슬은 별도의 코로 세지 않음).

3단 한길 5코 팝콘뜨기, 사슬뜨기 〈12코+12사슬〉
- 사슬 공간에 실B를 연결하며 첫 코를 스탠딩 스티치로 뜬다. • 첫 번째 팝콘뜨기 다음 첫 번째 사슬에 단 마무리를 한다.

4단 한길 5코 팝콘뜨기, 사슬뜨기 〈24코+24사슬〉
- 사슬 공간에 실C를 연결하며 첫 코를 스탠딩 스티치로 뜬다. • 첫 번째 팝콘뜨기 다음 첫 번째 사슬에 단 마무리를 한다.

5단 긴뜨기, 한길긴뜨기, 사슬뜨기, 짧은뜨기 〈56코+8사슬〉
- 사슬 공간에 실D를 연결하며 첫 코를 스탠딩 스티치로 뜬다. • 단의 끝에서는 첫 코에 빼뜨기하여 연결한다.

6단 두길긴뜨기, 사슬뜨기 〈72코+8사슬〉
- [기둥코 사슬 4(=두길긴뜨기 1)]로 뜨기 시작한다. • 두 번째 코, 즉 기둥코가 아닌 첫 번째 실제 두길긴뜨기 코에 단 마무리를 한다.

> 블랭킷에 활용하면 입체감을 더해주는 모티브로, '80코 클래식 사각 모티브(p.33)'나 '데이지 사각 모티브(p.27)'와 조합하면 빈티지한 느낌을 낼 수 있다.

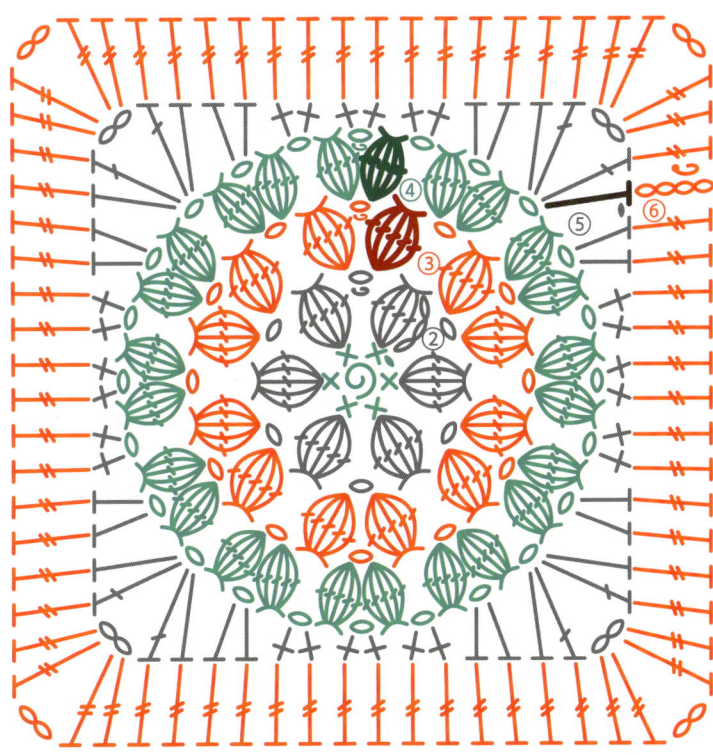

♩ 단 마무리(p.19 참조)

12 알사탕 사각 모티브

Yarn Blossom Boutique (Melissa Bradley) — USA
@yarnblossomboutique f yarnblossomboutique

Level 초급
Colors A-크림색, B-파스텔 핑크, C-자주색, D-보라색

INSTRUCTIONS

1단 한길긴뜨기, 사슬뜨기 〈12코+12사슬〉
- 실A로 매직 링을 만들고, [기둥코 사슬 3(=한길긴뜨기 1)]으로 뜨기 시작한다. •단의 끝에서는 3번째 사슬에 빼뜨기하여 연결한다.

2단 한길긴뜨기, 사슬뜨기 〈12코+24사슬〉
- 다음 사슬 공간에 [빼뜨기 1+사슬 5(=한길긴뜨기 기둥코 사슬 3+사슬 2)]로 뜨기 시작한다. •4번째 사슬(기둥코 다음 사슬)에 단 마무리를 한다.

3단 한길긴뜨기 〈48코〉
- 사슬 공간에 실B를 연결하며 첫 코를 스탠딩 스티치로 뜬다. •단의 끝에서는 첫 코에 빼뜨기하여 연결한다.

4단 앞쪽 반 코 짧은뜨기, 사슬뜨기 〈24코+48사슬〉
- 다음 코에 [앞쪽 반 코 짧은뜨기 1]로 뜨기 시작한다. •첫 번째 앞쪽 반 코 짧은뜨기 다음 첫 번째 사슬에 단 마무리를 한다.

5단 뒤쪽 반 코 한길긴뜨기 〈56코〉
- 3단에 남아 있는 뒤쪽 반 코에 실C를 연결하며 첫 코를 스탠딩 스티치로 뜬다. •단의 끝에서는 첫 코에 빼뜨기하여 연결한다.

Note. 4단에서 3단의 앞쪽 반 코를 주워 떴으므로, 3단에는 뒤쪽 반 코가 남아 있다.

6단 앞쪽 반 코 짧은뜨기, 사슬뜨기 〈28코+56사슬〉
- 다음 코에 [앞쪽 반 코 짧은뜨기 1]로 뜨기 시작한다. •첫 번째 앞쪽 반 코 짧은뜨기 다음 첫 번째 사슬에 단 마무리를 한다.

7단 뒤쪽 반 코 짧은뜨기/긴뜨기/한길긴뜨기/두길긴뜨기, 사슬뜨기 〈64코+8사슬〉
- 5단의 남아 있는 뒤쪽 반 코에 실D를 연결하며 첫 코를 스탠딩 스티치로 뜬다. •이 단은 모두 5단의 남아 있는 뒤쪽 반 코를 주워 뜬다. •두 번째 코에 단 마무리를 한다.

8단 긴뜨기, 사슬뜨기 〈72코+8사슬〉
- 코너의 2-사슬 다음 두길긴뜨기 코에 실A를 연결하며 첫 코를 스탠딩 스티치로 뜬다.
- 두 번째 코에 단 마무리를 한다.

13 사자 사각 모티브

Thoresby Cottage (Caitie Moore) — South Africa
thoresbycottage.com @thoresbycottage thoresbycottage

Level 초급
Colors A-해바라기색, B-바다색, C-밤색, D-크림색, E-갈색, F-검정색

INSTRUCTIONS

바탕 모티브

1단 짧은뜨기 〈6코〉
- 실A로 매직 링을 만들어 뜬다. • 단의 끝에서는 첫 코에 빼뜨기하여 연결한다.

2단 한길긴뜨기 〈18코〉
- [기둥코 사슬 3(=한길긴뜨기 1)]으로 뜨기 시작한다. • 단의 끝에서는 3번째 사슬에 빼뜨기하여 연결한다.

3단 한길긴뜨기 〈26코〉
- [기둥코 사슬 3(=한길긴뜨기 1)]으로 뜨기 시작한다. • 단의 끝에서는 3번째 사슬에 빼뜨기하여 연결한다.

4단 한길긴뜨기 〈44코〉
- [기둥코 사슬 3(=한길긴뜨기 1)]으로 뜨기 시작한다. • 두 번째 코, 즉 기둥코가 아닌 첫 번째 실제 한길긴뜨기 코에 단 마무리를 한다.

5단 두길긴뜨기, 한길긴뜨기, 긴뜨기, 짧은뜨기, 사슬뜨기 〈48코+12사슬〉
- 임의의 코에 실B를 연결하며 첫 코를 스탠딩 스티치로 뜬다. • 단의 끝에서는 첫 코에 빼뜨기하여 연결한다.

6단 한길긴뜨기, 사슬뜨기 〈64코+8사슬〉
- [기둥코 사슬 3(=한길긴뜨기 1)]으로 뜨기 시작한다. • 단의 끝에서는 3번째 사슬에 빼뜨기하여 연결한다.

7단 긴뜨기, 사슬뜨기 〈72코+8사슬〉
- [기둥코 사슬 2(=긴뜨기 1)]로 뜨기 시작한다. • 두 번째 코, 즉 기둥코가 아닌 첫 번째 실제 긴뜨기 코에 단 마무리를 한다.

단 마무리(p.19 참조)

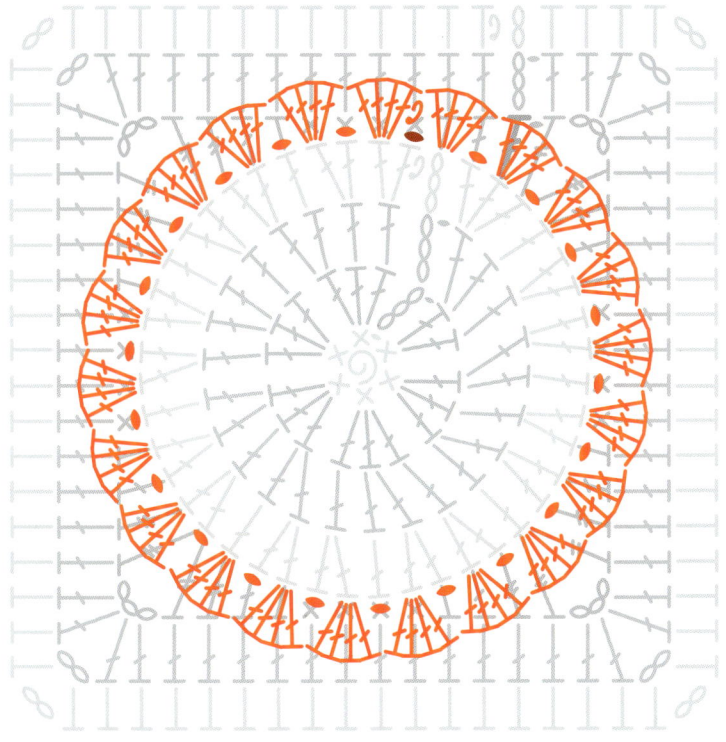

갈기

갈기

1단 빼뜨기, 한길긴뜨기 〈110코〉

• 4단의 코 다리 부분에 실C를 연결하며 첫 코를 스탠딩 스티치로 뜬다. • 두 번째 코에 단 마무리를 한다.

Note. 4단의 한길긴뜨기 머리 부분에는 공간의 여유가 없으므로, 다리 주위를 주우며 뜬다.

귀(2장)

1~3단 짧은뜨기 〈5코/7코/7코〉

귀

• 실A로 매직 링을 만들어 뜨며, 단 연결 과정 없이 이어서 뜬다.
• 3단의 끝에서는 첫 코에 빼뜨기하여 연결하고, 여분(꿰매기에 사용될 부분)을 남기고 실을 자른다.

머즐(입가)

1~4단 짧은뜨기 〈6코/12코/18코/18코〉

머즐

• 실D로 매직 링을 만들어 뜨며, 단 연결 과정 없이 이어서 뜬다.
• 여분(꿰매기에 사용될 부분)을 남기고 실을 자른다.

코

1~3단 짧은뜨기 〈3코/4코/5코〉

• 실E로 [사슬 3]을 떠서 기초코 사슬을 만들고, 끝에서 2번째 사슬에 [짧은뜨기 1]로 뜨기 시작한다. • 매 단마다 편물을 돌리며 왕복뜨기로 뜬다. • 여분(꿰매기에 사용될 부분)을 남기고 실을 자른다.

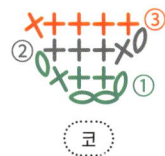

코

조합하기

1. 머즐 완성하기: 코에 남겨둔 여분의 실로 코를 머즐에 꿰매 붙이고, 머즐에 붙인 코끝(삼각형의 아래쪽 모서리)에 실E로 짧은뜨기 2개 정도 길이의 스트레이트 스티치를 수놓는다.

2. 머즐 꿰매기: 머즐의 바닥이 바탕 모티브 3단 라인에 맞도록 꿰매 붙인다.

3. 귀 꿰매기: 귀에 남겨둔 여분의 실A로 양쪽 귀 사이 간격이 8코 정도가 되도록 바탕 모티브 4단의 바깥쪽에 (코너의 사슬 공간과 일직선상에 위치) 꿰매 붙인다.

4. 눈 수놓기: 실F를 이용해 코 양쪽 모서리 부분에 약 7코 간격으로 양쪽 눈을 프렌치 노트 스티치(p.18 참조)로 수놓는다. 이때, 가능한 굵은 바늘을 이용해 매듭이 충분한 크기가 되도록 한다. 매듭 가장자리를 바느질 실을 이용해 감치기로 고정해도 좋다.

14 코끼리 사각 모티브 ⑧

Thoresby Cottage (Caitie Moore) — South Africa
🌐 thoresbycottage.com 📷 @thoresbycottage f thoresbycottage

Level 초급
Colors A-회색, B-버건디, C-흑연색, D-크림색, E-검정색

INSTRUCTIONS

바탕 모티브

1단 짧은뜨기 〈6코〉
- 실A로 매직 링을 만들어 뜬다. • 단의 끝에서는 첫 코에 빼뜨기하여 연결한다.

2단 한길긴뜨기 〈18코〉
- [기둥코 사슬 3(=한길긴뜨기 1)]으로 뜨기 시작한다. • 단의 끝에서는 3번째 사슬에 빼뜨기하여 연결한다.

3단 한길긴뜨기 〈26코〉
- [기둥코 사슬 3(=한길긴뜨기 1)]으로 뜨기 시작한다. • 단의 끝에서는 3번째 사슬에 빼뜨기하여 연결한다.

4단 한길긴뜨기 〈44코〉
- [기둥코 사슬 3(=한길긴뜨기 1)]으로 뜨기 시작한다. • 두 번째 코, 즉 기둥코가 아닌 첫 번째 실제 한길긴뜨기 코에 단 마무리를 한다.

5단 두길긴뜨기, 한길긴뜨기, 긴뜨기, 짧은뜨기, 사슬뜨기 〈48코+12사슬〉
- 임의의 코에 실B를 연결하며 첫 코를 스탠딩 스티치로 뜬다. • 단의 끝에서는 첫 코에 빼뜨기하여 연결한다.

6단 한길긴뜨기, 사슬뜨기 〈64코+8사슬〉
- [기둥코 사슬 3(=한길긴뜨기 1)]으로 뜨기 시작한다. • 단의 끝에서는 3번째 사슬에 빼뜨기하여 연결한다.

7단 긴뜨기, 사슬뜨기 〈72코+8사슬〉
- [기둥코 사슬 2(=긴뜨기 1)]로 뜨기 시작한다. • 두 번째 코, 즉 기둥코가 아닌 첫 번째 실제 긴뜨기 코에 단 마무리를 한다.

단 마무리(p.19 참조)

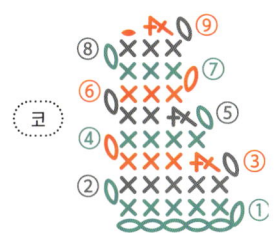 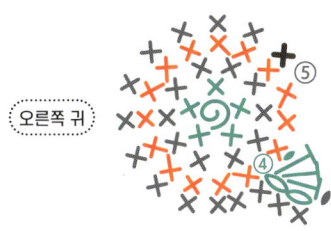 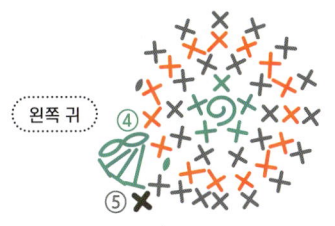 

코

1~9단 짧은뜨기, 짧은뜨기 2코 모아뜨기 〈5코/5코/4코/4코/3코/3코/3코/3코/2코〉

- 실A로 [사슬 6]을 떠서 기초코 사슬을 만들고, 끝에서 2번째 사슬에 [짧은뜨기 1]로 뜨기 시작한다. • 매 단마다 편물을 돌리며 왕복뜨기로 뜬다. • 9단의 끝에서는 [빼뜨기 1]을 한 후 여분(꿰매기에 사용될 부분)을 남기고 실을 자른다. • 실C로 6개의 가로줄을 스트레이트 스티치(2단 이후부터)로 수놓는다.

오른쪽 귀

1~3단 짧은뜨기 〈5코/10코/15코〉

- 실C로 매직 링을 만들어 뜨며, 단 연결 과정 없이 이어서 뜬다.

4단 긴뜨기

- [사슬 2] → 끝에서 2번째 사슬에 [긴뜨기 3] → 다음 사슬에 [빼뜨기 1] → 실 끊고 정리

5단 짧은뜨기 〈16코〉

- 3번째 코에 실A를 연결하며 첫 코를 스탠딩 스티치로 뜬다. • 마지막 빼뜨기가 끝나면 여분(꿰매기에 사용될 부분)을 남기고 실을 자른다.

왼쪽 귀

1~4단 짧은뜨기 〈5코/10코/15코〉, 긴뜨기

- 실C로 오른쪽 귀의 1~4단과 동일하게 뜬다.

5단 짧은뜨기 〈16코〉

- 4단의 첫 번째 긴뜨기 코에 실A를 연결하며 첫 코를 스탠딩 스티치로 뜬다. • 마지막 빼뜨기가 끝나면 여분(꿰매기에 사용될 부분)을 남기고 실을 자른다.

상아(2장)

1단 짧은뜨기, 빼뜨기

- 실D로 [사슬 4]를 떠서 기초코 사슬을 만들고, 끝에서 2번째 사슬에 [짧은뜨기 1] → [다음 사슬에 빼뜨기 1]×2를 한 다음 여분(꿰매기에 사용될 부분)을 남기고 실을 자른다.

조합하기

1. 귀 꿰매기: 귀에 남겨둔 실A로 바탕 모티브의 4단 양쪽에 꿰매 붙인다. 귀가 접히도록 하고 싶다면 전체를 다 꿰매지 말고 접힐 부분은 남겨 둔다.
2. 코 꿰매기: 코에 남겨둔 실A로 바탕 모티브 가운데 부분에 꿰매 붙인다.
3. 눈 수놓기: 실E를 이용해 코의 양쪽에 약 8코 간격으로 양쪽 눈을 프렌치 노트 스티치(p.18 참조)로 수놓는다. 이때, 가능한 굵은 바늘을 이용해 매듭이 충분한 크기가 되도록 한다. 매듭 가장자리를 바느질 실을 이용해 감치기로 고정해도 좋다.
4. 상아 꿰매기: 상아에 남겨둔 실D로 코 양쪽, 눈 바로 아래에 꿰매 붙인다.

15 얼룩말 사각 모티브 ⑳

Thoresby Cottage (Caitie Moore) — South Africa
⊕ thoresbycottage.com ⓘ @thoresbycottage f thoresbycottage

Level 초급
Colors A-크림색, B-흑연색, C-노르딕 블루, D-밝은 회색, E-진주색, F-검정색

INSTRUCTIONS

바탕 모티브

1단   짧은뜨기 〈6코〉
• 실A로 매직 링을 만들어 뜬다.   • 단의 끝에서는 첫 코에 빼뜨기하여 연결한다.

2단   한길긴뜨기 〈18코〉
• [기둥코 사슬 3(=한길긴뜨기 1)]으로 뜨기 시작한다.   • 단의 끝에서는 3번째 사슬에 빼뜨기하여 연결한다.

3단   한길긴뜨기 〈26코〉
• [기둥코 사슬 3(=한길긴뜨기 1)]으로 뜨기 시작한다.   • 단의 끝에서는 3번째 사슬에 빼뜨기하여 연결한다.

4단   한길긴뜨기 〈44코〉
• [기둥코 사슬 3(=한길긴뜨기 1)]으로 뜨기 시작한다.   • 두 번째 코, 즉 기둥코가 아닌 첫 번째 실제 한길긴뜨기 코에 단 마무리를 한다.

5단   짧은뜨기 〈44코〉
• 임의의 코에 실B를 연결하며 첫 코를 스탠딩 스티치로 뜬다.   • 두 번째 코에 단 마무리를 한다.

6단   두길긴뜨기, 한길긴뜨기, 긴뜨기, 짧은뜨기, 사슬뜨기 〈48코+12사슬〉
• 임의의 코에 실C를 연결하며 첫 코를 스탠딩 스티치로 뜬다.   • 단의 끝에서는 첫 코에 빼뜨기하여 연결한다.

7단   한길긴뜨기, 사슬뜨기 〈64코+8사슬〉
• [기둥코 사슬 3(=한길긴뜨기 1)]으로 뜨기 시작한다.   • 단의 끝에서는 3번째 사슬에 빼뜨기하여 연결한다.

8단   긴뜨기, 사슬뜨기 〈72코+8사슬〉
• [기둥코 사슬 2(=긴뜨기 1)]로 뜨기 시작한다.   • 두 번째 코, 즉 기둥코가 아닌 첫 번째 실제 긴뜨기 코에 단 마무리를 한다.

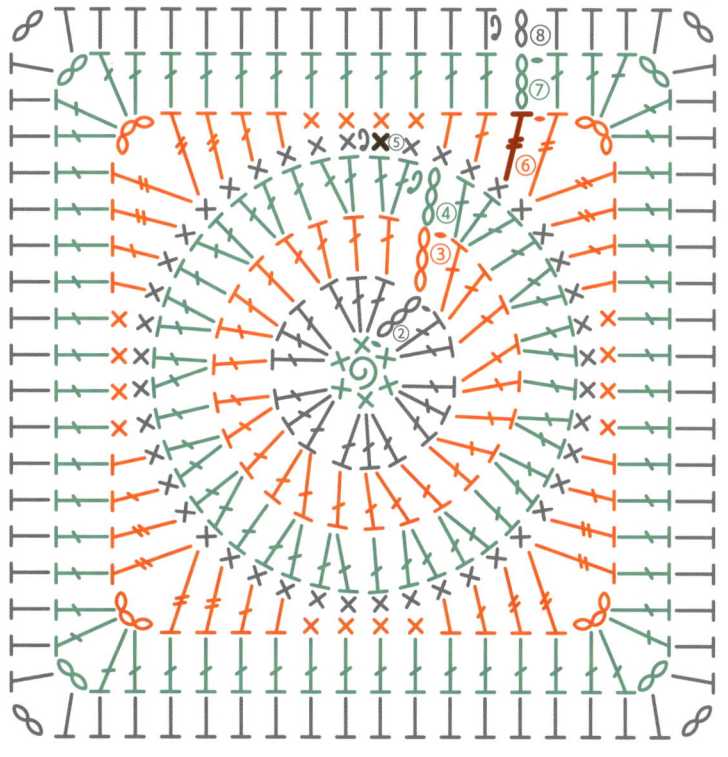

⤴ 단 마무리(p.19 참조)

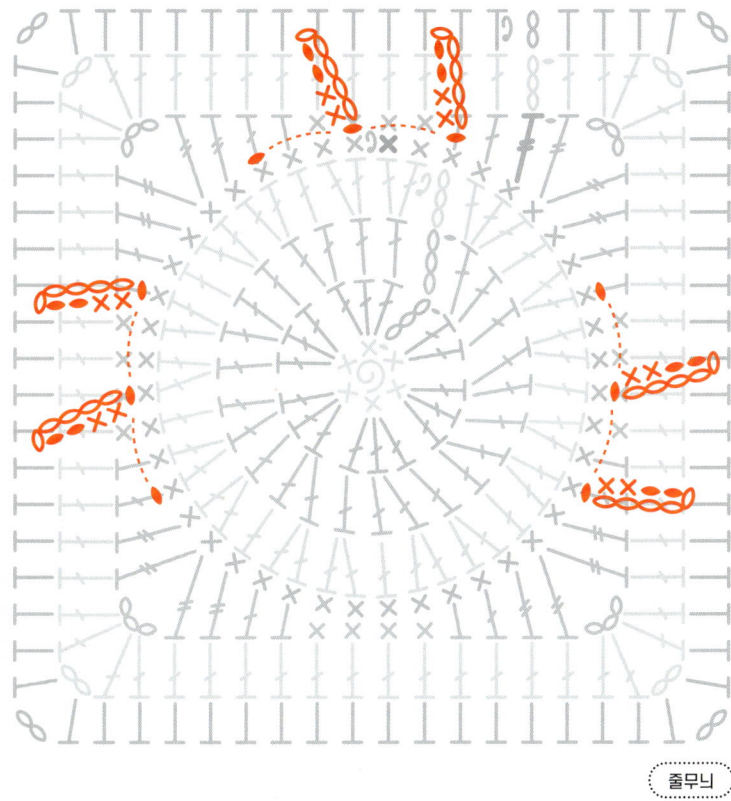

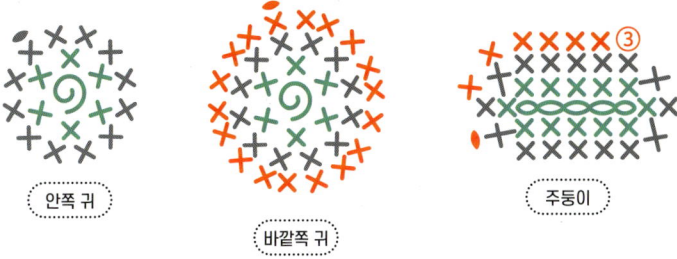

(안쪽 귀) (바깥쪽 귀) (주둥이)

(줄무늬)

줄무늬

다음의 방법으로 총 3군데(얼굴의 좌우, 상단 귀와 귀 사이)에 줄무늬를 떠 넣는다.
- 도안을 참고해 5단의 바깥쪽에 실B를 연결하며 뜨기 시작한다. 【짧은뜨기 코에 빼뜨기 1 → 사슬 5 → 끝에서 2번째 사슬에 빼뜨기 1 → 빼뜨기 1 → [짧은뜨기 1]×2 → 2코 건너뛰기 → 빼뜨기 1]×2 → 실 끊고 정리 • 만들어진 줄무늬 2개를 모티브의 중심을 향해 접어내리고 실B를 이용해 고정시킨다.

안쪽 귀(2장)

1~2단 짧은뜨기 〈6코/12코〉, 빼뜨기
- 실E로 매직 링을 만들어 뜨며, 단 연결 과정 없이 이어서 뜬다. • 2단의 마지막에서 [빼뜨기 1]을 한 다음 여분(꿰매기에 사용될 부분)을 남기고 실을 자른다.

바깥쪽 귀(2장)

1~3단 짧은뜨기 〈6코/12코/18코〉, 빼뜨기
- 실B로 매직 링을 만들어 뜨며, 단 연결 과정 없이 이어서 뜬다. • 마지막 빼뜨기가 끝나면 여분(꿰매기에 사용될 부분)을 남기고 실을 자른다.

주둥이

1~2단 짧은뜨기 〈12코/16코〉
- 실D로 [사슬 5]를 떠서 기초코 사슬을 만들고, 끝에서 2번째 사슬에 [짧은뜨기 1]로 뜨기 시작한다. • 단 연결 없이 이어서 뜬다.

3단 짧은뜨기, 빼뜨기 〈7코〉
- 마지막 빼뜨기가 끝나면 여분(꿰매기에 사용될 부분)을 남기고 실을 끊는다.

조합하기

1. 귀 꿰매기: 안쪽 귀와 바깥쪽 귀를 안과 안이 만나도록 겹쳐 놓은 다음, 안쪽 귀에 남겨 놓은 실E로 바깥쪽 귀에 꿰매 붙인 다음, 안쪽 귀를 손가락으로 살짝 집어서 오므린다. 바깥쪽 귀에 남겨 둔 실B로 약 3코 정도를 바깥쪽 귀 2층을 통과해 안쪽과 함께 꿰매서 고깔 모양을 만든다. 완성된 귀를 바탕 모티브 6단의 사슬 공간 라인에 맞추어 꿰매 붙인다.
2. 주둥이 꿰매기: 먼저 실B를 이용해 주둥이의 중앙에 2개의 콧구멍을 3코 정도의 간격으로 프렌치 노트 스티치(p.18 참조)로 수놓은 다음, 주둥이에 남겨둔 실D로 바탕 모티브에 꿰매 붙인다. 주둥이 위 끝은 1단의 바로 아래에, 아래 끝은 5단 위쪽에 위치하도록 한다.
3. 눈 수놓기: 실F를 이용해 모티브 2단의 바깥 라인을 따라 주둥이 위쪽에 약 6코 간격으로 프렌치 노트 스티치를 수놓는다. 이때, 가능한 굵은 바늘을 이용해 매듭이 충분한 크기가 되도록 한다. 매듭 가장자리를 바느질 실을 이용해 감치기로 고정해도 좋다.

16 하마 사각 모티브 ⑧⓪

Thoresby Cottage (Caitie Moore) — South Africa
🌐 thoresbycottage.com 📷 @thoresbycottage f thoresbycottage

Level 초급
Colors A-밝은 회색, B-자줏빛 보라, C-진주색, D-올드 핑크, E-검정색

INSTRUCTIONS

바탕 모티브

1단 짧은뜨기 〈6코〉
- 실A로 매직 링을 만들어 뜬다. • 단의 끝에서는 첫 코에 빼뜨기하여 연결한다.

2단 한길긴뜨기 〈18코〉
- [기둥코 사슬 3(=한길긴뜨기 1)]으로 뜨기 시작한다. • 단의 끝에서는 3번째 사슬에 빼뜨기하여 연결한다.

3단 한길긴뜨기 〈26코〉
- [기둥코 사슬 3(=한길긴뜨기 1)]으로 뜨기 시작한다. • 단의 끝에서는 3번째 사슬에 빼뜨기하여 연결한다.

4단 한길긴뜨기 〈44코〉
- [기둥코 사슬 3(=한길긴뜨기 1)]으로 뜨기 시작한다. • 두 번째 코, 즉 기둥코가 아닌 첫 번째 실제 한길긴뜨기 코에 단 마무리를 한다.

5단 두길긴뜨기, 한길긴뜨기, 긴뜨기, 짧은뜨기, 사슬뜨기 〈48코+12사슬〉
- 임의의 코에 실B를 연결하며 첫 코를 스탠딩 스티치로 뜬다. • 단의 끝에서는 첫 코에 빼뜨기하여 연결한다.

6단 한길긴뜨기, 사슬뜨기 〈64코+8사슬〉
- [기둥코 사슬 3(=한길긴뜨기 1)]으로 뜨기 시작한다. • 단의 끝에서는 3번째 사슬에 빼뜨기하여 연결한다.

7단 긴뜨기, 사슬뜨기 〈72코+8사슬〉
- [기둥코 사슬 2(=긴뜨기 1)]로 뜨기 시작한다. • 두 번째 코, 즉 기둥코가 아닌 첫 번째 실제 긴뜨기 코에 단 마무리를 한다.

안쪽 귀(2장)

1단 짧은뜨기 〈6코〉
- 실C로 매직 링을 만들어 뜬다. • 여분(꿰매기에 사용될 부분)을 남기고 실을 자른다.

바깥쪽 귀(2장)

1~2단 짧은뜨기 〈6코/12코〉
- 실A로 매직 링을 만들어 뜨기 시작하고, 단 연결 없이 이어서 뜬다. • 여분(꿰매기에 사용될 부분)을 남기고 실을 자른다.

주둥이

1~2단 짧은뜨기 〈16코/20코〉
- 실A로 [사슬 7]을 떠서 기초코 사슬을 만들고, 끝에서 2번째 사슬에 [짧은뜨기 1]로 뜨기 시작한다. • 단 연결 과정 없이 이어서 뜬다.

3단 짧은뜨기, 빼뜨기 〈17코, 2개의 피코〉
- 마지막 빼뜨기 전에 뜨는 2개의 3-사슬 피코 부분이 콧구멍 자리가 된다. • 마지막 빼뜨기가 끝나면 여분(꿰매기에 사용될 부분)을 남기고 실을 자른다.

 안쪽 귀
 바깥쪽 귀
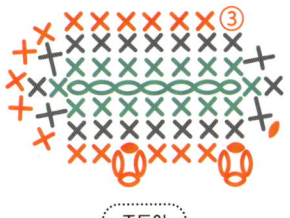 주둥이

조합하기

1. 귀 꿰매기: 먼저, 안쪽 귀와 바깥쪽 귀를 겉과 겉이 만나도록 겹쳐 놓되, 안쪽 귀를 중심에서 살짝 떨어지게 둔 다음 안쪽 귀에 남겨둔 여분의 실C로 바깥쪽 귀에 꿰매 붙인다. 그리고 바깥쪽 귀에 남겨둔 여분의 실A로 양쪽 귀 사이 간격이 9코 정도가 되도록 바탕 모티브(5단의 코너와 일직선상의 위치)에 꿰매 붙인다.
2. 입 수놓기: 실D를 이용해 주둥이 바깥쪽에서 2단 안쪽, 중심에서 바깥쪽 방향으로 3코 정도 길이로 스트레이트 스티치를 수놓는다.
3. 주둥이 꿰매기: 먼저, 실C를 이용해 주둥이의 피코 뜨기 위치에 프렌치 노트 스티치(p.18 참조)로 콧구멍을 수놓는다. 그리고 주둥이에 남겨둔 실A로 바탕 모티브 4단 바깥쪽에 주둥이의 바닥이 닿도록 꿰매 붙인다.
4. 눈 수놓기: 실E를 이용해 바탕 모티브 2단의 바깥쪽/콧구멍 위에 약 7코 간격으로 양쪽 눈을 프렌치 노트 스티치로 수놓는다. 이때, 가능한 굵은 바늘을 이용해 매듭이 충분한 크기가 되도록 한다. 매듭 가장자리를 바느질 실을 이용해 감치기로 고정해도 좋다.

17 기린 사각 모티브 ⑧

Thoresby Cottage (Caitie Moore) — South Africa
🌐 thoresbycottage.com 📷 @thoresbycottage f thoresbycottage

Level 초급
Colors A-해바라기색, B-연두색, C-크림색, D-갈색, E-검정색

INSTRUCTIONS

바닥 사각 모티브

1단 짧은뜨기 〈6코〉
• 실A로 매직 링을 만들어 뜬다. • 단의 끝에서는 첫 코에 빼뜨기하여 연결한다.

2단 한길긴뜨기 〈18코〉
• [기둥코 사슬 3(=한길긴뜨기 1)]으로 뜨기 시작한다. • 단의 끝에서는 3번째 사슬에 빼뜨기하여 연결한다.

3단 한길긴뜨기 〈26코〉
• [기둥코 사슬 3(=한길긴뜨기 1)]으로 뜨기 시작한다. • 단의 끝에서는 3번째 사슬에 빼뜨기하여 연결한다.

4단 한길긴뜨기 〈44코〉
• [기둥코 사슬 3(=한길긴뜨기 1)]으로 뜨기 시작한다. • 두 번째 코, 즉 기둥코가 아닌 첫 번째 실제 한길긴뜨기 코에 단 마무리를 한다.

5단 두길긴뜨기, 한길긴뜨기, 긴뜨기, 짧은뜨기, 사슬뜨기 〈48코+12사슬〉
• 임의의 코에 실B를 연결하며 첫 코를 스탠딩 스티치로 뜬다. • 단의 끝에서는 첫 코에 빼뜨기하여 연결한다.

6단 한길긴뜨기, 사슬뜨기 〈64코+8사슬〉
• [기둥코 사슬 3(=한길긴뜨기 1)]으로 뜨기 시작한다. • 단의 끝에서는 3번째 사슬에 빼뜨기하여 연결한다.

7단 긴뜨기, 사슬뜨기 〈72코+8사슬〉
• [기둥코 사슬 2(=긴뜨기 1)]로 뜨기 시작한다. • 두 번째 코, 즉 기둥코가 아닌 첫 번째 실제 긴뜨기 코에 단 마무리를 한다.

단 마무리(p.19 참조)

주둥이

<u>1~3단</u> 짧은뜨기 〈6코/14코/18코〉
- 실C로 매직 링을 만들어 뜨기 시작하고, 단 연결 없이 이어서 뜬다. • 마지막 빼뜨기가 끝나면 여분(꿰매기에 사용될 부분)을 남기고 실을 끊는다.

귀(2장)

<u>1~4단</u> 짧은뜨기 〈5코〉
- 실A로 매직 링을 만들어 뜨며, 단 연결 과정 없이 이어서 뜬다. • 마지막 빼뜨기가 끝나면 여분(꿰매기에 사용될 부분)을 남기고 실을 자른다.

점무늬(4장)

<u>1단</u> 짧은뜨기 〈3코〉
- 실D로 매직 링을 만들어 뜬다. • 마지막에 빼뜨기를 하지 않는다는 점에 유의하고, 여분(꿰매기에 사용될 부분)을 남기고 실을 자른다.

뿔(2장)

<u>1단</u> 짧은뜨기 〈5코〉
- 실D로 매직 링을 만들어 뜨고, 두 번째 코에 단 마무리를 한다.

<u>2단</u> 빼뜨기, 사슬뜨기, 짧은뜨기
- 임의의 코에 실A를 연결하며 첫 코(빼뜨기)를 스탠딩 스티치로 뜬다. • [빼뜨기 1+사슬 4] → 끝에서 2번째 사슬에 [짧은뜨기 1] → [다음 사슬에 짧은뜨기 1]×2 → 다음 짧은뜨기 코에 [빼뜨기 1] • 여분(꿰매기에 사용될 부분)을 남기고 실을 자른다.

조합하기

1. 귀 꿰매기: 귀에 남겨둔 여분의 실A로 양쪽 귀 사이의 간격이 10코 정도가 되도록 바탕 모티브 4단의 바깥쪽/5단의 코너 사슬 공간 라인에 꿰매 붙인다.
2. 뿔 꿰매기: 뿔에 남겨둔 여분의 실D로 바탕 모티브의 위쪽에 2코 간격으로 꿰매 붙인다.
3. 주둥이 꿰매기: 먼저 실D를 이용해 주둥이에 콧구멍을 스트레이트 스티치로 수놓은 다음, 주둥이에 남겨둔 여분의 실C로 바탕 모티브 3단의 바깥쪽에 주둥이의 바닥이 닿도록 위치시키며 꿰매 붙인다.
4. 점무늬 꿰매기: 점무늬에 남겨둔 여분의 실D로 뿔의 양쪽에 하나씩 2개, 양쪽 귀 아래쪽에 하나씩 2개를 꿰매 붙이되, 반원의 직선 부분이 바탕 모티브 4단의 바깥선에 위치하도록 한다.
5. 눈 수놓기: 실E를 이용해 바탕 모티브 2단의 바깥쪽/주둥이의 위쪽에 약 8코 간격으로 양쪽 눈을 프렌치 노트 스티치로 수놓는다. 이때, 가능한 굵은 바늘을 이용해 매듭이 충분한 크기가 되도록 한다. 매듭 가장자리를 바느질 실을 이용해 감치기로 고정해도 좋다.

18 무지개 방울 사각 모티브 ⑫

Crafty CC (Celine Semaan) — Australia
@crafty_cc   www.craftycc.com

Level 초급/중급
Colors A-크림색, B-보라색, C-터키블루, D-연두색, E-해바라기색, F-파파야색, G-진한 빨강

INSTRUCTIONS

Note. 2~7단은 바탕실(실A)로 뜨면서 코너 부분만 배색실(단 순서대로 실B/C/D/E/F/G)로 뜬다. 방울뜨기 전에 뜨는 한길긴뜨기 마지막 단계에서 배색실을 바늘 끝에 걸어 빼고, (4-방울뜨기+사슬 3+4-방울뜨기)는 배색실로 뜬다. 바탕실(실A)로 뜨는 부분에서는 배색실을 끊지 않고 코 위에 걸쳐 놓고 감싸면서 뜨다가 다시 배색실로 뜰 때 사용한다.

1단   한길긴뜨기, 사슬뜨기 ⟨12코+8사슬⟩
- 실A로 매직 링을 만들고, [사슬 5(=한길긴뜨기 기둥코 사슬 3+사슬 2)]로 뜨기 시작한다.
- 단의 끝에서는 3번째 사슬에 빼뜨기하여 연결한다.

2단   한길긴뜨기, 4-방울뜨기, 사슬뜨기 ⟨28코+12사슬⟩
- [기둥코 사슬 3(=한길긴뜨기 1)]으로 뜨기 시작하고, 코너 부분은 실B로 뜬다.
- 단의 끝에서는 3번째 사슬에 빼뜨기하여 연결한다.
- 실B는 자르고 실 끝을 정리한다.

3단   한길긴뜨기, 4-방울뜨기, 사슬뜨기 ⟨44코+12사슬⟩
- 다음 코에 [빼뜨기 1] → [빼뜨기 1+기둥코 사슬 3(=한길긴뜨기 1)]로 뜨기 시작한다.
- 코너 부분은 실C로 뜨고, 단이 끝나면 실C를 자르고 실 끝을 정리한다.
- 단의 끝에서는 3번째 사슬에 빼뜨기하여 연결한다.

4단   한길긴뜨기, 4-방울뜨기, 사슬뜨기 ⟨60코+12사슬⟩
- 다음 코에 [빼뜨기 1] → [빼뜨기 1+기둥코 사슬 3(=한길긴뜨기 1)]로 뜨기 시작한다.
- 코너 부분은 실D로 뜨고, 단이 끝나면 실D를 자르고 실 끝을 정리한다.
- 단의 끝에서는 3번째 사슬에 빼뜨기하여 연결한다.

5단   한길긴뜨기, 4-방울뜨기, 사슬뜨기 ⟨76코+12사슬⟩
- 다음 코에 [빼뜨기 1] → [빼뜨기 1+기둥코 사슬 3(=한길긴뜨기 1)]로 뜨기 시작한다.
- 코너 부분은 실E로 뜨고, 단이 끝나면 실E를 자르고 실 끝을 정리한다.
- 단의 끝에서는 3번째 사슬에 빼뜨기하여 연결한다.

단 마무리(p.19 참조)

6단 한길긴뜨기, 4-방울뜨기, 사슬뜨기 〈92코+12사슬〉

- 다음 코에 [빼뜨기 1] → [빼뜨기 1+기둥코 사슬 3(=한길긴뜨기 1)]로 뜨기 시작한다.
- 코너 부분은 실F로 뜨고, 단이 끝나면 실F를 자르고 실 끝을 정리한다.
- 단의 끝에서는 3번째 사슬에 빼뜨기하여 연결한다.

7단 한길긴뜨기, 4-방울뜨기, 사슬뜨기 〈108코+12사슬〉

- 다음 코에 [빼뜨기 1] → [빼뜨기 1+기둥코 사슬 3(=한길긴뜨기 1)]로 뜨기 시작한다.
- 코너 부분은 실G로 뜨고, 단이 끝나면 실G를 자르고 실 끝을 정리한다.
- 두 번째 코, 즉 기둥코가 아닌 첫 번째 실제 한길긴뜨기 코에 단 마무리를 한다.

Note. 계산상으로는 총 콧수가 120코가 되지만, 코너의 3-사슬은 촘촘하게 떠졌으므로 다른 112코 모티브와는 적당히 맞추면서 연결하면 된다.

이 모티브는 같은 작가가 디자인한 다른 무지개 컬러 모티브들, 즉 '레인보우 블라섬 사각 모티브(p.108)'나 '오버 더 레인보우 사각 모티브(p.28)', '다이아몬드 사각 모티브(p.37)'와 잘 어울린다.

19 튤립 사각 모티브 ⑧⓪

Ms.Eni (Simone Conrad) — Germany
◯ @ms.eni f ms.eni.handmade

Level 초급
Colors A-크림색, B-연두색, C-보라색

INSTRUCTIONS

1단 사슬뜨기 〈8코〉
• 실A로 [사슬 8]을 뜨고, 빼뜨기로 연결하여 원형 고리를 만든다.
Note. [사슬 8]로 떴을 때 구멍이 크게 느껴진다면, 취향에 따라 사슬 수는 조절하여 뜬다.

2단 긴뜨기 〈16코〉
• [기둥코 사슬 2(=긴뜨기 1)]로 뜨기 시작하고, 원형 고리 안에 바늘을 넣어 긴뜨기를 뜬다. • 두 번째 코, 즉 기둥코가 아닌 첫 번째 실제 긴뜨기 코에 단 마무리를 한다.

3단 한길긴뜨기, 사슬뜨기 〈16코+8사슬〉
• 임의의 코에 실B를 연결하며 첫 코를 스탠딩 스티치로 뜬다. • 두 번째 코에 단 마무리를 한다.

4단 한길 5코 구슬뜨기 〈8개의 꽃〉
• 한길긴뜨기 사이의 사슬 공간에 실C를 연결하며 첫 코를 스탠딩 스티치로 뜬다. • 첫 번째 구슬뜨기 다음 첫 번째 사슬에 단 마무리를 한다.

5단 긴뜨기 〈64코〉
• 사슬 공간에 실A를 연결하며 첫 코를 스탠딩 스티치로 뜬다. • 단의 끝에서는 첫 코에 빼뜨기하여 연결한다.

6단 짧은뜨기, 한길긴뜨기, 사슬뜨기 〈60코+4사슬〉
• [사슬 1(=짧은뜨기 1)]로 뜨기 시작하고, 단의 끝에서는 이 첫 번째 사슬에 빼뜨기하여 연결한다.

7단 긴뜨기, 사슬뜨기 〈68코+4사슬〉
• [기둥코 사슬 2(=긴뜨기 1)]로 뜨기 시작하고, 단의 끝에서는 2번째 사슬에 빼뜨기하여 연결한다.

8단 한길긴뜨기 〈80코〉
• [기둥코 사슬 3(=한길긴뜨기 1)]으로 뜨기 시작한다. • 두 번째 코, 즉 기둥코가 아닌 첫 번째 실제 한길긴뜨기 코에 단 마무리를 한다.

↻ 단 마무리(p.19 참조)

20 사과 사각 모티브

Irene Strange — United Kingdom
@irenestrange   www.irenestrange.co.uk

Level 중급
Colors A-진한 빨강, B-모래색, C-연두색, D-초콜릿색

INSTRUCTIONS

1단 한길긴뜨기 〈12코〉
- 실A로 매직 링을 만들고, [기둥코 사슬 3(=한길긴뜨기 1)]으로 뜨기 시작한다. • 단의 끝에서는 3번째 사슬에 빼뜨기하여 연결한다.

2단 한길긴뜨기 〈24코〉
- [기둥코 사슬 3(=한길긴뜨기 1)]으로 뜨기 시작한다. • 단의 끝에서는 3번째 사슬에 빼뜨기하여 연결한다.

3단 한길긴뜨기 〈36코〉
- [기둥코 사슬 3(=한길긴뜨기 1)]으로 뜨기 시작한다. • 단의 끝에서는 3번째 사슬에 빼뜨기하여 연결한다.

4단 빼뜨기, 짧은뜨기, 긴뜨기, 한길긴뜨기 〈50코〉
- 다음 코에 [빼뜨기 1+사슬 1] → [짧은뜨기 1+긴뜨기 1]로 뜨기 시작한다. • 단의 끝에서 [빼뜨기 1]을 하고 실을 자른다.

5단 긴뜨기 2코 모아뜨기, 긴뜨기, 짧은뜨기, 한길긴뜨기, 사슬뜨기 〈56코+8사슬〉
- 첫 번째 빼뜨기 코에 실B를 연결하며 첫 코(미완성 긴뜨기)를 스탠딩 스티치로 뜬다.
- 모아뜨기는 빼뜨기/짧은뜨기 코와 짧은뜨기/빼뜨기 코를 주워서 뜬다. • 단의 끝에서는 첫 번째 모아뜨기 코에 빼뜨기하여 연결한다.

6단 긴뜨기, 사슬뜨기 〈72코+4사슬〉
- [기둥코 사슬 2(=긴뜨기 1)]로 뜨기 시작한다. • 단의 끝에서는 2번째 사슬에 빼뜨기하여 연결한다.

7단 짧은뜨기, 사슬뜨기 〈76코+4사슬〉
- [사슬 1+짧은뜨기 1]로 뜨기 시작한다. • 두 번째 코에 단 마무리를 한다.

이파리와 꼭지
단면 사과 사각 모티브(p.56) 참조

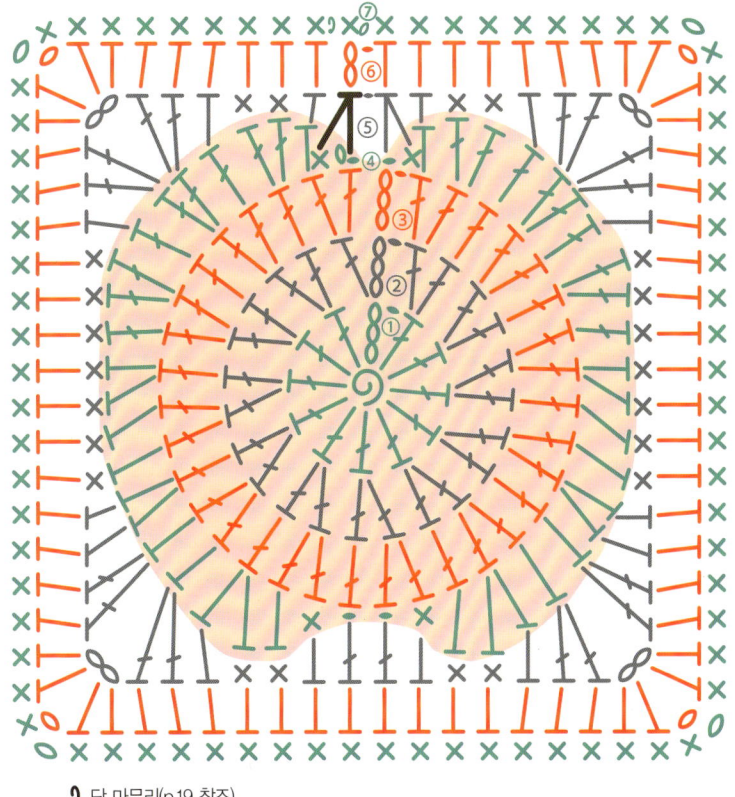

단 마무리(p.19 참조)

21 단면 사과 사각 모티브 ⑳

Irene Strange — United Kingdom
@irenestrange   www.irenestrange.co.uk

Level 중급
Colors A-크림색, B-모래색, C-연두색, D-초콜릿색, E-진한 빨강

INSTRUCTIONS

1단 한길긴뜨기 〈12코〉
- 실A로 매직 링을 만들고, [기둥코 사슬 3 (=한길긴뜨기 1)]으로 뜨기 시작한다. •단의 끝에서는 3번째 사슬에 빼뜨기하여 연결한다.

2단 한길긴뜨기 〈24코〉
- [기둥코 사슬 3 (=한길긴뜨기 1)]으로 뜨기 시작한다. •단의 끝에서는 3번째 사슬에 빼뜨기하여 연결한다.

3단 한길긴뜨기 〈36코〉
- [기둥코 사슬 3 (=한길긴뜨기 1)]으로 뜨기 시작한다. •단의 끝에서는 3번째 사슬에 빼뜨기하여 연결한다.

4단 짧은뜨기, 긴뜨기, 한길긴뜨기 〈50코〉
- 다음 코에 [빼뜨기 1+사슬 1] → [짧은뜨기 1+긴뜨기 1]로 뜨기 시작한다. •단의 끝에서 [빼뜨기 1]을 하고 실을 자른다.

5단 긴뜨기 2코 모아뜨기, 긴뜨기, 짧은뜨기, 한길긴뜨기, 사슬뜨기 〈56코+8사슬〉
- 4단의 첫 번째 빼뜨기 코에 실B를 연결하며 첫 코(미완성 긴뜨기)를 스탠딩 스티치로 뜬다. •모아뜨기는 빼뜨기/짧은뜨기 코와 짧은뜨기/빼뜨기 코를 주워서 뜬다. •단의 끝에서는 첫 번째 모아뜨기 코에 빼뜨기하여 연결한다.

6단 긴뜨기, 사슬뜨기 〈72코+4사슬〉
- [기둥코 사슬 2 (=긴뜨기 1)]로 뜨기 시작한다. •단의 끝에서는 2번째 사슬에 빼뜨기하여 연결한다.

7단 짧은뜨기, 사슬뜨기 〈76코+4사슬〉
- [사슬 1+짧은뜨기 1]로 뜨기 시작한다. •두 번째 코에 단 마무리를 한다.

사과 테두리

1단 표면 빼뜨기 〈50코〉
- 실A와 실B의 경계선에서 편물의 앞에서 뒤로 바늘을 넣고 실E를 끌어 당겨 연결한 다음, 실A 영역을 따라가며 테두리를 두른다는 생각으로 빼뜨기를 한다.

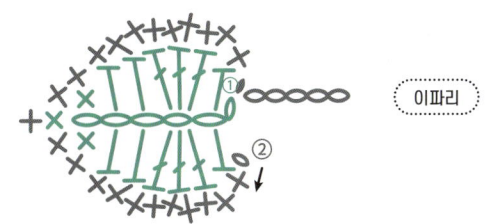

(이파리)

이파리

1단 긴뜨기, 한길긴뜨기, 짧은뜨기 〈15코〉
- 실C로 [사슬 6]을 떠서 기초코 사슬을 만들고, 끝에서 2번째 사슬에 [긴뜨기 1]로 뜨기 시작한다. • 1단을 모두 뜬 후에는 편물을 돌린다.

2단 짧은뜨기 〈29코〉
- [사슬 1+짧은뜨기 1]로 뜨기 시작한다. • 단의 끝에서는 첫 번째 사슬에 [빼뜨기 1]을 한 후 [사슬 5]를 뜬다. • 여분을 남기고 실을 자른 다음, 남겨둔 여분의 실로 이파리를 모티브에 꿰매 붙인다.

씨와 꼭지

실D로 씨와 꼭지를 수놓는다. 씨는 스트레이트 스티치를 여러 번 해서 만들고, 꼭지는 체인 스티치를 이용해 만든다.

Note. 체인 스티치: 1에서 바늘을 빼서 실을 당긴 후 바로 옆 2에 다시 바늘을 넣고 위쪽 3에서 바늘 끝을 뺀 다음 실을 바늘 밑으로 걸어준다. 실을 당긴 후 바로 옆 4에 다시 바늘을 넣고 위쪽 5에서 바늘 끝을 뺀다.

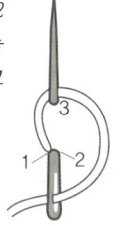 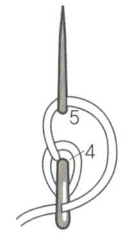

이 모티브는 '사과 사각 모티브(55p)'와 조합하여 귀여운 아기를 위한 블랭킷에 활용해보자. 초록 사과, 빨간 사과 등 다양하게 색 변경도 가능하다.

22 레몬 사각 모티브

Irene Strange — United Kingdom
@irenestrange   www.irenestrange.co.uk

Level 초급
Colors A-레몬색, B-모래색, C-진한 녹색

INSTRUCTIONS

1단   한길긴뜨기 〈12코〉
- 실A로 매직 링을 만들고, [기둥코 사슬 3(=한길긴뜨기 1)]으로 뜨기 시작한다.   • 단의 끝에서는 3번째 사슬에 빼뜨기하여 연결한다.

2단   한길긴뜨기 〈24코〉
- [기둥코 사슬 3(=한길긴뜨기 1)]으로 뜨기 시작한다.   • 단의 끝에서는 3번째 사슬에 빼뜨기하여 연결한다.

3단   한길긴뜨기 〈36코〉
- [기둥코 사슬 3(=한길긴뜨기 1)]으로 뜨기 시작한다.   • 단의 끝에서는 3번째 사슬에 빼뜨기하여 연결한다.

4단   짧은뜨기, 긴뜨기, 한길긴뜨기, 두길긴뜨기 〈48코〉
- [사슬 1] → 다음 코에 [짧은뜨기 1]로 뜨기 시작한다.   • 두 번째 짧은뜨기 코에 단 마무리를 한다.

5단   짧은뜨기, 긴뜨기, 한길긴뜨기, 두길긴뜨기, 사슬뜨기 〈56코+8사슬〉
- 마지막 한길긴뜨기 코에 실B를 연결하며 첫 코를 스탠딩 스티치로 뜬다.   • 단의 끝에서는 첫 코에 빼뜨기하여 연결한다.

6단   긴뜨기, 사슬뜨기 〈72코+4사슬〉
- [기둥코 사슬 2(=긴뜨기 1)]로 뜨기 시작한다.   • 단의 끝에서는 2번째 사슬에 빼뜨기하여 연결한다.

7단   짧은뜨기 〈76코+4사슬〉
- [사슬 1+짧은뜨기 1]로 뜨기 시작한다.   • 두 번째 코에 단 마무리를 한다.

이파리(오렌지 사각 모티브와 공통)
- 실C로 [사슬 8]을 떠서 기초코 사슬을 만들고, 끝에서 2번째 사슬에 [짧은뜨기 1]로 뜨기 시작한다.   • 단의 끝에서는 첫 코 옆에 [빼뜨기 1]을 하고, [사슬 5]를 뜬다.   • 여분을 남기고 실을 자른 다음, 남겨둔 여분의 실로 이파리를 모티브에 꿰매 붙인다.

단 마무리(p.19 참조)

23 오렌지 사각 모티브

Irene Strange — United Kingdom
@irenestrange www.irenestrange.co.uk

Level 초급
Colors A-파파야색, B-모래색, C-진한 녹색

INSTRUCTIONS

1단 한길긴뜨기 〈12코〉
- 실A로 매직 링을 만들고, [기둥코 사슬 3(=한길긴뜨기 1)]으로 뜨기 시작한다. • 단의 끝에서는 3번째 사슬에 빼뜨기하여 연결한다.

2단 한길긴뜨기 〈24코〉
- [기둥코 사슬 3(=한길긴뜨기 1)]으로 뜨기 시작한다. • 단의 끝에서는 3번째 사슬에 빼뜨기하여 연결한다.

3단 한길긴뜨기 〈36코〉
- [기둥코 사슬 3(=한길긴뜨기 1)]으로 뜨기 시작한다. • 단의 끝에서는 3번째 사슬에 빼뜨기하여 연결한다.

4단 짧은뜨기 〈48코〉
- [사슬 1] → 다음 코에 [짧은뜨기 1]로 뜨기 시작한다. • 두 번째 짧은뜨기 코에 단 마무리를 한다.

5단 짧은뜨기, 긴뜨기, 한길긴뜨기, 사슬뜨기 〈56코+8사슬〉
- 임의의 코에 실B를 연결하며 첫 코를 스탠딩 스티치로 뜬다. • 단의 끝에서는 첫 코에 빼뜨기하여 연결한다.

6단 긴뜨기, 사슬뜨기 〈72코+4사슬〉
- [기둥코 사슬 2(=긴뜨기 1)]로 뜨기 시작한다. • 단의 끝에서는 2번째 사슬에 빼뜨기하여 연결한다.

7단 짧은뜨기 〈76코+4사슬〉
- [사슬 1+짧은뜨기 1]로 뜨기 시작한다. • 두 번째 코에 단 마무리를 한다.

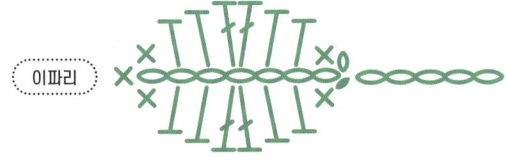

이파리

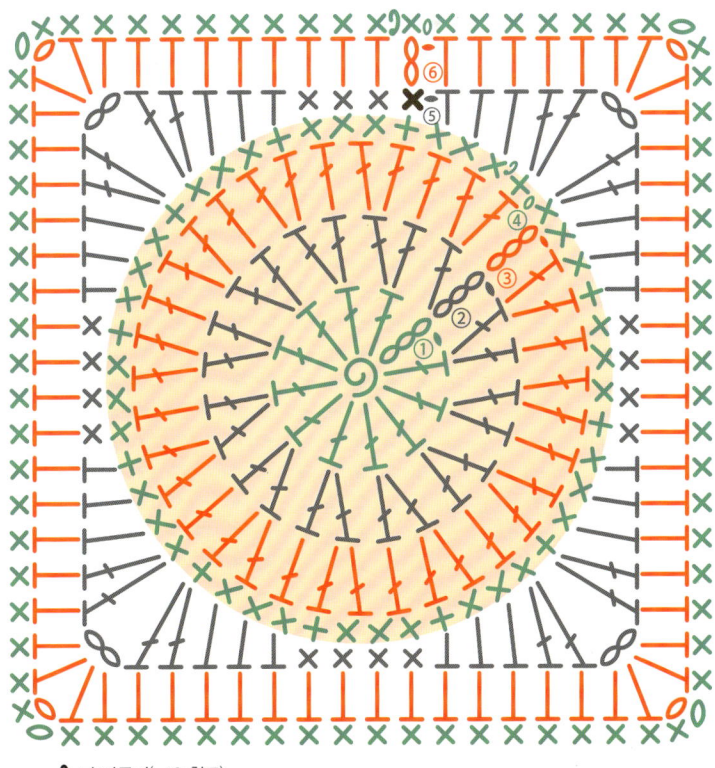

9 단 마무리(p.19 참조)

24 복숭아 사각 모티브

Irene Strange — United Kingdom
@irenestrange　www.irenestrange.co.uk

Level 초급
Colors A-해바라기색, B-연어색, C-모래색, D-연두색, E-초콜릿색

INSTRUCTIONS

1단 한길긴뜨기 〈12코〉
- 실A로 매직 링을 만들고, [기둥코 사슬 3(=한길긴뜨기 1)]으로 뜨기 시작한다. • 단의 끝에서는 3번째 사슬에 빼뜨기하여 연결한다.

2단 한길긴뜨기 〈24코〉
- [기둥코 사슬 3(=한길긴뜨기 1)]으로 뜨기 시작한다. • 단의 끝에서는 3번째 사슬에 빼뜨기하여 연결한다.

3단 긴뜨기, 짧은뜨기, 한길긴뜨기 〈36코〉
- 임의의 코에 실B를 연결하며 첫 코를 스탠딩 스티치로 뜬다. • 단의 끝에서는 첫 코에 빼뜨기하여 연결한다.

4단 짧은뜨기, 긴뜨기, 한길긴뜨기, 두길긴뜨기 〈48코〉
- [사슬 1] → 다음 코에 [짧은뜨기 1]로 뜨기 시작한다. • 두 번째 코에 단 마무리를 한다.

5단 짧은뜨기, 한길긴뜨기, 사슬뜨기, 긴뜨기 〈56코+8사슬〉
- 4단의 마지막에 뜬 2-짧은뜨기 중 첫 번째 코에 실C를 연결하며 첫 코를 스탠딩 스티치로 뜬다. • 단의 끝에서는 첫 코에 빼뜨기하여 연결하다.

6단 긴뜨기, 사슬뜨기 〈72코+4사슬〉
- [기둥코 사슬 2(=긴뜨기 1)]로 뜨기 시작한다. • 단의 끝에서는 2번째 사슬에 빼뜨기하여 연결한다.

7단 짧은뜨기, 사슬뜨기 〈76코+4사슬〉
- [사슬 1+짧은뜨기 1]로 뜨기 시작한다. • 두 번째 코에 단 마무리를 한다.

단 마무리(p.19 참조)

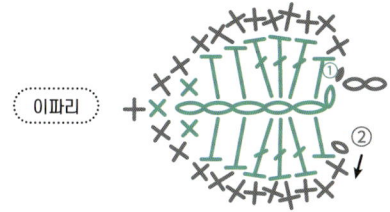

이파리

1단 긴뜨기, 한길긴뜨기, 짧은뜨기 〈15코〉

- 실D로 [사슬 6]을 떠서 기초코 사슬을 만들고, 끝에서 2번째 사슬에 [긴뜨기 1]로 뜨기 시작한다. • 1단을 모두 뜬 후에는 편물을 돌린다.

2단 짧은뜨기 〈26코〉

- [사슬 1+짧은뜨기 1]로 뜨기 시작한다. • 단의 끝에서는 첫 번째 사슬에 [빼뜨기 1]을 한 후 [사슬 2]를 뜬다. • 여분을 남기고 실을 자른 다음, 남겨둔 여분의 실로 이파리를 모티브에 꿰매 붙인다.

꼭지

실E로 하트 모양에서 쏙 들어간 부분에 스트레이트 스티치를 여러 번 해서 꼭지를 만든다.

25 하트 사각 모티브 ⓜ

RedAgape (Mandy O'Sullivan) — Australia
@crochetbyredagape   www.redagapeblog.com   redagapeblog

Level 초급, 중급
Colors A-작약 핑크, B-레몬색

INSTRUCTIONS

1단 한길긴뜨기 〈12코+4사슬〉
• 실A로 매직 링을 만들고, [기둥코 사슬 3(=한길긴뜨기 1)]으로 뜨기 시작한다. • 단의 끝에서는 3번째 사슬에 빼뜨기한다.

2단 한길긴뜨기, 사슬뜨기 〈24코+4사슬〉
• [다음 코에 빼뜨기 1]×2 → 다음 사슬 공간에 [빼뜨기 1+기둥코 사슬 3(=한길긴뜨기 1)]으로 뜨기 시작한다. • 단의 끝에서는 3번째 사슬에 빼뜨기하여 연결한다.

3단 한길긴뜨기, 사슬뜨기 〈36코+4사슬〉
• [다음 코에 빼뜨기 1]×2 → 다음 사슬 공간에 [빼뜨기 1+기둥코 사슬 3(=한길긴뜨기 1)]으로 뜨기 시작한다. • 직선 구간에 뜨는 [한길긴뜨기 3]은 전단의 3-한길긴뜨기 와 3-한길긴뜨기 뜨개 사이에 뜬다. • 도안을 참고하여 표시된 영역 밖에 뜨는 코는 실 B로 바꿔 뜬다. • 단의 끝에서는 3번째 사슬에 빼뜨기하여 연결한다.

Note. 단의 중간에서 실 바꿔 뜨는 법은 p.18 참조

4단 한길긴뜨기, 사슬뜨기 〈48코+4사슬〉
• [다음 코에 빼뜨기 1]×2 → 다음 사슬 공간에 [빼뜨기 1+기둥코 사슬 3(=한길긴뜨기 1)]으로 뜨기 시작한다. • 직선 구간에 뜨는 [한길긴뜨기 3]은 전단의 3-한길긴뜨기 와 3-한길긴뜨기 뜨개 사이에 뜬다. • 도안을 참고하여 표시된 영역 밖에 뜨는 코는 실 B로 바꿔 뜬다. • 두 번째 코, 즉 기둥코가 아닌 첫 번째 실제 한길긴뜨기 코에 단 마무리를 한다.

5단 한길긴뜨기, 사슬뜨기 〈60코+4사슬〉
• 사슬 공간에 실B를 연결하며 첫 코를 스탠딩 스티치로 뜬다. • 직선 구간에 뜨는 [한 길긴뜨기 3]은 전단의 3-한길긴뜨기 와 3-한길긴뜨기 뜨개 사이에 뜬다. • 단의 끝에 서는 첫 코에 빼뜨기하여 연결한다.

6단 한길긴뜨기, 사슬뜨기 〈68코+12사슬〉
• [다음 코에 빼뜨기 1]×2 → 다음 사슬 공간에 [빼뜨기 1+사슬 6(=한길긴뜨기 기둥코 사슬 3+사슬 3)]으로 뜨기 시작한다. • 4번째 사슬(기둥코 다음 사슬)에 단 마무리를 한 다.

단 마무리(p.19 참조)

26 가위표 사각 모티브 ⑧⓪

Crafty CC (Celine Semaan) — Australia
@crafty_cc www.craftycc.com

Level 초급, 중급
Colors A-파스텔 핑크, B-진한 분홍

INSTRUCTIONS

X의 ╲ 부분

<u>1~15단</u>　짧은뜨기 〈각 5코〉

• 실A로 [사슬 6]을 떠서 기초코 사슬을 만들고, 끝에서 2번째 사슬부터 각각 [짧은뜨기 1]로 1단을 뜬다. • 편물을 돌려 각 단을 왕복뜨기로 뜬다. • 15단까지 뜬 다음 실을 잘라 정리하고, 막대 모양으로 떠진 편물을 시계 반대 방향으로 90도 돌린다.

X의 ╱ 부분

<u>1~5단</u>　짧은뜨기 〈각 5코〉

• 막대 모양 편물의 6단 옆에 실A를 연결하며 첫 코를 스탠딩 스티치로 뜬다. • 각 단을 뜨고 나면 편물을 돌려서 왕복뜨기로 뜬다. • 5단까지 뜨고 나면 실을 끊어 정리한다. • 막대의 반대쪽도 같은 방법으로 뜬다.

바탕 채우기

<u>1단</u>　두길긴뜨기, 한길긴뜨기, 긴뜨기, 짧은뜨기, 두길 3코 모아뜨기 〈56코〉

• 만들어진 X 편물을 X 모양으로 놓고, 오른쪽 위 코너 두 번째 짧은뜨기에 실B를 연결하며 첫 코를 스탠딩 스티치로 뜬다. • 막대가 교차되는 부분은 두길 3코 모아뜨기로 뜬다. • 단의 끝에서는 첫 코에 빼뜨기하여 연결한다.

<u>2단</u>　긴뜨기, 사슬뜨기 〈60코+8사슬〉

• 다음 코에 [빼뜨기 1+사슬 1+긴뜨기 2+사슬 2+긴뜨기 2]로 뜨기 시작한다. • 단의 끝에서는 첫 번째 긴뜨기 코에 빼뜨기하여 연결한다.
Note. [긴뜨기 2+사슬 2+긴뜨기 2]는 항상 두길긴뜨기 왼쪽의 한길긴뜨기 코에 떠진다.

<u>3단</u>　긴뜨기, 사슬뜨기 〈76코+4사슬〉

• 다음 코에 [빼뜨기 1] → 다음 사슬 공간에 [빼뜨기 1+사슬 1+긴뜨기 1+사슬 1+긴뜨기 1]로 뜨기 시작한다. • 첫 번째 긴뜨기 다음 사슬에 단 마무리를 한다.

> '오렌지 사각 모티브(p59)'에서 3~4단을 파스텔 핑크로, 나머지 단을 모두 진한 분홍으로 뜨면 가위표 사각 모티브와 대응되는 동그라미표 사각 모티브를 뜰 수 있다. X와 O를 조합하면 재미있는 블랭킷이 완성된다.

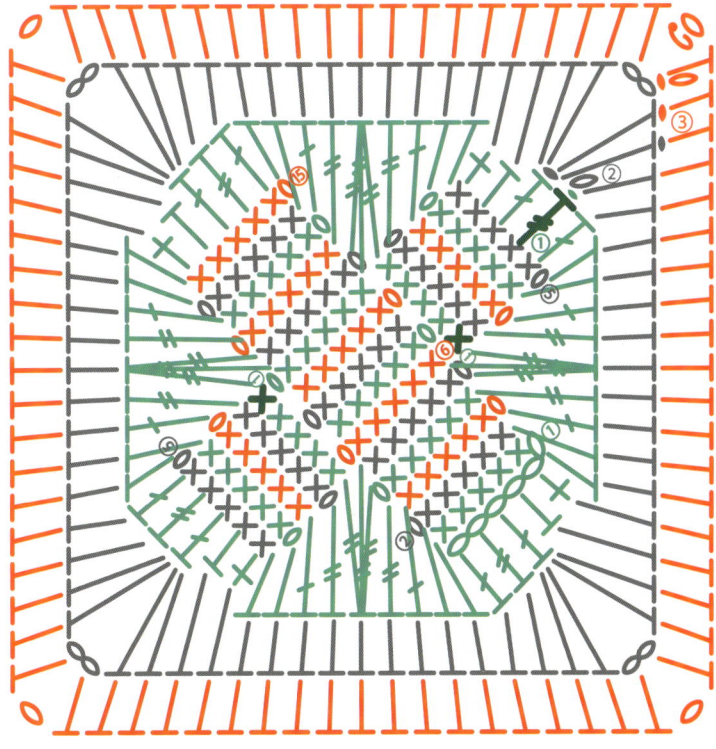

♪ 단 마무리(p.19 참조)

27 레이스 속 작은 꽃 사각 모티브 112

Madelenón (Soledad Iglesias Silva) — Argentina
 www.madelenon.com @handmadelenon madelenonface

Level 중급
Colors A-해바라기색, B-밝은 주황, C-작약 핑크, D-풋사과색

INSTRUCTIONS

1단 한길긴뜨기 〈12코+12사슬〉
• 실A로 매직 링을 만들고, [사슬 4(=한길긴뜨기 기둥코 사슬 3+사슬 1)]로 뜨기 시작한다. 4번째 사슬(기둥코 다음 사슬)에 단 마무리를 한다.

2단 짧은뜨기, 사슬뜨기 〈12코+24사슬〉
• 사슬 공간에 실B를 연결하며 첫 코를 스탠딩 스티치로 뜬다. • 첫 번째 짧은뜨기 다음 사슬에 단 마무리를 한다.

3단 한길 3코 구슬뜨기, 사슬뜨기 〈12코+36사슬〉
• 사슬 공간에 실C를 연결하며 첫 코는 스탠딩 스티치로 뜬다. • 첫 번째 구슬뜨기 다음 사슬에 단 마무리를 한다.

4단 짧은뜨기, 사슬뜨기 〈12코+36사슬〉
• 구슬뜨기 코에 실B를 연결하며 첫 코를 스탠딩 스티치로 뜬다. • 단의 끝에서는 첫 코에 빼뜨기하여 연결하고 실을 끊어 정리한다.

5단 짧은뜨기, 긴뜨기, 한길긴뜨기 〈60코〉
• 사슬 공간에 실A를 연결하며 첫 코를 스탠딩 스티치로 뜬다. • 두 번째 코에 단 마무리를 한다.

6단 짧은뜨기, 사슬뜨기 〈12코+60사슬〉
• 5단의 뒤에서 3단의 사슬 공간에 실D를 연결하며 첫 코를 스탠딩 스티치로 뜬다. • 단의 끝에서는 첫 코에 빼뜨기하여 연결한다.
Note. 6-7단은 5단의 뒤에서 뜬다.

7단 짧은뜨기, 긴뜨기, 한길긴뜨기 〈84코〉
• 다음 사슬 공간에 [짧은뜨기 1+긴뜨기 1+한길긴뜨기 3+긴뜨기 1+짧은뜨기 1]을 반복해서 뜬다. • 두 번째 코에 단 마무리를 한다.

8단 짧은뜨기, 사슬뜨기 〈24코+96사슬〉
• 5단의 가운데 한길긴뜨기 코에 실C를 연결하며 첫 코를 스탠딩 스티치로 뜬다. • 5단의 가운데 한길긴뜨기 코와 7단의 가운데 한길긴뜨기 코에 각각 [짧은뜨기 1 → 사슬 4]를 뜨게 된다. • 단의 끝에서는 첫 코에 빼뜨기하여 연결한다.

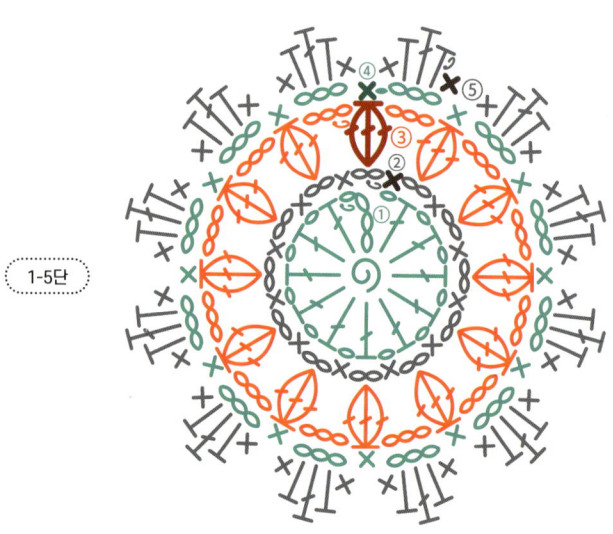

1-5단

 단 마무리(p.19 참조)

9단 짧은뜨기 〈72코〉
- 다음 사슬 공간에 [짧은뜨기 3]으로 뜨시 시작한다. • 두 번째 코에 단 마무리를 한다.

10단 짧은뜨기, 긴뜨기, 한길긴뜨기, 사슬뜨기 〈72코+8사슬〉
- 9단을 마무리한 곳에서 2번째 코에 실D를 연결하며 첫 코를 스탠딩 스티치로 뜬다.
- 두 번째 코에 단 마무리를 한다.

11단 긴뜨기, 사슬뜨기 〈88코+8사슬〉
- 코너의 사슬 공간에 실B를 연결하며 첫 코를 스탠딩 스티치로 뜬다. • 두 번째 코에 단 마무리를 한다.

12단 긴뜨기, 사슬뜨기 〈104코+8사슬〉
- 코너의 사슬 공간에 실A를 연결하며 첫 코를 스탠딩 스티치로 뜬다. • 두 번째 코에 단 마무리를 한다.

이 모티브는 서로 어울리는 색상을 매치하여 뜬다면 '물 위의 수련 사각 모티브 (p150)'와 연결할 수 있다.

28 바라히르의 반지 사각 모티브

Arteeni (Sari Åström) — Finland
 www.arteeni.fi @arteeni arteenidesign

Level 초급, 중급
Colors A-옥색, B-회청색, C-진한 회청색, D-크림색, E-다홍색, F-회색

INSTRUCTIONS

1단 사슬뜨기 〈4코〉
- 실A로 [사슬 4]를 뜨고, 빼뜨기로 연결하여 원형 고리를 만든다.

2단 한길긴뜨기 〈12코〉
- [기둥코 사슬 3 (=한길긴뜨기 1)]으로 뜨기 시작한다. • 두 번째 코, 즉 기둥코가 아닌 첫 번째 실제 한길긴뜨기 코에 단 마무리를 한다.

3단 한길긴뜨기 〈24코〉
- 임의의 코에 실B를 연결하며 첫 코를 스탠딩 스티치로 뜬다. • 두 번째 코에 단 마무리를 한다.

4단 긴뜨기, 사슬뜨기 〈32코+4사슬〉
- 임의의 코에 실C를 연결하며 첫 코를 스탠딩 스티치로 뜬다. • 두 번째 코에 단 마무리를 한다.

5단 두길긴뜨기, 사슬뜨기, 한길 3코 구슬뜨기 〈28코+32사슬〉
- 사슬 공간에 실D를 연결하며 첫 코를 스탠딩 스티치로 뜬다. • 한길 3코 구슬뜨기는 전단의 긴뜨기와 긴뜨기 사이에 실E로 뜬다. • 첫 번째 두길긴뜨기 다음 첫 번째 사슬에 단 마무리를 한다.

Note. 이 작품에서는 5단을 두 가지 색으로 떴지만, 한 가지 색으로 떠도 좋다.

6단 짧은뜨기, 사슬뜨기 〈64코+8사슬〉
- 코너의 사슬 공간에 실F를 연결하며 첫 코를 스탠딩 스티치로 뜬다. • 두 번째 코에 단 마무리를 한다.

Note. 6단의 짧은뜨기는 느슨하게 뜬다.

7단 한길긴뜨기, 뒤걸어 한길긴뜨기 〈80코〉
- 코너의 사슬 공간에 실D를 연결하며 첫 코를 스탠딩 스티치로 뜬다. • 두 번째 코에 단 마무리를 한다.

이 작품의 '바라히르'와 오른쪽 작품의 '길웬'은 톨킨의 책에서 영감을 받은 엘프의 이름으로, 이 두 모티브는 잘 어울려서 서로에게 딱 맞는 파트너라 할 수 있다.

단 마무리(p.19 참조)

29 길웬 사각 모티브

Arteeni (Sari Åström) — Finland
🌐 www.arteeni.fi 📷 @arteeni f arteenidesign

Level 중급
Colors A-레몬색, B-회청색, C-연두색, D-흑연색, E-회색

INSTRUCTIONS

Note. 만약 중앙 부분의 모양이 잘 잡히지 않으면, 2단의 한길긴뜨기 대신 긴뜨기, 3단의 두길 4코 구슬뜨기 대신 한길 4코 구슬뜨기로 바꿔 떠도 좋다.

1단   사슬뜨기 〈4코〉
• 실A로 [사슬 4]를 뜨고, 빼뜨기로 연결하여 원형 고리를 만든다.

2단   한길긴뜨기, 사슬뜨기 〈8코+16사슬〉
• [사슬 5(=한길긴뜨기 기둥코 사슬 3+사슬 2)]로 뜨기 시작한다. • 단의 끝에서는 4번째 사슬(기둥코 다음 사슬)에 빼뜨기하여 연결한다.

3단   두길 4코 구슬뜨기, 사슬뜨기 〈8개의 꽃잎+32사슬〉
• 사슬 공간에 실B를 연결하며 첫 코를 스탠딩 스티치로 뜬다. • 첫 번째 구슬뜨기 다음 첫 번째 사슬에 단 마무리를 한다.

4단   한길 5코 구슬뜨기, 빼뜨기, 사슬뜨기, 두길긴뜨기 〈28코+32사슬〉
• 사슬 공간에 실C를 연결하며 첫 코(한길 5코 구슬뜨기)를 스탠딩 스티치로 뜬다. • [사슬 1+한길 5코 구슬뜨기 1+빼뜨기 1] 부분은 실C로, 나머지 부분은 실D로 바꿔 뜬다. • 첫 번째 구슬뜨기 다음 빼뜨기 코에 단 마무리를 한다.
Note. 색이 바뀌는 곳, 즉 빼뜨기 다음 사슬과 두길긴뜨기와 구슬뜨기 사이의 사슬은 다음 단을 뜰 때 가려지므로 보이지 않게 된다.
Note. 실을 바꿔 뜰 때, 뜨던 실을 끊지 않고 코 위에 걸쳐 놓고 감싸서 뜨는 방식으로 가지고 다니면서 뜬다. (p.18 참조)

5단   짧은뜨기, 사슬뜨기 〈64코+8사슬〉
• 코너의 사슬 공간에 실E를 연결하며 첫 코를 스탠딩 스티치로 뜬다. • 두 번째 코에 단 마무리를 한다.
Note. 이 단에서 뜨는 짧은뜨기는 조금 느슨하게 뜬다.

6단   한길긴뜨기, 뒤걸어 한길긴뜨기 〈80코〉
• 코너의 사슬 공간에 실D를 연결하며 첫 코를 스탠딩 스티치로 뜬다. • 두 번째 코에 단 마무리를 한다.

단 마무리(p.19 참조)

30 썬로즈 사각 모티브 ⑧⓪

Zipzipdreams (Edina Tekten) — Hungary / Turkey
◯ @Zipzipdreams f Zipzipdreams

Level 중급
Colors Colors A-진주색, B-복숭아색, C-해바라기색, D-자주색, E-크림색, F-노르딕 블루

INSTRUCTIONS

1단 한길긴뜨기 〈16코〉
- 실A로 매직 링을 만들고, [기둥코 사슬 3(=한길긴뜨기 1)]으로 뜨기 시작한다. • 두 번째 코, 즉 기둥코가 아닌 첫 번째 실제 한길긴뜨기 코에 단 마무리를 한다.

2단 긴뜨기 〈24코〉
- 임의의 코에 실B를 연결하며 첫 코를 스탠딩 스티치로 뜬다. • 두 번째 코에 단 마무리를 한다.

3단 짧은뜨기 〈32코〉
- 코 늘림 한 곳의 첫 번째 긴뜨기 코에 실C를 연결하며 첫 코를 스탠딩 스티치로 뜬다.
- 단의 끝에서는 첫 코에 빼뜨기하여 연결한다.

4단 한길 4코 모아뜨기, 사슬뜨기 〈8개의 꼭지〉
- [사슬 2+한길 3코 모아뜨기](=한길 4코 모아뜨기)로 뜨기 시작한다. • 단의 끝에서는 첫 번째 모아뜨기 코에 빼뜨기하여 연결한 후, 실을 끊어 정리한다.

5단 뒤걸어 두길 4코 모아뜨기, 사슬뜨기 〈8개의 꼭지〉
- 3단의 코 늘림 한 곳 중 첫 번째 짧은뜨기 다리에 실D를 연결하며 첫 코(미완성 뒤걸어 두길긴뜨기)를 스탠딩 스티치로 뜬다. •【3단에 뒤걸어 두길 4코 모아뜨기 → 4단의 사슬을 감싸며 사슬 1 → 사슬 6】을 반복한다. • 단의 끝에서는 첫 번째 모아뜨기 코에 빼뜨기하여 연결한 후, 실을 끊어 정리한다.

Note. 모아뜨기를 할 때는 4단의 6-사슬이 앞쪽에 위치하도록 잡고 있다가 모아뜨기가 끝나면 바늘을 잠시 빼서 모아뜨기를 4단 6-사슬 아래 공간으로 넣어 빼서 앞으로 가져온다. 그리고 다시 바늘을 끼우고 4단의 사슬을 감싸며 [사슬 1]을 뜬다.

6단 긴뜨기, 한길긴뜨기 〈80코/8개의 꽃잎〉
- 사슬 공간에 실E를 연결하며 첫 코를 스탠딩 스티치로 뜬다. • 두 번째 코에 단 마무리를 한다.

7단 두길긴뜨기, 사슬뜨기, 한길긴뜨기, 긴뜨기, 짧은뜨기 〈76코+4사슬〉
- 꽃잎의 6번째 코에 실F를 연결하며 첫 코를 스탠딩 스티치로 뜬다. • 두 번째 코에 단 마무리를 한다.

1-4단

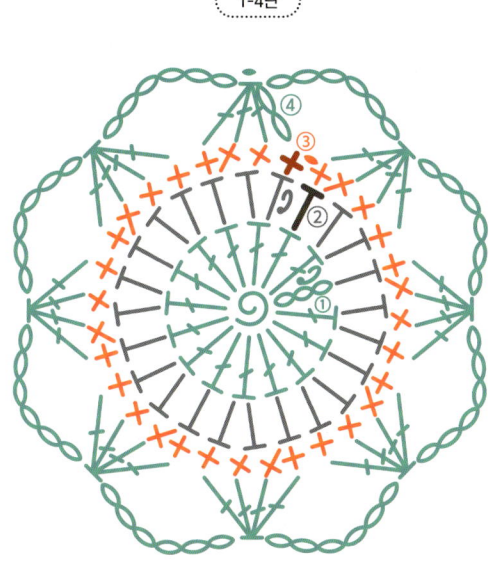

단 마무리(p.19 참조)

5-7단

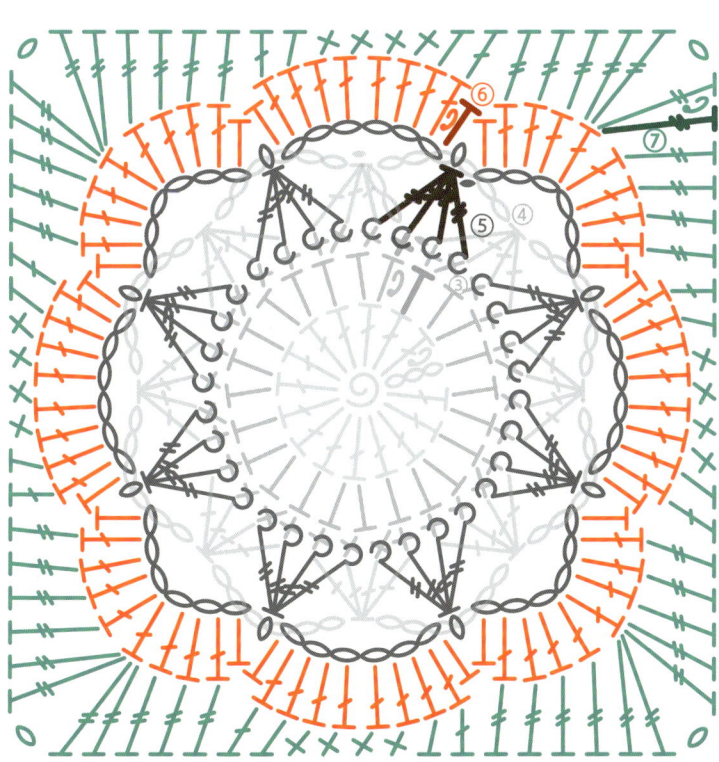

69

31 딸기 사각 모티브

Ms.Eni (Simone Conrad) — Germany
@ms.eni ms.eni.handmade

Level 중급
Colors A-크림색, B-진한 빨강, C-진한 녹색

INSTRUCTIONS

1단 한길긴뜨기 〈16코〉
- 실A로 매직 링을 만들고, [기둥코 사슬 3(=한길긴뜨기 1)]으로 뜨기 시작한다. • 단의 끝에서는 3번째 사슬에 빼뜨기하여 연결한다.

2단 한길긴뜨기, 사슬뜨기 〈16코+8사슬〉
- [기둥코 사슬 3(=한길긴뜨기 1)]으로 뜨기 시작한다. • 두 번째 코, 즉 기둥코가 아닌 첫 번째 실제 한길긴뜨기 코에 단 마무리를 한다.

3단 한길긴뜨기, 사슬뜨기 〈32코+24사슬〉
- 사슬 공간에 실B를 연결하며 첫 코를 스탠딩 스티치로 뜬다. • 두 번째 코에 단 마무리를 한다.

4단 짧은뜨기 4코 모아뜨기, 짧은뜨기 〈8개의 딸기〉
- 첫 번째 한길긴뜨기 코에 실C를 연결하며 첫 코(미완성 짧은뜨기)를 스탠딩 스티치로 뜬다. • 모아뜨기는 실C로 뜨고, 나머지는 실A로 뜬다. • 단의 끝에서는 두 번째 코에 빼뜨기하여 연결한다.

Note. 짧은뜨기 4코 모아뜨기의 마지막 단계에서 실을 바꾼다. 즉, 바늘에 고리 4개가 걸린 상태에서 바늘에 실A를 감아 바늘에 걸린 고리 4개를 모두 빼낸다. 실C를 사용하지 않을 때는 코 위에 걸쳐 놓고 감싸서 뜨며 가지고 다닌다.

5단 짧은뜨기, 긴뜨기, 한길긴뜨기, 사슬뜨기 〈64코+4사슬〉
- [사슬 1(=짧은뜨기 1)]로 뜨기 시작한다. • 단의 끝에서는 첫 번째 사슬에 빼뜨기하여 연결한다.

6단 짧은뜨기, 긴뜨기 〈72코+4사슬〉
- [사슬 1(=짧은뜨기 1)]로 뜨기 시작한다. • 단의 끝에서는 첫 번째 사슬에 빼뜨기하여 연결한다.

7단 한길긴뜨기 〈80코〉
- [기둥코 사슬 3(=한길긴뜨기 1)]으로 뜨기 시작한다. • 두 번째 코, 즉 기둥코가 아닌 첫 번째 실제 한길긴뜨기 코에 단 마무리를 한다.

단 마무리(p.19 참조)

32 4월의 정원 사각 모티브 ⑧⓪

Zipzipdreams (Edina Tekten) — Hungary / Turkey
◎ @Zipzipdreams f Zipzipdreams

Level 중급
Colors A-레몬색, B-파스텔 핑크, C-작약 핑크, D-연두색, E-라즈베리색, F-크림색

INSTRUCTIONS

1단 긴뜨기 〈12코〉
• 실A로 매직 링을 만들고, [기둥코 사슬 2(=긴뜨기 1)]로 뜨기 시작한다. • 두 번째 코, 즉 기둥코가 아닌 첫 번째 실제 긴뜨기 코에 단 마무리를 한다.

2단 한길 2코 구슬뜨기, 사슬뜨기 〈12개의 꽃잎〉
• 임의의 코에 실B를 연결하며 첫 코를 스탠딩 스티치로 뜬다. • 첫 번째 구슬뜨기 다음 첫 번째 사슬에 단 마무리를 한다.

3단 한길 4코 구슬뜨기, 사슬뜨기 〈12개의 꽃잎〉
• 사슬 공간에 실C를 연결하며 첫 코를 스탠딩 스티치로 뜬다. • 첫 번째 구슬뜨기 다음 첫 번째 사슬에 단 마무리를 한다.

4단 앞걸어 짧은뜨기, 사슬뜨기, 앞걸어 한길긴뜨기 〈24코+48사슬〉
• 3단 구슬뜨기 코에 실D를 연결하면서 첫 코를 스탠딩 스티치로 뜬다. • 앞걸어 짧은뜨기는 3단의 구슬뜨기 코에, 앞걸어 한길긴뜨기는 2단의 구슬뜨기 코에 뜬다. • 첫 번째 앞걸어 짧은뜨기 다음 첫 번째 사슬에 단 마무리를 한다.

5단 두길 2코 구슬뜨기, 사슬뜨기, 한길 2코 구슬뜨기 〈12개의 튤립〉
• 4단의 앞걸어 한길긴뜨기 코에 실E를 연결하며 첫 코를 스탠딩 스티치로 뜬다. • 첫 번째 구슬뜨기 다음 첫 번째 사슬에 단 마무리를 한다.

6단 두길긴뜨기, 사슬뜨기, 한길긴뜨기 〈76코+4사슬〉
• 중간에 있는 두길 2코 구슬뜨기 코에 실F를 연결하며 첫 코를 스탠딩 스티치로 뜬다.
• ★ 표시가 있는 두길긴뜨기는 전단에서 만들어진 꽃과 꽃 사이에 뜬다. (이하 같은 위치의 두길긴뜨기는 같은 방법으로 뜬다.)

↩ 단 마무리(p.19 참조)

33 카네이션 정원 사각 모티브 ⓾

Zipzipdreams (Edina Tekten) — Hungary / Turkey
◎ @Zipzipdreams f Zipzipdreams

Level 중급
Colors A-해바라기색, B-옥색, C-연두색, D-밝은 파랑, E-크림색

INSTRUCTIONS

1단 한길긴뜨기, 사슬뜨기 〈12코+4사슬〉
• 실A로 매직 링을 만들고, [기둥코 사슬 3(=한길긴뜨기 1)]으로 뜨기 시작한다. • 두 번째 코, 즉 기둥코가 아닌 첫 번째 실제 한길긴뜨기 코에 단 마무리를 한다.

2단 빼뜨기, 사슬뜨기, 짧은뜨기, 긴뜨기, 한길긴뜨기 〈8개의 이파리〉
• 사슬 공간에 실B를 연결하며 첫 코(빼뜨기)를 스탠딩 스티치로 뜬다. • 첫 번째 빼뜨기 다음 첫 번째 사슬에 단 마무리를 한다.

3단 긴뜨기, 사슬뜨기, 두길긴뜨기 〈12코+40사슬〉
• 사슬 공간에 실C를 연결하며 첫 코를 스탠딩 스티치로 뜬다. • 2단 뒤쪽에서, 즉 2단에서 뜬 이파리가 앞에 위치하도록 하면서 뜬다. • 두 번째 코에 단 마무리를 한다.

4단 두길긴뜨기, 사슬뜨기, 짧은뜨기, 한길 5코 구슬뜨기 〈4개의 꽃과 4개의 구슬뜨기〉
• 두길긴뜨기 코에 실D를 연결하며 첫 코를 스탠딩 스티치로 뜬다. • 짧은뜨기는 2단에서 만들어진 이파리의 끝에 뜬다. • 두 번째 코에 단 마무리를 한다.

5단 두길긴뜨기, 사슬뜨기, 앞걸어 두길긴뜨기 〈72코+8사슬〉
• 코너의 사슬 공간에 실E를 연결하며 첫 코를 스탠딩 스티치로 뜬다. • 두 번째 코에 단 마무리를 한다.

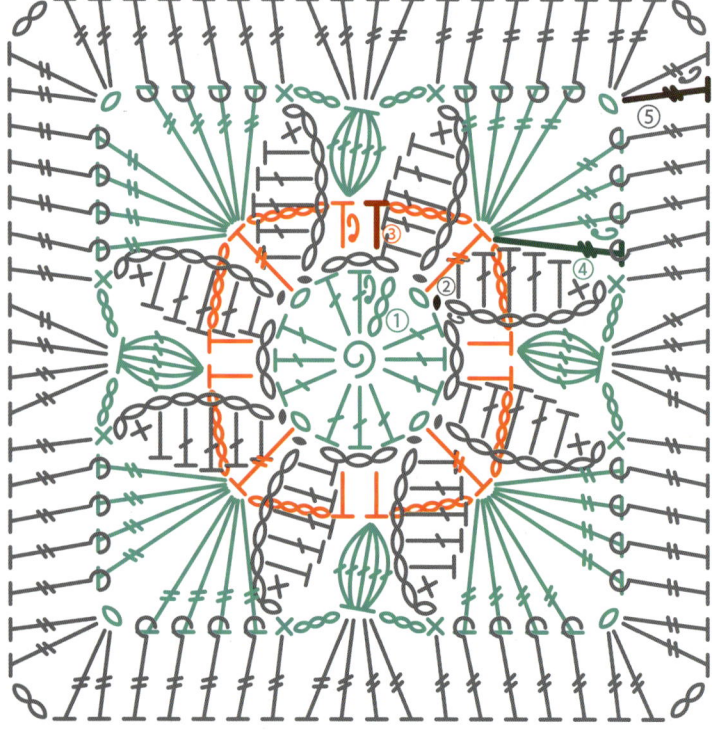

⟆ 단 마무리(p.19 참조)

{ 이 모티브는 '4월의 정원 사각 모티브(p.71)'가 주는 느낌과 비슷해서 연결하면 잘 어울린다. }

34 핑크 로즈 사각 모티브 ⑳

Madelenón (Soledad Iglesias Silva) — Argentina
🌐 www.madelenon.com 📷 @handmadelenon f madelenonface

Level 중급
Colors A-작약 핑크, B-옥색, C-복숭아색

INSTRUCTIONS

1단 짧은뜨기 〈6코〉
• 실A로 매직 링을 만들어 뜬다. • 단의 끝에서는 첫 코에 빼뜨기하여 연결한다.

2단 짧은뜨기, 사슬뜨기 〈3코+9사슬〉
• 다음 코에 [사슬 1+ 짧은뜨기 1]로 뜨기 시작한다. • 단의 끝에서는 첫 코에 빼뜨기하여 연결한다.

3단 짧은뜨기, 긴뜨기, 한길긴뜨기 〈21코/3개의 꽃잎〉
• 다음 사슬 공간에 [빼뜨기 1+짧은뜨기 1+…]로 뜨기 시작한다. • 단의 끝에서는 첫 코에 빼뜨기하여 연결한다.

4단 뒤걸어 짧은뜨기, 사슬뜨기 〈6코+18사슬〉
• 3단의 꽃잎 뒤에서 뜬다. • 다음 코에 [사슬 1+뒤걸어 짧은뜨기 1]로 뜨기 시작한다.
• 단의 끝에서는 첫 코에 빼뜨기하여 연결한다.

5단 짧은뜨기, 긴뜨기, 한길긴뜨기 〈42코/6개의 꽃잎〉
• 다음 사슬 공간에 [빼뜨기 1+짧은뜨기 1+…]로 뜨기 시작한다. • 단의 끝에서는 첫 코에 빼뜨기하여 연결한다.

6단 사슬뜨기, 뒤걸어 짧은뜨기 〈6코+30사슬〉
• 5단의 꽃잎 뒤에서 뜬다. • [사슬 2+가운데 한길긴뜨기 코에 뒤걸어 짧은뜨기 1]로 뜨기 시작한다. • 단의 끝에서는 첫 코에 빼뜨기하여 연결한다.

7단 짧은뜨기, 긴뜨기, 한길긴뜨기 〈54코〉
• 다음 사슬 공간에 [빼뜨기 1+짧은뜨기 1+…]로 뜨기 시작한다. • 두 번째 코에 단 마무리를 한다.

8단 짧은뜨기, 사슬뜨기, 두길 3코 구슬뜨기 〈14코+58사슬〉
• 꽃잎 모양에서 가운데 한길긴뜨기 코에 실B를 연결하며 첫 코를 스탠딩 스티치로 뜬다. • 코너에 뜨는 두길 3코 구슬뜨기와 직선 구간에 뜨는 짧은뜨기는 뜨개 사이에 뜬다. • 첫 번째 짧은뜨기 다음 첫 번째 사슬에 단 마무리를 한다.

(1-6단)

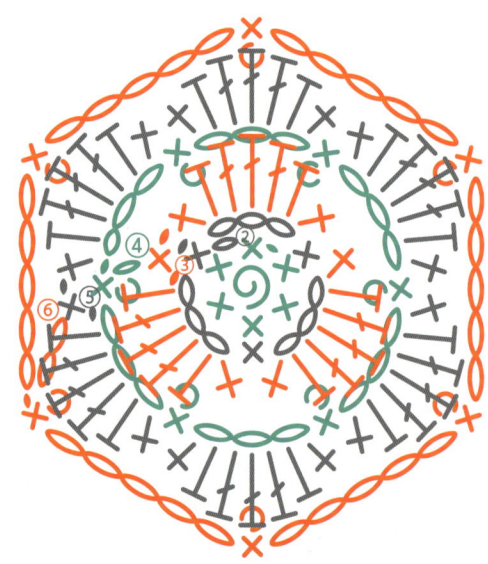

단 마무리(p.19 참조)

9단 긴뜨기, 사슬뜨기 〈64코+12사슬〉
- 2-사슬 다음에 있는 두길 3코 구슬뜨기 사이의 사슬 공간에 실C를 연결하고, [기둥코 사슬 2(=긴뜨기 1)+긴뜨기 2]로 뜨기 시작한다. • 단의 끝에서는 2번째 사슬에 빼뜨기 하여 연결한다.

10단 긴뜨기, 사슬뜨기 〈72코+8사슬〉
- [기둥코 사슬 2(=긴뜨기 1)]로 뜨기 시작한다. • 두 번째 코, 즉 기둥코가 아닌 첫 번째 실제 긴뜨기 코에 단 마무리를 한다.

> 장미는 주로 붉은 계열의 색으로 표현되지만, 노란 장미, 파란 장미 그리고 보라색 장미도 아름답다. 각자가 가지고 있는 실 중에 골라서 다양한 색의 장미를 표현해보자.

7-10단

35 마린 테마 사각 모티브 ⑳

Conmismanoss (Susana Villalobos) — Argentina
@conmismanoss hilandosuenoss

Level 중급
Colors A-해바라기색, B-연한 회청색, C-하늘색, D-남색

INSTRUCTIONS

1단 빼뜨기, 사슬뜨기, 짧은뜨기, 긴뜨기, 한길긴뜨기 〈5개의 별(꼭짓점)〉
• 실A로 매직 링을 만들고, [사슬 6]으로 뜨기 시작한다. • 한길긴뜨기 다음에 뜨는 빼뜨기는 링 안에 바늘을 넣어 뜬다. • 처음 뜬 6개의 사슬 중 두 번째 사슬에 단 마무리를 한다.

2단 뒤쪽 반 코 짧은뜨기/긴뜨기/한길긴뜨기/두길긴뜨기, 빼뜨기 〈30코〉
• 별의 꼭짓점 쪽 첫 번째 코(빼뜨기)에 실B를 연결하며 첫 코를 스탠딩 스티치로 뜬다. • 빼뜨기는 다음 꼭짓점에 있는 사슬에 뒤에서 앞으로 바늘을 넣어 뜬다. • 단의 끝에서는 첫 코에 빼뜨기하여 연결한다.

3단 짧은뜨기 〈35코〉
• [짧은뜨기 1]로 뜨기 시작한다. • 단의 끝에서는 첫 코에 빼뜨기하여 연결한다.

4단 짧은뜨기 〈40코〉
• [짧은뜨기 1]로 뜨기 시작한다. • 두 번째 코에 단 마무리를 한다.

5단 한길긴뜨기, 사슬뜨기 〈60코+8사슬〉
• 임의의 코에 실C를 연결하며 첫 코를 스탠딩 스티치로 뜬다. • 두 번째 코에 단 마무리를 한다.

6단 한길긴뜨기, 사슬뜨기 〈72코+8사슬〉
• 코너의 사슬 공간에 실D를 연결하며 첫 코를 스탠딩 스티치로 뜬다. • 두 번째 코에 단 마무리를 한다.

꼭 지정된 색이 아니더라도 가지고 있는 실 중에서 파란 톤의 실들을 적절히 조합해서 아름다운 블루 그러데이션을 연출해보자.

단 마무리(p.19 참조)

36 볼록한 꽃 테두리 사각 모티브 ⑪②

Ukaracraft (Nurul A. Putri) — Indonesia

Level 중급, 고급
Colors A-버건디, B-복숭아색, C-연어색

INSTRUCTIONS

1단 짧은뜨기 〈8코〉
- 실A로 매직 링을 만들어 뜬다. • 두 번째 코에 단 마무리를 한다.

2단 뒤쪽 반 코 긴뜨기 〈16코〉
- 임의의 코에 실B를 연결하며 첫 코를 스탠딩 스티치로 뜬다. • 두 번째 코에 단 마무리를 한다.

3단 뒤쪽 반 코 짧은뜨기, 앞쪽 반 코 두길긴뜨기 〈16코〉
- 코 늘림한 곳 중 두 번째 긴뜨기 코에 실A를 연결하며 첫 코를 스탠딩 스티치로 뜬다. • 앞쪽 반 코 두길긴뜨기는 1단의 짧은뜨기 코에 뜬다. • 두 번째 코에 단 마무리를 한다.

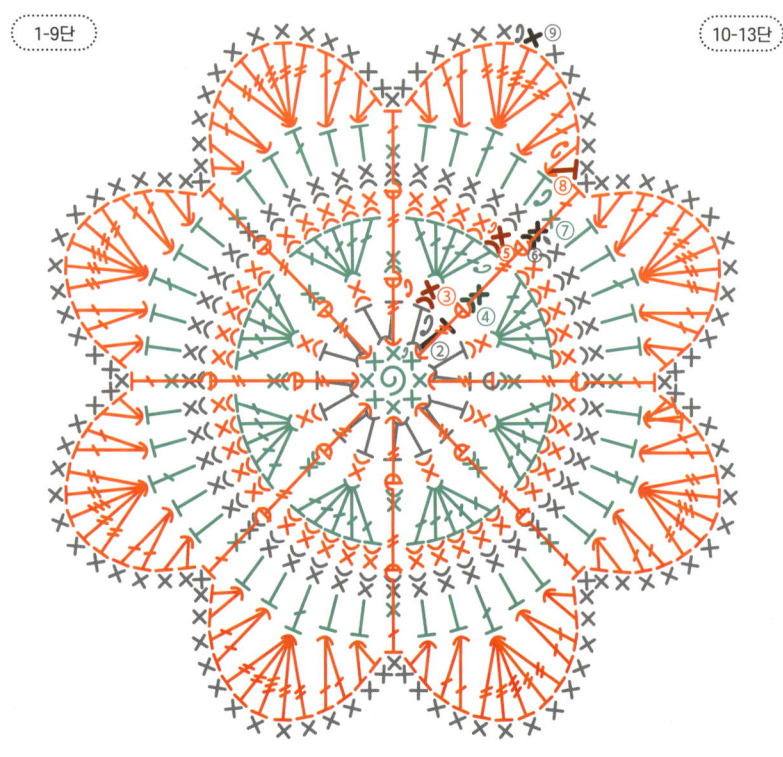

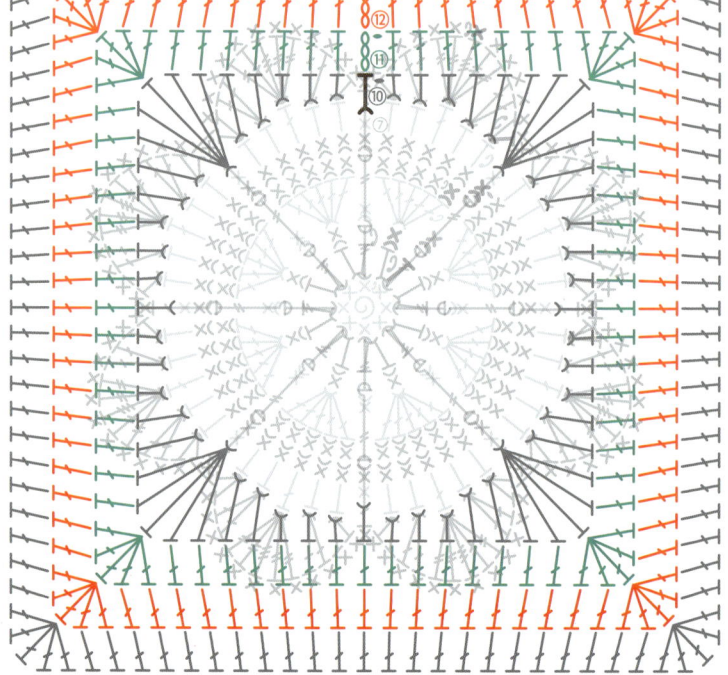

4단 뒤쪽 반 코 짧은뜨기/한길긴뜨기 〈48코〉
• 앞쪽 반 코 두길긴뜨기 코에 실C를 연결하며 첫 코를 스탠딩 스티치로 뜬다. • 두 번째 코에 단 마무리를 한다.

5단 뒤쪽 반 코 짧은뜨기, 앞걸어 두길긴뜨기 〈48코〉
• 5-한길긴뜨기 중 첫 번째 코에 실A를 연결하며 첫 코를 스탠딩 스티치로 뜬다. • 앞걸어 두길긴뜨기는 3단의 두길긴뜨기 코에 뜬다. • 두 번째 코에 단 마무리를 한다.

6단 뒤쪽 반 코 짧은뜨기 〈48코〉
• 앞걸어 두길긴뜨기 코에 실B를 연결하며 첫 코는 스탠딩 스티치로 뜬다. • 단의 끝에서는 첫 코에 빼뜨기하여 연결한다.

7단 짧은뜨기, 긴뜨기, 한길긴뜨기 〈48코〉
• [짧은뜨기 1]로 뜨기 시작한다. • 두 번째 코에 단 마무리를 한다.

8단 앞쪽 반 코 긴뜨기/한길긴뜨기/두길긴뜨기, 앞걸어 한길긴뜨기 〈112코〉
• 짧은뜨기 다음에 있는 긴뜨기 코에 실A를 연결하며 첫 코를 스탠딩 스티치로 뜬다. • 앞걸어 한길긴뜨기는 5단의 두길긴뜨기 코에 뜬다. • 두 번째 코에 단 마무리를 한다.

9단 짧은뜨기 〈112코〉
• 임의의 코에 실C를 연결하며 첫 코를 스탠딩 스티치로 뜬다. • 두 번째 코에 단 마무리를 한다.

10단 뒤쪽 반 코 긴뜨기 〈64코〉
• 8단에서 건너뛴 7단의 짧은뜨기 코(8단의 앞걸어 한길긴뜨기 뒤)에 실A를 연결하며 첫 코를 스탠딩 스티치로 뜬다. • 이 단은 전부 7단의 뒤쪽 반 코를 주워서 뜨게 된다. • 단의 끝에서는 첫 코에 빼뜨기하여 연결한다.

11단 한길긴뜨기 〈80코〉
• [기둥코 사슬 3(=한길긴뜨기 1)]으로 뜨기 시작한다. • 단의 끝에서는 3번째 사슬에 빼뜨기하여 연결한다.

12단 한길긴뜨기 〈96코〉
• [기둥코 사슬 3(=한길긴뜨기 1)]으로 뜨기 시작한다. • 단의 끝에서는 3번째 사슬에 빼뜨기하여 연결한다.

13단 한길긴뜨기 〈112코〉
• [기둥코 사슬 3(=한길긴뜨기 1)]으로 뜨기 시작한다. • 두 번째 코, 즉 기둥코가 아닌 첫 번째 실제 한길긴뜨기 코에 단 마무리를 한다.

이 모티브는 '공작새 사각 모티브(p.130)'나 꽃의 크기가 거의 비슷한 '페어리스타 휠 사각 모티브(p. 92)'와 조합하여 연결할 수 있다.

37 모자이크 사각 모티브 ⓐ

Madelenón (Soledad Iglesias Silva) — Argentina
🔘 www.madelenon.com 📷 @handmadelenon ⓕ madelenonface

Level 중급
Colors 1 A-해바라기색, B-복숭아색, C-밝은 주황, D-연어색, E-다홍색, F-작약 핑크, G-진한 분홍
Colors 2 A-해바라기색, B-밝은 주황, C-진한 분홍, D-진한 분홍, E-해바라기색, F-밝은 주황, G-해바라기색

이 모티브는 다른 80코 모티브보다 크기가 조금 크다. 따라서 다른 모티브와 연결할 계획이라면 바늘을 조금 작은 사이즈로 선택해서 뜨도록 한다.

INSTRUCTIONS

1단 한길긴뜨기, 사슬뜨기 〈12코+12사슬〉
• 실A로 매직 링을 만들고, [기둥코 사슬 3(=한길긴뜨기 1)]으로 뜨기 시작한다. • 두 번째 코, 즉 기둥코가 아닌 첫 번째 실제 한길긴뜨기 코에 단 마무리를 한다.

2단 짧은뜨기, 사슬뜨기, 한길 3코 구슬뜨기 〈16코+24사슬〉
• 사슬 공간에 실B를 연결하며 첫 코를 스탠딩 스티치로 뜬다. • 첫 번째 짧은뜨기 다음 첫 번째 사슬에 단 마무리를 한다.

3단 긴뜨기, 사슬뜨기, 짧은뜨기 〈28코+28사슬〉
• 짧은뜨기 앞에 있는 사슬 공간에 실C를 연결하며 첫 코를 스탠딩 스티치로 뜬다. • 단의 끝에서는 첫 코에 빼뜨기하여 연결한다.

4단 한길 3코 구슬뜨기, 사슬뜨기, 짧은뜨기 〈32코+40사슬〉
• 첫 번째 3-긴뜨기 중 가운데 코에 실D를 연결하며 첫 코를 스탠딩 스티치로 뜬다. • 첫 번째 구슬뜨기 다음 첫 번째 사슬에 단 마무리를 한다.

5단 짧은뜨기, 사슬뜨기, 긴뜨기 〈44코+44사슬〉
• 사슬 공간에 뜬 짧은뜨기 오른쪽에 있는 3개의 구슬뜨기 중 가운데 구슬뜨기 코에 실E를 연결하며 첫 코를 스탠딩 스티치로 뜬다. • 두 번째 코에 단 마무리를 한다.

6단 한길 3코 구슬뜨기, 사슬뜨기, 짧은뜨기 〈48코+72사슬〉
• 코너의 3-사슬 공간 앞의 3-긴뜨기 중 가운데 코에 실F를 연결하며 첫 코를 스탠딩 스티치로 뜬다. • 첫 번째 구슬뜨기 다음 첫 번째 사슬에 단 마무리를 한다.

7단 짧은뜨기, 한길긴뜨기, 사슬뜨기 〈72코+8사슬〉
• 코너 앞 3개의 구슬뜨기 중 가운데 코에 실G를 연결하며 첫 코를 스탠딩 스티치로 뜬다. • 두 번째 코에 단 마무리를 한다.

1-4단

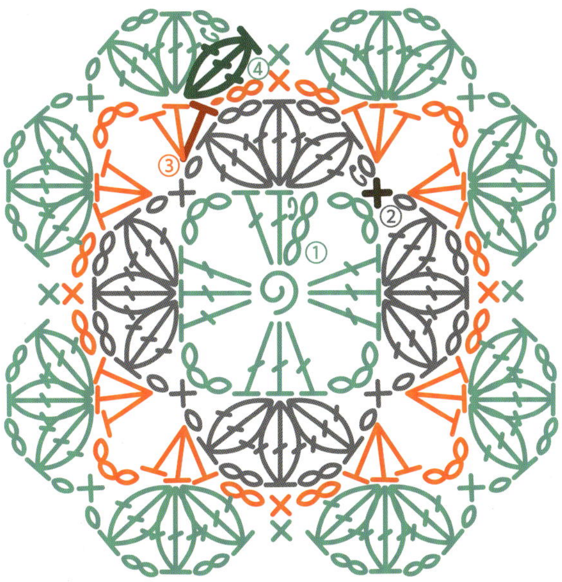

단 마무리(p.19 참조)

5-7단

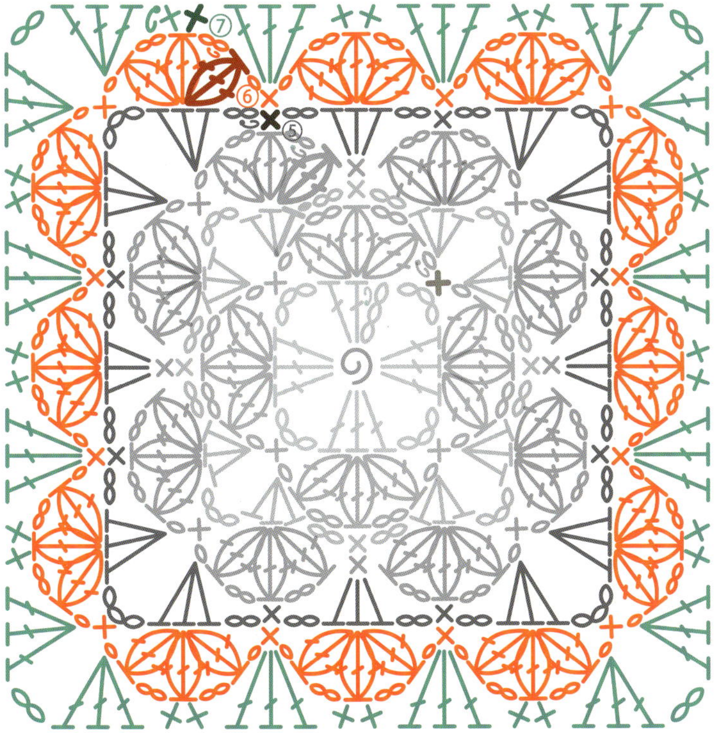

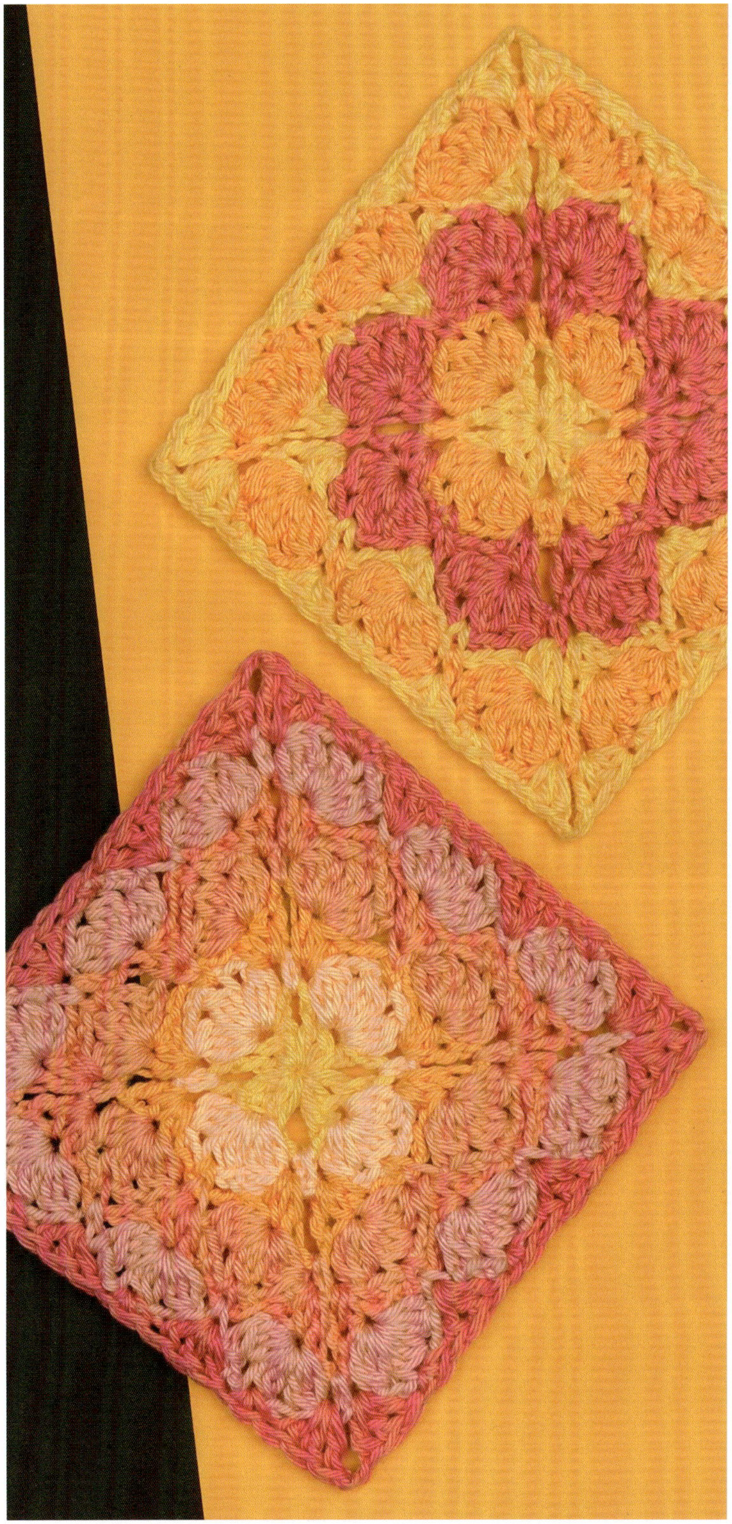

38 호박 원석 사각 모티브 ⓘ

Madelenón (Soledad Iglesias Silva) — Argentina
🌐 www.madelenon.com 📷 @handmadelenon f madelenonface

Level 중급
Colors A-다홍색, B-복숭아색, C-연어색

INSTRUCTIONS

1단 4-방울뜨기, 사슬뜨기 〈8코+24사슬〉
• 실A로 매직 링을 만들고, [사슬 2+4-방울뜨기]로 뜨기 시작한다. • 첫 번째 방울뜨기 다음 첫 번째 사슬에 단 마무리를 한다.

2단 짧은뜨기, 사슬뜨기 〈32코+16사슬〉
• 사슬 공간에 실C를 연결하며 첫 코를 스탠딩 스티치로 뜬다. • 두 번째 코에 단 마무리를 한다.

3단 한길긴뜨기, 사슬뜨기 〈48코+8사슬〉
• 사슬 공간에 실B를 연결하며 첫 코를 스탠딩 스티치로 뜬다. • 단의 끝에서는 첫 코에 빼뜨기하여 연결한다.

4단 한길긴뜨기, 사슬뜨기 〈56코+16사슬〉
• [다음 코에 빼뜨기 1]×2 → 다음 사슬 공간에 [빼뜨기 1+기둥코 사슬 3(=한길긴뜨기 1)]으로 뜨기 시작한다. • 두 번째 코, 즉 기둥코가 아닌 첫 번째 실제 한길긴뜨기 코에 단 마무리를 한다.

5단 짧은뜨기, 사슬뜨기, 4-방울뜨기 〈72코+8사슬〉
• 4단의 2-사슬 다음에 있는 한길긴뜨기 코에 실C를 연결하며 첫 코를 스탠딩 스티치로 뜬다. • 4-방울뜨기는 2단의 짧은뜨기 사이에 뜬다. • 두 번째 코에 단 마무리를 한다.

6단 4-방울뜨기, 사슬뜨기 〈32코+72사슬〉
• 사슬 공간에 실A를 연결하며 첫 코를 스탠딩 스티치로 뜬다. • 첫 번째 방울뜨기 다음 첫 번째 사슬에 단 마무리를 한다.

7단 짧은뜨기, 사슬뜨기, 뒤걸어 두길긴뜨기 〈104코+16사슬/8개의 꼭지〉
• 첫 번째 2-사슬 공간에 실C를 연결하며 첫 코를 스탠딩 스티치로 뜬다. • 뒤걸어 두길긴뜨기는 5단의 방울뜨기 코에 뜬다. • 단의 끝에서는 첫 코에 빼뜨기하여 연결한다.

1-7단

단 마무리(p.19 참조)

8-10단

8단 짧은뜨기, 사슬뜨기 〈56코+44사슬〉
- [짧은뜨기 1]로 뜨기 시작한다. • 7단에서 만들어진 8개의 꼭지 중 4개의 꼭지에만 뜨고 4개는 뜨지 않고 둔다. • 두 번째 코에 단 마무리를 한다.

9단 짧은뜨기, 사슬뜨기 〈96코+8사슬〉
- 2-사슬 공간에 실B를 연결하며 첫 코를 스탠딩 스티치로 뜬다. • 첫 번째 짧은뜨기 다음 첫 번째 사슬에 단 마무리를 한다.

10단 짧은뜨기, 사슬뜨기 〈104코+8사슬〉
- 사슬 공간에 실C를 연결하며 첫 코를 스탠딩 스티치로 뜬다. • 화살표 ⟩로 표시한 곳의 짧은뜨기는 7단의 뜨지 않고 남겨둔 꼭지(2-사슬)와 9단의 짧은뜨기 코를 함께 주워 뜬다. • 첫 번째 짧은뜨기 다음 첫 번째 사슬에 단 마무리를 한다.

과거부터 현재까지 사랑받고 있는 보석으로 그 가치가 높은 호박 원석은 따뜻하고 편안한 색감의 노랑과 빨강, 자연적인 아름다움이 그 특징이라고 할 수 있다. 이 포근한 색감은 사각 모티브를 뜨기에도 적합하다.

39 그러데이션 겹뜨기 사각 모티브

Madelenón (Soledad Iglesias Silva) — Argentina
www.madelenon.com @handmadelenon madelenonface

Level 중급
Colors 1 A-해바라기색, B-밝은 주황, C-다홍색
Colors 2 A-라벤더색, B-자줏빛 보라, C-자주색

INSTRUCTIONS

1단 한길긴뜨기, 사슬뜨기 〈12코+8사슬〉
• 실A로 매직 링을 만들고, [기둥코 사슬 3(=한길긴뜨기 1)]으로 뜨기 시작한다. • 단의 끝에서는 3번째 사슬에 빼뜨기하여 연결한다.

2단 한길긴뜨기, 사슬뜨기 〈24코+8사슬〉
• [다음 코에 빼뜨기 1]×2 → 다음 사슬 공간에 [빼뜨기 1+기둥코 사슬 3(=한길긴뜨기 1)]으로 뜨기 시작한다. • 단의 끝에서는 3번째 사슬에 빼뜨기하여 연결한다.

3단 한길긴뜨기, 한길긴뜨기 겹뜨기, 사슬뜨기 〈36코+8사슬〉
• [다음 코에 빼뜨기 1]×2 → 다음 사슬 공간에 [빼뜨기 1+기둥코 사슬 3(=한길긴뜨기 1)]으로 뜨기 시작한다. • 코너의 한길긴뜨기는 사슬 공간에, 그 외의 한길긴뜨기는 전단의 뜨개 사이에 뜨고, 한길긴뜨기 겹뜨기는 매직 링 안에 바늘을 넣어 뜬다. • 단의 끝에서는 3번째 사슬에 빼뜨기하여 연결한다.

Note. 이후 모두 한길긴뜨기는 전단의 코너 사슬 공간이나 뜨개 사이에 뜬다.
Note. 한길긴뜨기 겹뜨기는 2단 이상 아래 단에 한길긴뜨기를 뜨는 것이다.

4단 한길긴뜨기, 한길긴뜨기 겹뜨기, 사슬뜨기 〈48코+8사슬〉
• [다음 코에 빼뜨기 1]×2 → 다음 사슬 공간에 [빼뜨기 1+기둥코 사슬 3(=한길긴뜨기 1)]으로 뜨기 시작한다. • 한길긴뜨기 겹뜨기는 1단에 바늘을 넣어 뜬다. • 두 번째 코, 즉 기둥코가 아닌 첫 번째 한길긴뜨기 코에 단 마무리를 한다.

5단 한길긴뜨기, 한길긴뜨기 겹뜨기, 사슬뜨기 〈60코+8사슬〉
• 코너의 2-사슬 공간에 실B를 연결하며 첫 코를 스탠딩 스티치로 뜬다. • 한길긴뜨기 겹뜨기는 2단에 바늘을 넣어 뜬다. • 단의 끝에서는 첫 코에 빼뜨기하여 연결한다.

6단 한길긴뜨기, 한길긴뜨기 겹뜨기, 사슬뜨기 〈72코+8사슬〉
• [다음 코에 빼뜨기 1]×2 → 다음 사슬 공간에 [빼뜨기 1+기둥코 사슬 3(=한길긴뜨기 1)]으로 뜨기 시작한다. • 한길긴뜨기 겹뜨기는 3단에 바늘을 넣어 뜬다. • 두 번째 코, 즉 기둥코가 아닌 첫 번째 한길긴뜨기 코에 단 마무리를 한다.

7단 짧은뜨기, 사슬뜨기, 한길긴뜨기, 한길긴뜨기 겹뜨기 〈76코+4사슬〉
- 코너의 2-사슬 공간에 실C를 연결하며 첫 코를 스탠딩 스티치로 뜬다. • 한길긴뜨기 겹뜨기는 4단에 바늘을 넣어 뜬다. • 단의 끝에서는 첫 코에 빼뜨기하여 연결한다.

8단 긴뜨기, 사슬뜨기, 한길긴뜨기, 한길긴뜨기 겹뜨기 〈104코+8사슬〉
- 다음 코에 [빼뜨기 1] → 다음 사슬 공간에 [빼뜨기 1+기둥코 사슬 2(=긴뜨기 1)+ …] 로 뜨기 시작한다. • 한길긴뜨기 겹뜨기는 5단에 바늘을 넣어 뜬다. • 두 번째 코, 즉 기둥코가 아닌 첫 번째 긴뜨기 코에 단 마무리를 한다.

> 겹뜨기 사각 모티브는 단계적인 색 변화, 즉 밝은 색에서 어두운 색으로의 색조와 톤 변화, 혹은 한 가지 색에서 다른 색으로의 점진적인 변화를 연출하면서 배색하면 더욱 아름답다.

40 소용돌이 사각 모티브 ⑧⓪

Madelenón (Soledad Iglesias Silva) — Argentina
🌐 www.madelenon.com 📷 @handmadelenon f madelenonface

Level 중급
Colors A-크림색, B-바닐라색, C-진주색, D-복숭아색, E-올드 핑크, F-작약 핑크, G-다홍색

INSTRUCTIONS

1단 한길긴뜨기 〈16코〉
• 실A로 매직 링을 만들고, [기둥코 사슬 3(=한길긴뜨기 1)]으로 뜨기 시작한다. • 두 번째 코에 단 마무리를 한다.

2단 뒤걸어 짧은뜨기/긴뜨기/한길긴뜨기/두길긴뜨기, 사슬뜨기 〈16코+16사슬〉
• 임의의 코에 실B를 연결하며 첫 코를 스탠딩 스티치로 뜬다. • 두 번째 코에 단 마무리를 한다.

3단 짧은뜨기, 긴뜨기, 뒤걸어 한길긴뜨기/두길긴뜨기, 사슬뜨기 〈32코+16사슬〉
• 사슬 공간에 실C를 연결하며 첫 코를 스탠딩 스티치로 뜬다. • 두 번째 코에 단 마무리를 한다.

4단 짧은뜨기, 긴뜨기, 뒤걸어 긴뜨기/한길긴뜨기/두길긴뜨기, 사슬뜨기 〈48코+16사슬〉
• 사슬 공간에 실D를 연결하며 첫 코를 스탠딩 스티치로 뜬다. • 두 번째 코에 단 마무리를 한다.

5단 짧은뜨기, 뒤걸어 긴뜨기/한길긴뜨기/두길긴뜨기, 사슬뜨기 〈64코+16사슬〉
• 사슬 공간에 실E를 연결하며 첫 코를 스탠딩 스티치로 뜬다. • 두 번째 코에 단 마무리를 한다.

6단 짧은뜨기, 사슬뜨기, 뒤걸어 긴뜨기/한길긴뜨기/두길긴뜨기 〈68코+16사슬〉
• 사슬 공간에 실F를 연결하며 첫 코를 스탠딩 스티치로 뜬다. • 첫 번째 짧은뜨기 다음 첫 번째 사슬에 단 마무리를 한다.

7단 긴뜨기, 사슬뜨기, 뒤걸어 한길긴뜨기 〈72코+8사슬〉
• 코너의 첫 번째 사슬 공간에 실G를 연결하며 첫 코를 스탠딩 스티치로 뜬다. • 첫 번째 긴뜨기 다음 첫 번째 사슬에 단 마무리를 한다.

단 마무리(p.19 참조)

41 꽃무리 사각 모티브 ⑧⓪

RedAgape (Mandy O'Sullivan) — Australia
@crochetbyredagape   www.redagapeblog.com   redagapeblog

Level 중급
Colors A-해바라기색, B-밝은 주황, C-크림색, D-멜론색, E-작약 핑크

INSTRUCTIONS

1단 사슬뜨기 〈4코〉
- 실A로 [사슬 4]를 뜨고 첫 번째 사슬에 빼뜨기하여 원형 고리를 만든다.

2단 한길 3코 구슬뜨기, 사슬뜨기 〈8코+8사슬〉
- [사슬 2+한길 2코 구슬뜨기(=한길 3코 구슬뜨기)]로 뜨기 시작한다. • 첫 번째 구슬뜨기 다음 첫 번째 사슬에 단 마무리를 한다.

3단 한길 3코 구슬뜨기, 사슬뜨기 〈16코+16사슬〉
- 사슬 공간에 실B를 연결하며 첫 코를 스탠딩 스티치로 뜬다. • 첫 번째 구슬뜨기 다음 첫 번째 사슬에 단 마무리를 한다.

4단 빼뜨기, 사슬뜨기, 두길 6코 구슬뜨기 〈8개의 꽃잎〉
- 사슬 공간에 실C를 연결하며 [빼뜨기 1]로 뜨기 시작한다. • 첫 번째 빼뜨기 다음 첫 번째 사슬에 단 마무리를 한다.

5단 긴뜨기, 한길긴뜨기, 두길긴뜨기, 사슬뜨기, 한길 2코 모아뜨기 〈28코+36사슬〉
- 구슬뜨기 앞에 있는 5-사슬 공간에 실D를 연결하며 첫 코를 스탠딩 스티치로 뜬다.
- 직선 구간의 [사슬 3 → 한길 2코 모아뜨기 → 사슬 3] 부분은 실E로 바꿔 뜨고, 나머지 부분은 실D로 뜬다. • 단의 끝에서는 첫 코에 빼뜨기하여 연결한다. • 실D를 끊고 정리한다.

6단 긴뜨기, 한길긴뜨기, 사슬뜨기, 긴뜨기 겹뜨기 〈68코+12사슬〉
- [기둥코 사슬 2(=긴뜨기 1)]로 뜨기 시작한다. • 긴뜨기 겹뜨기는 전단 모아뜨기의 두 다리 사이를 감싸며 뜬다. • 두 번째 코, 즉 기둥코가 아닌 첫 번째 실제 긴뜨기 코에 단 마무리를 한다.

⑨ 단 마무리(p.19 참조)   ↓ 긴뜨기 겹뜨기

42 데이지 휠 사각 모티브

RedAgape (Mandy O'Sullivan) — Australia
@crochetbyredagape   www.redagapeblog.com   redagapeblog

Level 중급
Colors A-레몬색, B-크림색, C-아쿠아블루, D-파스텔 핑크, E-작약 핑크

INSTRUCTIONS

1단 짧은뜨기 〈8코〉
- 실A로 매직 링을 만들어 뜬다. • 두 번째 코에 단 마무리를 한다.

2단 한길 5코 팝콘뜨기, 사슬뜨기 〈8코+8사슬〉
- 임의의 코에 실B를 연결하며 첫 코를 스탠딩 스티치로 뜨고, 두 번째 코에 단 마무리를 한다.

3단 한길긴뜨기 〈32코〉
- 사슬 공간에 실C를 연결하며 첫 코를 스탠딩 스티치로 뜨고, 두 번째 코에 단 마무리를 한다.

4단 한길긴뜨기 〈48코〉
- 임의의 코에 실D를 연결하며 첫 코를 스탠딩 스티치로 뜨고, 두 번째 코에 단 마무리를 한다.

5단 한길긴뜨기, 사슬뜨기, 한길 5코 팝콘뜨기 〈36코+36사슬〉
- 임의의 코에 실E를 연결하며 첫 코를 스탠딩 스티치로 뜬다. • 첫 번째 한길긴뜨기 다음 첫 번째 사슬에 단 마무리를 한다.

6단 한길 5코 팝콘뜨기, 사슬뜨기, 한길 2코 모아뜨기 〈24코+48사슬〉
- 한길긴뜨기 사이 사슬 공간에 실C를 연결하며 첫 코를 스탠딩 스티치로 뜬다. • 첫 번째 팝콘뜨기 다음 첫 번째 사슬에 단 마무리를 한다.

7단 짧은뜨기, 앞걸어 두길긴뜨기 〈120코〉
- 팝콘뜨기 앞의 사슬 공간에 실B를 연결하며 첫 코를 스탠딩 스티치로 뜬다. • 앞걸어 두길긴뜨기는 5단의 한길긴뜨기 코에 뜬다. • 두 번째 코에 단 마무리를 한다.

8단 빼뜨기, 사슬뜨기 〈48코+48사슬〉
- 7단의 앞걸어 두길긴뜨기 코에 실D를 연결하며 첫 코를 스탠딩 스티치로 뜬다. • 빼뜨기는 앞걸어 두길긴뜨기 코나 2개의 짧은뜨기 사이에 뜬다. • 첫 번째 빼뜨기 다음 첫 번째 사슬에 단 마무리를 한다.

9단 두길긴뜨기, 사슬뜨기, 한길긴뜨기, 긴뜨기, 짧은뜨기 〈104코+8사슬〉
- 6단의 모아뜨기 오른쪽에 있는 8단의 2-사슬 공간에 실B를 연결하며 첫 코를 스탠딩 스티치로 뜬다. • 두 번째 코에 단 마무리를 한다.

↻ 단 마무리(p.19 참조)

43 레반트 사각 모티브 ⑧⓪

Spincushions (Shelley Husband) — Australia
🌐 www.spincushions.com 📷 @spincushions f Spincushions

Level 중급
Colors A-밝은 파랑, B-터키블루, C-아쿠아블루, D-크림색

INSTRUCTIONS

1단 한길긴뜨기 〈16코〉
- 실A로 매직 링을 만들고, [기둥코 사슬 3(=한길긴뜨기 1)]으로 뜨기 시작한다.
- 단의 끝에서는 3번째 사슬에 빼뜨기하여 연결한다.

2단 한길긴뜨기, 서드 루프에 짧은뜨기 〈32코〉
- [기둥코 사슬 3(=한길긴뜨기 1)]으로 뜨기 시작한다.
- 두 번째 코, 즉 기둥코가 아닌 첫 번째 실제 한길긴뜨기 코에 단 마무리를 한다.

3단 짧은뜨기, 서드 루프에 짧은뜨기, 사슬뜨기 〈32코+8사슬〉
- 코너의 7-한길긴뜨기 중 가운데 코에 실B를 연결하며 첫 코를 스탠딩 스티치로 뜬다.
- 단의 끝에서는 첫 코에 [짧은뜨기 1]을 하며 연결한다.

Note. 3, 5단의 끝에서는 짧은뜨기로 단을 연결하는데, 이렇게 단 연결용으로 뜬 [짧은뜨기 1]은 콧수에서 사슬 1개로 계산한다.

4단 한길긴뜨기 〈44코〉
- [기둥코 사슬 3(=한길긴뜨기 1)] → 3단의 마지막 짧은뜨기를 감싸며 [한길긴뜨기 1]로 뜨기 시작한다.
- 두 번째 코, 즉 기둥코가 아닌 첫 번째 실제 한길긴뜨기 코에 단 마무리를 한다.

Note. 단의 끝에서 연결용으로 뜬 마지막 짧은뜨기에 뜨는 [한길긴뜨기 1]은 사슬 공간에 바늘을 넣어 사슬 줄 전체를 감싸서 뜨는 것처럼 짧은뜨기 코 전체를 감싸서 뜬다. 이는 6단에서도 동일하다.

5단 짧은뜨기, 서드 루프에 짧은뜨기, 사슬뜨기 〈48코+8사슬〉
- 코너의 3-한길긴뜨기 중 가운데 코에 실C를 연결하며 첫 코를 스탠딩 스티치로 뜬다.
- 단의 끝에서는 첫 코에 [짧은뜨기 1]을 하며 연결한다.

6단 한길긴뜨기 〈60코〉
- [기둥코 사슬 3(=한길긴뜨기 1)] → 5단의 마지막 짧은뜨기를 감싸며 [한길긴뜨기 1]로 뜨기 시작한다.
- 두 번째 코, 즉 기둥코가 아닌 첫 번째 실제 한길긴뜨기 코에 단 마무리를 한다.

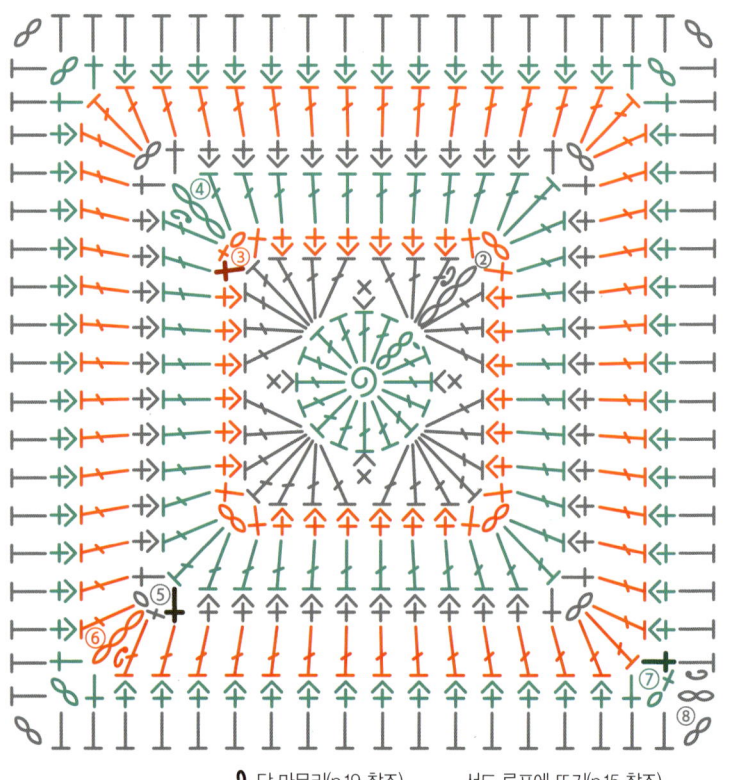

⟩ 단 마무리(p.19 참조)   ∨ 서드 루프에 뜨기(p.15 참조)

7단 짧은뜨기, 서드 루프에 짧은뜨기, 사슬뜨기 〈64코+8사슬〉
- 코너의 3-한길긴뜨기 중 가운데 코에 실D를 연결하며 첫 코를 스탠딩 스티치로 뜬다.
- 단의 끝에서는 첫 코에 [짧은뜨기 1]을 하며 연결한다.

8단 긴뜨기, 사슬뜨기 〈72코+8사슬〉
- [기둥코 사슬 2(=긴뜨기 1)]로 뜨기 시작한다.
- 두 번째 코, 즉 기둥코가 아닌 첫 번째 실제 긴뜨기 코에 단 마무리를 한다.

이 모티브의 디자이너는 자신의 몇몇 작품에 세계의 바다와 대양의 이름을 붙였다. 바다의 차분한 청색이 그녀의 주된 컬러라고 할 수 있는데, 그중 레반트해(동지중해)의 이름이 붙은 이 모티브는 그녀가 좋아하는 톤의 블루로 디자인되었다. 작가가 제안하는 색도 좋지만, 각자의 취향대로 배색해 떠도 좋다.

44 페어리스타 휠 사각 모티브 ⑪

Zipzipdreams (Edina Tekten) — Hungary / Turkey
◯ @Zipzipdreams f Zipzipdreams

Level 중급
Colors A-파스텔 핑크, B-진한 분홍, C-해바라기색, D-멜론색, E-크림색, F-자줏빛 보라

INSTRUCTIONS

1단 한길긴뜨기 ⟨12코⟩
• 실A로 매직 링을 만들고, [기둥코 사슬 3(=한길긴뜨기 1)]으로 뜨기 시작한다. • 두 번째 코, 즉 기둥코가 아닌 첫 번째 실제 한길긴뜨기 코에 단 마무리를 한다.

2단 짧은뜨기, 사슬뜨기, 긴뜨기, 빼뜨기 ⟨6개의 꽃잎⟩
• 임의의 코에 실B를 연결하며 첫 코를 스탠딩 스티치로 뜬다. • 빼뜨기는 처음 짧은뜨기를 뜬 곳에 뜬다. • 첫 번째 짧은뜨기 다음 첫 번째 사슬에 단 마무리를 한다.

3단 짧은뜨기, 사슬뜨기, 긴뜨기, 한길긴뜨기, 빼뜨기 ⟨6개의 꽃잎⟩
• 2단에서 뜨지 않고 건너뛴 1단의 코에 실C를 연결하며 첫 코를 스탠딩 스티치로 뜬다. • [짧은뜨기 1]은 2단의 2-사슬 앞에서 뜨고, [사슬 3]은 2단의 꽃잎 뒤에서 뜬다. • 빼뜨기는 처음 짧은뜨기를 뜬 곳에 뜬다. • 첫 번째 짧은뜨기 다음 첫 번째 사슬에 단 마무리를 한다.

4단 짧은뜨기, 사슬뜨기, 한길긴뜨기 ⟨24코+48사슬⟩
• 3단의 꽃잎 끝에 있는 짧은뜨기 코에 실D를 연결하며 첫 코를 스탠딩 스티치로 뜬다. • [짧은뜨기 1]은 3단의 꽃잎 끝에 있는 짧은뜨기 코에, [한길긴뜨기 3]은 2단의 꽃잎 끝에 있는 짧은뜨기 코에 뜬다. • 단의 끝에서는 첫 코에 빼뜨기하여 연결한다.

5단 한길긴뜨기, 앞걸어 한길긴뜨기 ⟨84코⟩
• 다음 사슬 공간에 [빼뜨기 1+기둥코 사슬 3(=한길긴뜨기 1)+한길긴뜨기 4]로 뜨기 시작한다. • 두 번째 코, 즉 기둥코가 아닌 첫 번째 실제 한길긴뜨기 코에 단 마무리를 한다.

6단 뒤걸어 긴뜨기, 사슬뜨기, 짧은뜨기, 긴뜨기, 한길긴뜨기, 두길긴뜨기 ⟨84코+12사슬⟩
• 3-앞걸어 한길긴뜨기 중 가운데 코에 실E를 연결하며 첫 코를 스탠딩 스티치로 뜬다. • 첫 번째 뒤걸어 긴뜨기 다음 첫 번째 사슬에 단 마무리를 한다.

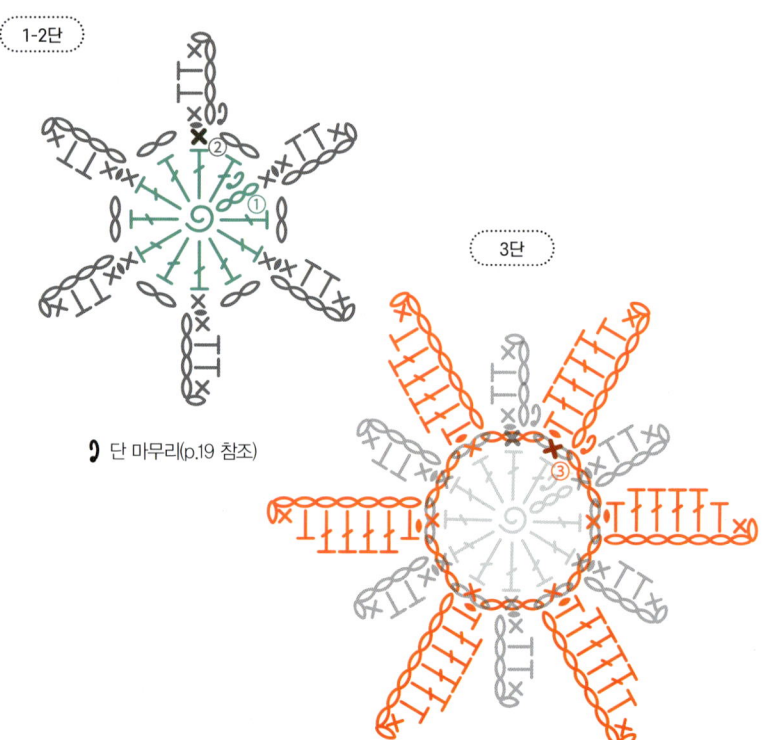

4-6단

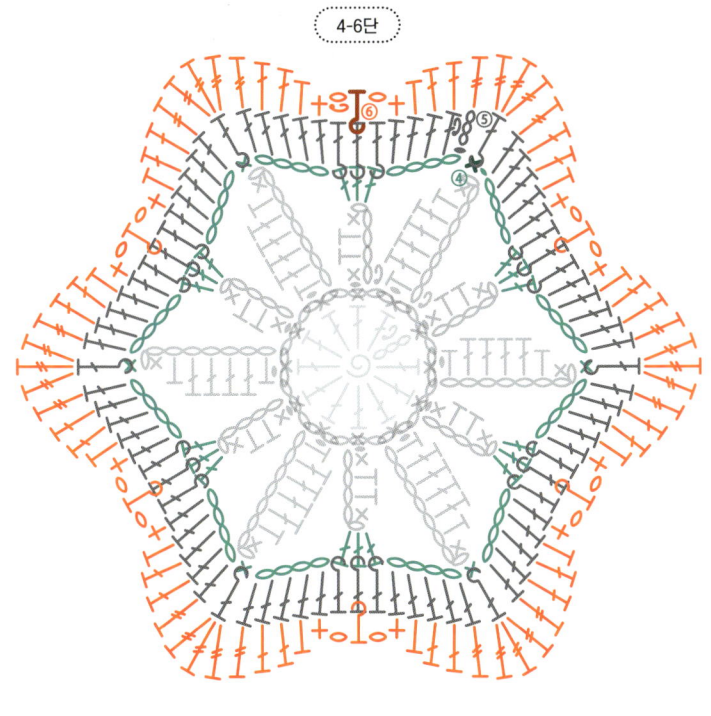

7-9단

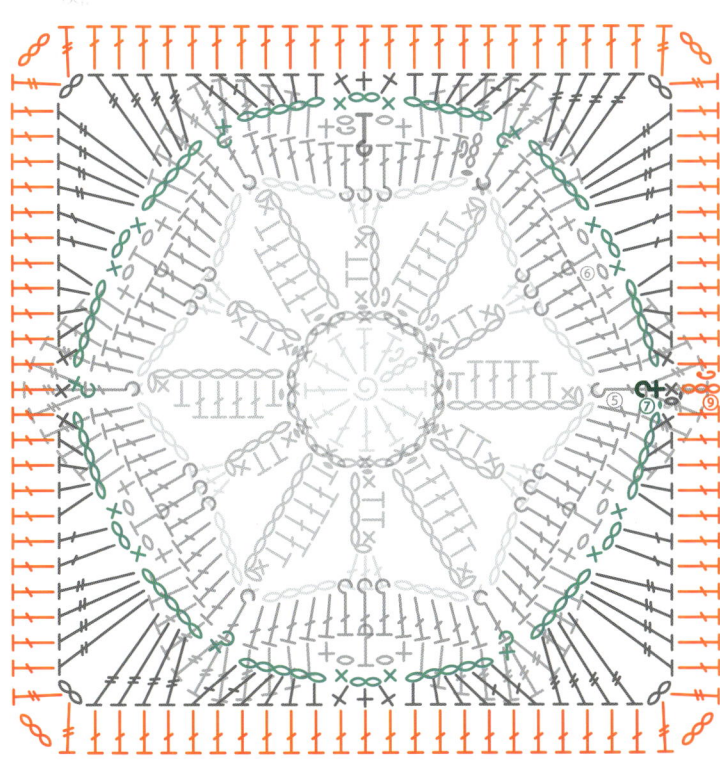

7단 뒤걸어 짧은뜨기, 사슬뜨기, 짧은뜨기 〈18코+72사슬〉

• 5단의 긴 꽃잎 끝에 뜬 앞걸어 한길긴뜨기 코에 실F를 연결하며 첫 코를 스탠딩 스티치로 뜬다. • 뒤걸어 짧은뜨기는 5단의 긴 꽃잎 끝에 뜬 앞걸어 한길긴뜨기 코에, 짧은뜨기는 6단의 사슬 공간에 뜬다. • 단의 끝에서는 첫 코에 빼뜨기하여 연결한다.

8단 짧은뜨기, 긴뜨기, 한길긴뜨기, 두길긴뜨기 〈92코+8사슬〉

• [사슬 1+짧은뜨기 1]로 뜨기 시작한다. • 뒤걸어 짧은뜨기 코에 뜨는 짧은뜨기를 제외하고 모두 사슬 공간에 뜬다. • 단의 끝에서는 첫 번째 짧은뜨기 코에 빼뜨기하여 연결한다.

9단 한길긴뜨기, 두길긴뜨기, 사슬뜨기 〈100코+12사슬〉

• [기둥코 사슬 3(=한길긴뜨기 1)]으로 뜨기 시작한다. • 두 번째 코, 즉 기둥코가 아닌 첫 번째 실제 한길긴뜨기 코에 단 마무리를 한다.

45 4-모티브 연결 사각 모티브 112

TurtleBunny Creations (Chrissy Callahan) — United States
 www.turtlebunnycreations.com @turtlebunnycreations
 TurtleBunnyCreations

Level 중급
Colors A-올드 핑크, B-겨자색, C-연한 황갈색, D-연두색, E-크림색

INSTRUCTIONS

모티브(4장)

1단 한길긴뜨기 〈12코〉
- 각각 실A/B/C/D를 이용해 매직 링을 만들고, [기둥코 사슬 3(=한길긴뜨기 1)]으로 뜨기 시작한다. • 단의 끝에서는 3번째 사슬에 빼뜨기하여 연결한다.

2단 사슬뜨기, 한길긴뜨기, 빼뜨기, 짧은뜨기 〈20코〉
- [사슬 2+한길긴뜨기 1]로 뜨기 시작한다. • 2번째 사슬에 단 마무리를 한다.

Note. 빼뜨기와 사슬은 콧수로 세지 않음

3단 짧은뜨기, 사슬뜨기 〈8코+32사슬〉
- 코너의 한길긴뜨기 사이에 실E를 연결하며 첫 코를 스탠딩 스티치로 뜬다. • 단의 끝에서는 첫 코에 빼뜨기하여 연결한다.

4단 짧은뜨기, 사슬뜨기 〈16코+64사슬/16개의 러플〉
- [짧은뜨기 1]로 뜨기 시작한다. • 첫 번째 짧은뜨기 다음 첫 번째 사슬에 단 마무리를 한다.

모티브 연결

모티브와 모티브가 만나는 곳을 십자 형태를 그리며 이어서 떠서 각 모티브를 연결한다. 연결하는 방향과 모티브 번호는 도안(p.95)을 기준으로 설명한다.

Note. 3단의 4-사슬 공간은 4단의 짧은뜨기에 의해 2부분으로 나누어지는데, 이렇게 생긴 사슬 공간에 각각 한길긴뜨기와 짧은뜨기를 뜨게 된다. 아래 지문에서는 '공간'으로 지칭한다.
Note. 모티브를 연결하는 5단은 4단에서 만들어진 러플 뒤에서 3단의 사슬 공간에 바늘을 넣어 뜬다.

5-a단 한길긴뜨기, 사슬뜨기, 짧은뜨기 〈모티브 1에만 뜨기〉
- 모티브 1의 오른쪽 위 공간에 실E를 연결하며 첫 코를 스탠딩 스티치로 뜬다.

5-b단 한길긴뜨기, 사슬뜨기, 짧은뜨기 〈모티브 2를 연결하며 뜨기〉
- 모티브 2의 가장 왼쪽에 있는 3단의 사슬 공간에 [한길긴뜨기 1]을 뜬다. → [사슬 2]를 뜬 후 바늘을 잠시 빼놓고 방금 뜬 2-사슬을 모티브 1의 4-사슬 공간으로 통과시켜 뺀 다음, 다시 고리에 바늘을 끼우고 [사슬 2]를 뜬다. → 모티브 2의 다음 공간에 [짧은

〔모티브(1-4단)〕

 단 마무리(p.19 참조)

뜨기 1]을 뜬다.}×2 → [사슬 2]를 뜬 후 바늘을 잠시 빼놓고 방금 뜬 2-사슬을 모티브 1의 마지막 4-사슬 공간으로 통과시켜 뺀 다음, 다시 고리에 바늘을 끼우고 [사슬 2]를 뜬다. → 모티브 2의 마지막 공간에 [한길긴뜨기 1]을 뜬다.

Note. 표시된 부분이 모티브가 연결되는 부분이다.

Note. 뜨는 동안 모티브 1과 모티브 2가 서로 안과 안이 마주보게 된다.

5-c단　모티브 2에만 뜨기

5-d단　모티브 3을 연결하며 뜨기

5-e단　모티브 3에만 뜨기

5-f단　모티브 4를 연결하며 뜨기

5-g단　모티브 4에만 뜨기

5-h단　모티브 1을 연결하며 뜨기

• 단의 끝에서는 5-a단 첫 코(한길긴뜨기)에 빼뜨기하여 연결한다.

5-i단　한길긴뜨기 〈4코〉

• 기둥코 사슬 3(=한길긴뜨기 1)을 뜬 다음, 모티브 2의 코너 5-b의 마지막 한길긴뜨기와 5-c의 첫 번째 한길긴뜨기 사이, 모티브 3의 코너 5-d의 마지막 한길긴뜨기와 5-e의 첫 번째 한길긴뜨기 사이, 모티브 4의 코너 5-f의 마지막 한길긴뜨기와 5-g의 첫 번째 한길긴뜨기 사이에 각각 [한길긴뜨기 1]을 하고 두 번째 코에 단 마무리를 한다.

테두리

6단　한길긴뜨기, 사슬뜨기, 한길 2코 모아뜨기 〈24코+80사슬〉

• 3단의 오른쪽 끝 공간에 실E를 연결하며 첫 코를 스탠딩 스티치로 뜬다. • 단의 끝에서는 첫 코에 빼뜨기하여 연결한다.

7단　짧은뜨기 〈112코〉

• [짧은뜨기 1]로 뜨기 시작한다. • 두 번째 코에 단 마무리를 한다.

모티브 연결 및 테두리(5-7단)

연결 방향과 순서

a. 모티브 1의 위쪽 변을 오른쪽에서 왼쪽으로 가며 연결

→ b. 모티브 2의 아래쪽 변을 왼쪽에서 오른쪽으로 가며 연결

→ c. 모티브 2의 오른쪽 변을 아래에서 위로 올라가며 연결

→ d. 모티브 3의 왼쪽 변을 위에서 아래로 내려오며 연결

→ e. 모티브 3의 아래쪽 변을 왼쪽에서 오른쪽으로 가며 연결

→ f. 모티브 4의 위쪽 변을 오른쪽에서 왼쪽으로 가며 연결

→ g. 모티브 4의 왼쪽 변을 위에서 아래로 내려오며 연결

→ h. 모티브 1의 오른쪽 변을 아래에서 위로 올라가며 연결

→ i. 각 모티브의 코너 연결(중심)

46 X 마크 사각 모티브 112

TurtleBunny Creations (Chrissy Callahan) — United States
 www.turtlebunnycreations.com @turtlebunnycreations
 TurtleBunnyCreations

Level 중급
Colors A-겨자색

INSTRUCTIONS

1단 짧은뜨기 〈8코〉
• 실A로 매직 링을 만들어 뜬다. • 단의 끝에서는 첫 코에 빼뜨기하여 연결한다.

2단 한길긴뜨기, 사슬뜨기 〈20코+8사슬〉
• [사슬 5(=한길긴뜨기 기둥코 사슬 3+사슬 2)]로 뜨기 시작한다. • 단의 끝에서는 3번째 사슬에 빼뜨기하여 연결한다.

3단 한길긴뜨기, 사슬뜨기 〈28코+8사슬〉
• 다음 사슬 공간에 [빼뜨기 1+사슬 5(=한길긴뜨기 기둥코 사슬 3+사슬 2)+한길긴뜨기 1]로 뜨기 시작한다. • 단의 끝에서는 3번째 사슬(기둥코의 마지막 사슬)에 빼뜨기하여 연결한다.

4단 한길긴뜨기, 사슬뜨기, 앞걸어 한길긴뜨기 〈36코+24사슬〉
• 다음 사슬 공간에 [빼뜨기 1+사슬 5(=한길긴뜨기 기둥코 사슬 3+사슬 2)+한길긴뜨기 1]로 뜨기 시작한다. • 단의 끝에서는 3번째 사슬(기둥코의 마지막 사슬)에 빼뜨기하여 연결한다.

5단 한길긴뜨기, 사슬뜨기, 앞걸어 한길긴뜨기 〈44코+32사슬〉
• 다음 사슬 공간에 [빼뜨기 1+사슬 5(=한길긴뜨기 기둥코 사슬 3+사슬 2)+한길긴뜨기 1]로 뜨기 시작한다. • 단의 끝에서는 3번째 사슬(기둥코의 마지막 사슬)에 빼뜨기하여 연결한다.

6단 한길긴뜨기, 사슬뜨기, 앞걸어 한길긴뜨기 〈52코+40사슬〉
• 다음 사슬 공간에 [빼뜨기 1+사슬 5(=한길긴뜨기 기둥코 사슬 3+사슬 2)+한길긴뜨기 1]로 뜨기 시작한다. • 단의 끝에서는 3번째 사슬(기둥코의 마지막 사슬)에 빼뜨기하여 연결한다.

7단 짧은뜨기, 앞걸어 짧은뜨기, 사슬뜨기, 앞걸어 긴뜨기/한길긴뜨기/두길긴뜨기, 한길긴뜨기 〈60코+32사슬〉

- 다음 사슬 공간에 [짧은뜨기 2]로 뜨기 시작한다. • 단의 끝에서는 첫 코에 빼뜨기하여 연결한다.

8단 짧은뜨기, 앞걸어 짧은뜨기/긴뜨기/한길긴뜨기, 긴뜨기, 사슬뜨기, 한길긴뜨기 〈84코+16사슬〉
- [짧은뜨기 1]로 뜨기 시작한다. • 단의 끝에서는 첫 코에 빼뜨기하여 연결한다.

9단 짧은뜨기 〈112코〉
- [짧은뜨기 1]로 뜨기 시작한다. • 두 번째 코에 단 마무리를 한다.

> 이 모티브는 같은 X 모양을 가지고 있는 '무지개 방울 사각 모티브(p.52)'와 조합하면 재밌는 모습을 연출할 수 있다. '데이지 휠 사각 모티브(p.88)'와의 조합도 시도해보자.

9단 마무리(p.19 참조)

47 유선형 테두리 사각 모티브 ⑫

A Yarn of Serendipity (Pam Knighton-Haener) — USA
Ⓒ PKnightonHaener　Ⓓ www.pknightonhaener.wordpress.com
f A Yarn of Serendipity

Level 중급
Colors A-라즈베리색, B-베이지색, C-빈티지 핑크, D-흑연색, E-올리브색, F-크림색, G-올드 핑크

INSTRUCTIONS

1단　한길긴뜨기, 사슬뜨기 〈8코+12사슬〉
- 실A로 매직 링을 만들고, [사슬 4(=한길긴뜨기 기둥코 사슬 3+사슬 1)]로 뜨기 시작한다. •4번째 사슬(기둥코 다음 사슬)에 단 마무리를 한다.

2단　한길긴뜨기, 사슬뜨기 〈24코+12사슬〉
- 2-사슬 공간에 실B를 연결하며 첫 코를 스탠딩 스티치로 뜬다.
- 두 번째 코에 단 마무리를 한다.

3단　한길긴뜨기, 사슬뜨기, 앞걸어 짧은뜨기 2코 모아뜨기 〈52코+8사슬〉
- 3-사슬 공간에 실C를 연결하며 첫 코를 스탠딩 스티치로 뜬다.
- 두 번째 코에 단 마무리를 한다.

장식용 테두리　표면 빼뜨기
- 실B를 이용해 편물의 안쪽에서 3단의 꽃잎 라인을 따라 빼뜨기를 한다.

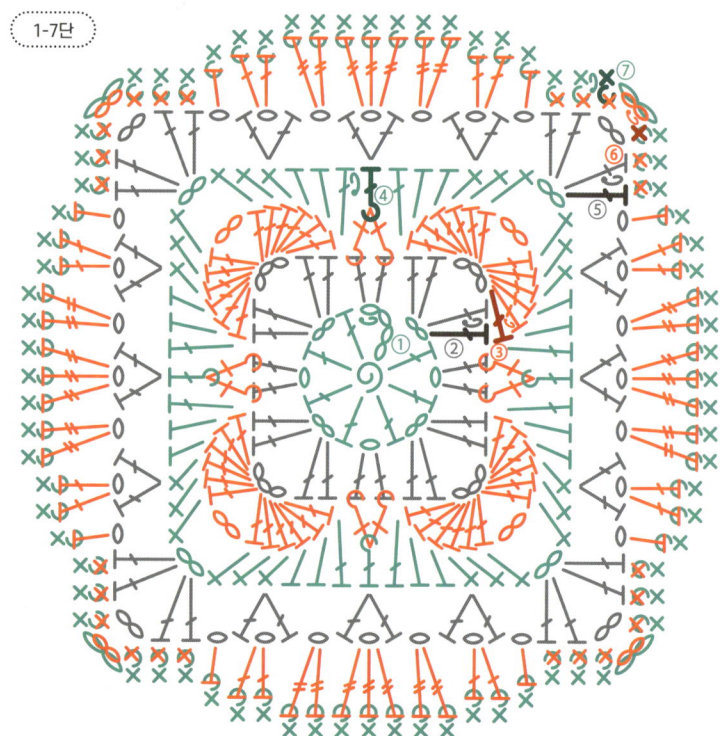

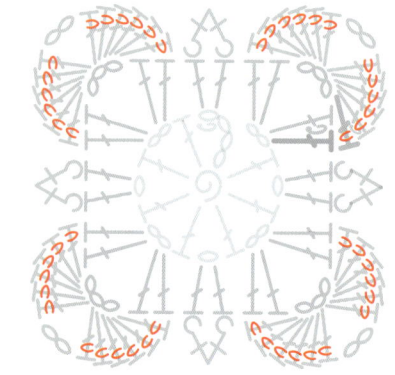

4단 앞걸어 한길긴뜨기, 한길긴뜨기, 긴뜨기, 짧은뜨기, 사슬뜨기 〈52코+8사슬〉
- 앞걸어 짧은뜨기 2코 모아뜨기 코에 실D를 연결하며 첫 코를 스탠딩 스티치로 뜬다.
- 두 번째 코에 단 마무리를 한다.

5단 한길긴뜨기, 사슬뜨기 〈40코+36사슬〉
- 코너의 사슬 공간에 실E를 연결하며 첫 코를 스탠딩 스티치로 뜬다.
- 두 번째 코에 단 마무리를 한다.

6단 짧은뜨기, 사슬뜨기, 긴뜨기, 한길긴뜨기, 두길긴뜨기 〈76코+8사슬〉
- 코너의 사슬 공간에 실F를 연결하며 첫 코를 스탠딩 스티치로 뜬다.
- 첫 번째 짧은뜨기 다음 첫 번째 사슬에 단 마무리를 한다.

7단 뒤걸어 짧은뜨기 〈76코+8사슬〉
- 2-사슬 다음 첫 번째 짧은뜨기 코에 실G를 연결하며 첫 코를 스탠딩 스티치로 뜬다.
- 코너의 사슬 2는 6단의 2-사슬 뒤로 뜬다.
- 두 번째 코에 단 마무리를 한다.

8단 뒤걸어 짧은뜨기, 사슬뜨기, 한길긴뜨기 〈96코+8사슬〉
- 코너를 지나 두 번째 뒤걸어 짧은뜨기 코에 실A를 연결하며 첫 코를 스탠딩 스티치로 뜬다.
- 두 번째 코에 단 마무리를 한다.

9단 한길긴뜨기, 긴뜨기, 짧은뜨기, 뒤쪽 반 코 긴뜨기/한길긴뜨기, 사슬뜨기 〈104코+8사슬〉
- 코너를 지나 첫 번째 뒤걸어 짧은뜨기 코에 실F를 연결하며 첫 코를 스탠딩 스티치로 뜬다.
- 두 번째 코에 단 마무리를 한다.

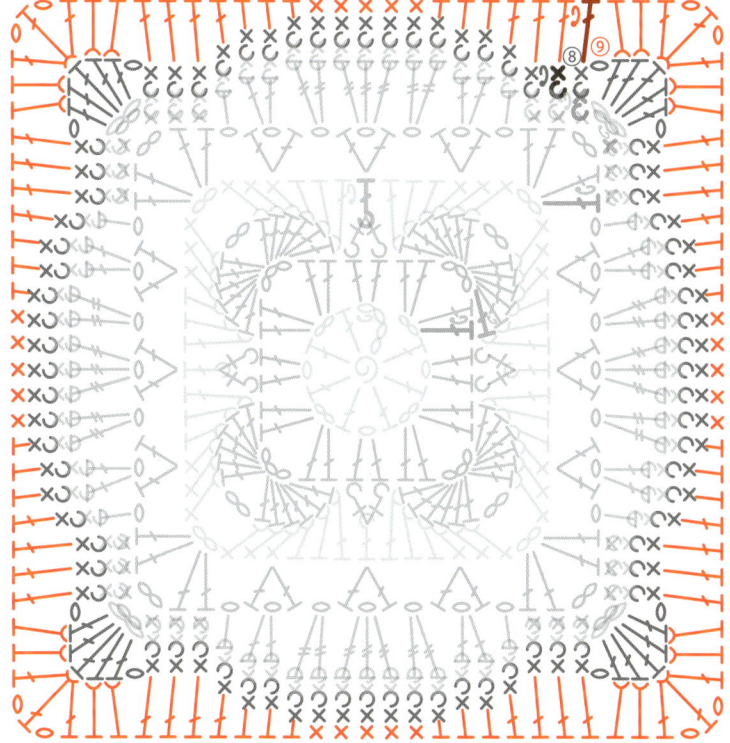

(8-9단)

48 카펫 사각 모티브 112

TurtleBunny Creations (Chrissy Callahan) — United States
 www.turtlebunnycreations.com   @turtlebunnycreations
 TurtleBunnyCreations

Level 중급
Colors A-올드 핑크, B-연한 황갈색, C-크림색

이 모티브는 다른 112코 모티브보다 크기가 다소 크게 떠질 것이다. 따라서 다른 모티브와 연결하고자 한다면 바늘 사이즈를 바꾸어서 뜨는 것이 좋다.

INSTRUCTIONS

Note. 서드 루프에 넣어 뜨는 단의 모양이 제대로 보이게 하려면 다음 단에서 색이 바뀌지 않더라도 전단에서 단 마무리를 하고 실을 새로 연결해서 뜨는 것이 좋다.

1단 짧은뜨기 〈8코〉
• 실A로 매직 링을 만들어 뜬다. • 단의 끝에서는 첫 코에 빼뜨기하여 연결한다.

2단 한길 3코 구슬뜨기, 사슬뜨기 〈8구슬+8사슬〉
• [사슬 3+한길 2코 구슬뜨기](=한길 3코 구슬뜨기)로 뜨기 시작한다. • 단의 끝에서는 첫 코에 빼뜨기하여 연결한다.

3단 한길 3코 구슬뜨기, 사슬뜨기 〈16구슬+20사슬〉
• [사슬 3+한길 2코 구슬뜨기](=한길 3코 구슬뜨기)로 뜨기 시작한다. • 단의 끝에서는 첫 코에 빼뜨기하여 연결한다.

4단 짧은뜨기 〈40코〉
• 다음 사슬 공간에 [짧은뜨기 3]으로 뜨기 시작한다. • 이 단에서는 모두 사슬 공간에 뜬다. • 두 번째 코에 단 마무리를 한다.

5단 서드 루프에 짧은뜨기, 사슬뜨기 〈52코+8사슬〉
• 코너의 3-짧은뜨기 중 첫 번째 코의 서드 루프에 실B를 연결하며 첫 코를 스탠딩 스티치로 뜬다. • 단의 끝에서는 첫 코에 빼뜨기하여 연결한다.

6단 한길 3코 구슬뜨기, 사슬뜨기 〈32구슬+36사슬〉
• 다음 코에 [빼뜨기 1+사슬 3+한길 2코 구슬뜨기]로 뜨기 시작한다. • 단의 끝에서는 첫 코에 빼뜨기하여 연결한다.

7단 짧은뜨기 〈72코〉
• 다음 사슬 공간에 [짧은뜨기 2]로 뜨기 시작한다. • 모두 사슬 공간에 뜬다. • 두 번째 코에 단 마무리를 한다.

♀ 단 마무리(p.19 참조)   ∨ 서드 루프에 뜨기(p.15 참조)

8단 서드 루프에 짧은뜨기 〈84코+8사슬〉
- 코너의 3-짧은뜨기 중 첫 번째 코의 서드 루프에 실C를 연결하며 첫 코를 스탠딩 스티치로 뜬다. • 단의 끝에서는 첫 코에 빼뜨기하여 연결한다.

9단 한길 3코 구슬뜨기, 사슬뜨기 〈48구슬+52사슬〉
- 다음 코에 [빼뜨기 1+사슬 3+한길 2코 구슬뜨기]로 뜨기 시작한다. • 단의 끝에서는 첫 코에 빼뜨기하여 연결한다.

10단 짧은뜨기 〈100코〉
- 다음 사슬 공간에 [짧은뜨기 2]로 뜨기 시작한다. • 모두 사슬 공간에 뜬다. • 두 번째 코에 단 마무리를 한다.

11단 서드 루프에 긴뜨기 〈112코〉
- 코너의 3-짧은뜨기 중 첫 번째 코의 서드 루프에 실C를 연결하며 첫 코를 스탠딩 스티치로 뜬다. • 단의 끝에서는 첫 코에 빼뜨기하여 연결한다.

장식용 테두리(도안에서는 생략됨)
- **5a단** 4단 바깥쪽에 빼뜨기 머리가 생기도록 실C로 5단 짧은뜨기를 감싸며 빼뜨기를 한다. 〈48코〉
- **8a단** 7단 바깥쪽에 빼뜨기 머리가 생기도록 실A로 8단 짧은뜨기를 감싸며 빼뜨기를 한다. 〈80코〉
- **11a단** 10단 바깥쪽에 빼뜨기 머리가 생기도록 실B로 11단 짧은뜨기를 감싸며 빼뜨기를 한다. 〈108코〉

자수 놓기
우븐 휠 스티치로 모티브 중앙에 장미를, 디태치드 체인 스티치로 이파리를 수놓는다.

• **우븐 휠 스티치**   별 모양을 만드는 바퀴살 모양의 스트레이트 스티치를 한 후 바늘을 별의 중심 부분에서 뒤에서 앞으로 빼낸다. 그리고 나선형으로 돌아가며 각 바퀴살을 아래, 위로 교차하여 지난다.

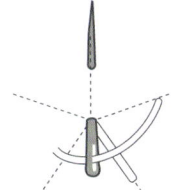 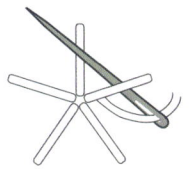 

• **디태치드 체인 스티치**   바늘을 뒤에서 앞으로 빼낸 다음, 다시 같은 곳으로 바늘을 넣었다가 약간 위쪽에서 바늘 끝을 뺀다. 실을 바늘 아래로 감고 바늘을 당겨 빼면 고리가 생긴다. 다시 약간 위쪽으로 바늘을 넣어 뒤로 빼낸다.

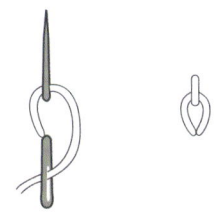

> 이 모티브는 카펫에서 영감을 받아 디자인한 작품이다. 중앙에 수놓은 자수를 다른 색상으로 매치해도 좋고, 사진에서처럼 자수는 놓치 않고 원래의 모티브를 여러 개 연결해도 좋다.

49 썬러버 사각 모티브 ⑫

RedAgape (Mandy O'Sullivan) — Australia
@crochetbyredagape www.redagapeblog.com redagapeblog

Level 중급
Colors A-해바라기색, B-복숭아색, C-작약 핑크

INSTRUCTIONS

1단 한길 5코 팝콘뜨기, 사슬뜨기 〈6코+6사슬〉
- 실A로 매직 링을 만들어 뜬다. • 단의 끝에서는 첫 번째 팝콘뜨기 코에 빼뜨기하여 연결한다.

Note. 첫 번째 한길 5코 팝콘뜨기=기둥코 사슬 3(=한길긴뜨기 1)+한길긴뜨기 4+바늘을 뺐다가 기둥코의 3번째 사슬에 바늘을 넣고 바늘 끝에 마지막 고리를 걸어 빼낸 다음, [사슬 1]로 마무리한다(마지막 사슬은 별도의 코로 세지 않음).

2단 한길 5코 팝콘뜨기, 사슬뜨기 〈12코+24사슬〉
- 다음 사슬 공간에 [빼뜨기 1+한길 5코 팝콘뜨기+…]로 뜨기 시작한다. • 단의 끝에서는 첫 번째 팝콘뜨기 코에 빼뜨기하여 연결한다.

3단 짧은뜨기 〈36코〉
- 다음 사슬 공간에 [짧은뜨기 3]으로 뜨기 시작한다. • 두 번째 코에 단 마무리를 한다.

4단 빼뜨기, 사슬뜨기 〈12코+60사슬〉
- 첫 번째 짧은뜨기에 실B를 연결하며 첫 코를 스탠딩 스티치로 뜬다. • 단의 끝에서는 첫 코(빼뜨기)에 빼뜨기하여 연결한다.

5단 빼뜨기, 사슬뜨기, 두길긴뜨기 〈12개의 꽃잎〉
- 3단의 뜨지 않은 짧은뜨기(두 번째 짧은뜨기 코)에 [빼뜨기 1+사슬 4+두길긴뜨기 2+사슬 2]로 뜨기 시작한다. • 모두 4단의 사슬 앞에서 3단의 뜨지 않은 짧은뜨기 코에 뜬다. • 단의 끝에서는 첫 코(빼뜨기)에 빼뜨기하여 연결한다.

6단 빼뜨기, 사슬뜨기, 두길긴뜨기 〈12개의 꽃잎〉
- 뒤쪽에 있는 4단의 사슬 공간에 [빼뜨기 1+사슬 4+두길긴뜨기 4+…]로 뜨기 시작한다. • 첫 번째 빼뜨기 다음 첫 번째 사슬에 단 마무리를 한다.

7단 빼뜨기, 사슬뜨기 〈12코+60사슬〉
- 5단에서 만들어진 꽃잎과 꽃잎 사이에 실B를 연결하며 첫 코를 스탠딩 스티치로 뜬다. • 단의 끝에서는 첫 코(빼뜨기)에 빼뜨기하여 연결한다.

8단 두길긴뜨기, 사슬뜨기 〈48코+12사슬〉
- 다음 사슬 공간에 [빼뜨기 1+기둥코 사슬 4(=두길긴뜨기 1)+두길긴뜨기 2+…]로 뜨기 시작한다. • 두 번째 코, 즉 기둥코가 아닌 첫 번째 실제 두길긴뜨기 코에 단 마무리를 한다.

1-4단

단 마무리(p.19 참조)

9단 한길긴뜨기, 사슬뜨기 〈64코+12사슬〉
- 코너의 사슬 공간에 실C를 연결하며 첫 코를 스탠딩 스티치로 뜬다. • 단의 끝에서는 첫 코에 빼뜨기하여 연결한다.

10단 한길긴뜨기, 사슬뜨기 〈80코+12사슬〉
- 다음 코에 [빼뜨기 1] → 다음 사슬 공간에 [빼뜨기 1+기둥코 사슬 3(=한길긴뜨기 1)+한길긴뜨기 1+…]로 뜨기 시작한다. • 두 번째 코, 즉 기둥코가 아닌 첫 번째 실제 한길긴뜨기 코에 단 마무리를 한다.

11단 짧은뜨기, 사슬뜨기 〈104코+8사슬〉
- 코너의 사슬 공간에 실A를 연결하며 첫 코를 스탠딩 스티치로 뜬다. • 두 번째 코에 단 마무리를 한다.

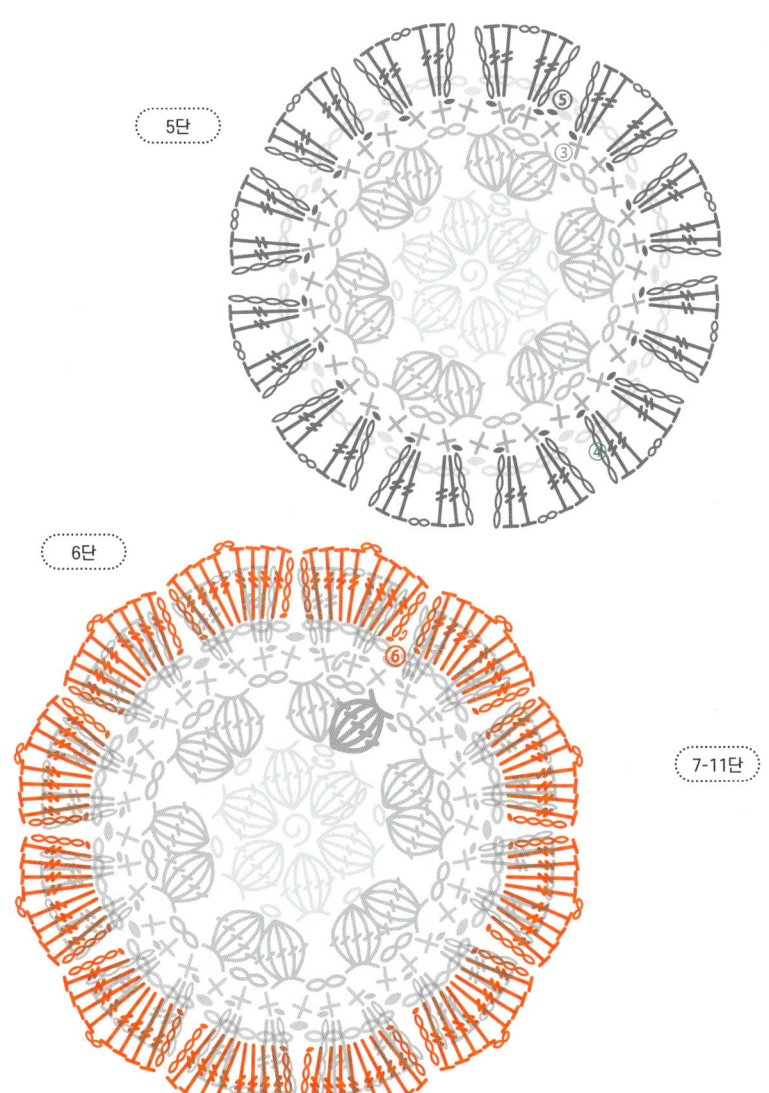

50 블랙 앤 화이트 사각 모티브 ⓜ

TurtleBunny Creations (Chrissy Callahan) — United States
🏀 www.turtlebunnycreations.com ⓘ @turtlebunnycreations
f TurtleBunnyCreations

Level 중급
Colors A-크림색, B-흑연색

INSTRUCTIONS

Note. 편물이 울 수 있으므로 사슬을 너무 타이트하게 뜨지 않도록 주의한다.

1단 짧은뜨기 〈9코〉
- 실A로 매직 링을 만들어 뜬다. • 단의 끝에서는 첫 코에 빼뜨기하여 연결한다.

2단 한길긴뜨기, 앞걸어 한길긴뜨기 〈18코〉
- [기둥코 사슬 3(=한길긴뜨기 1)]으로 뜨기 시작한다. • 단의 끝에서는 3번째 사슬에 빼뜨기하여 연결한다.

3단 짧은뜨기, 앞걸어 긴뜨기 2코 모아뜨기 〈27코〉
- 다음 코에 [짧은뜨기 2]로 뜨기 시작한다. • 단의 끝에서는 첫 코에 빼뜨기하여 연결한다.

4단 짧은뜨기 〈36코〉
- [짧은뜨기 1]로 뜨기 시작한다. • 단의 끝에서는 첫 코에 빼뜨기하여 연결한다.

5단 한길긴뜨기, 사슬뜨기 〈24코+36사슬〉
- 사슬 5(=한길긴뜨기 기둥코 사슬 3+사슬 2)]로 뜨기 시작한다. • 단의 끝에서는 3번째 사슬(기둥코 마지막 사슬)에 빼뜨기하여 연결한다.

6단 짧은뜨기, 앞걸어 짧은뜨기 〈60코〉
- 다음 2-사슬 공간에 [짧은뜨기 3]으로 뜨기 시작한다. • 두 번째 코에 단 마무리를 한다.

7단 짧은뜨기, 사슬뜨기 〈36코+12사슬〉
- 5단의 뜨지 않은 1-사슬 공간에 실B를 연결하며 첫 코를 스탠딩 스티치로 뜬다. • 모두 6단의 뒤에서 5단의 1-사슬 공간에 뜬다. • 단의 끝에서는 첫 코에 빼뜨기하여 연결한다.

8단 한길긴뜨기, 사슬뜨기 〈24코+36사슬〉

- [사슬 4(=한길긴뜨기 기둥코 사슬 3+사슬 1)]로 뜨기 시작한다. • 단의 끝에서는 3번째 사슬(기둥코 마지막 사슬)에 빼뜨기하여 연결한다.

9단 앞걸어 짧은뜨기, 짧은뜨기 〈72코〉

- 8단의 시작 부분에 있는 3-사슬에 [앞걸어 짧은뜨기 1]로 뜨기 시작한다. • 두 번째 코에 단 마무리를 한다.

10단 한길긴뜨기, 사슬뜨기 〈60코+16사슬〉

- 8단의 뜨지 않은 1-사슬 공간에 실A를 연결하며 첫 코를 스탠딩 스티치로 뜬다. • 모두 9단의 뒤에서 8단의 뜨지 않은 1-사슬 공간에 뜬다. • 단의 끝에서는 첫 코에 빼뜨기하여 연결한다.

11단 한길긴뜨기, 사슬뜨기 〈32코+52사슬〉

- [사슬 4(=한길긴뜨기 기둥코 사슬 3+사슬 1)]로 뜨기 시작한다. • 단의 끝에서는 3번째 사슬에 빼뜨기하여 연결한다.

12단 앞걸어 긴뜨기, 짧은뜨기, 앞걸어 짧은뜨기 〈120코〉

- 11단의 시작 부분에 있는 3-사슬에 [앞걸어 긴뜨기 1]로 뜨기 시작한다. • 두 번째 코에 단 마무리를 한다.

13단 짧은뜨기, 사슬뜨기 〈32코+80사슬〉

- 11단의 뜨지 않은 1-사슬 공간 중 가장 오른쪽에 있는 곳에 실B를 연결하며 첫 코를 스탠딩 스티치로 뜬다. • 모두 12단의 뒤에서 11단의 1-사슬 공간에 뜬다. • 단의 끝에서는 첫 코에 빼뜨기하여 연결한다.

14단 짧은뜨기 〈112코〉

- 같은 곳에 [짧은뜨기 1]로 뜨기 시작한다. • 두 번째 코에 단 마무리를 한다.

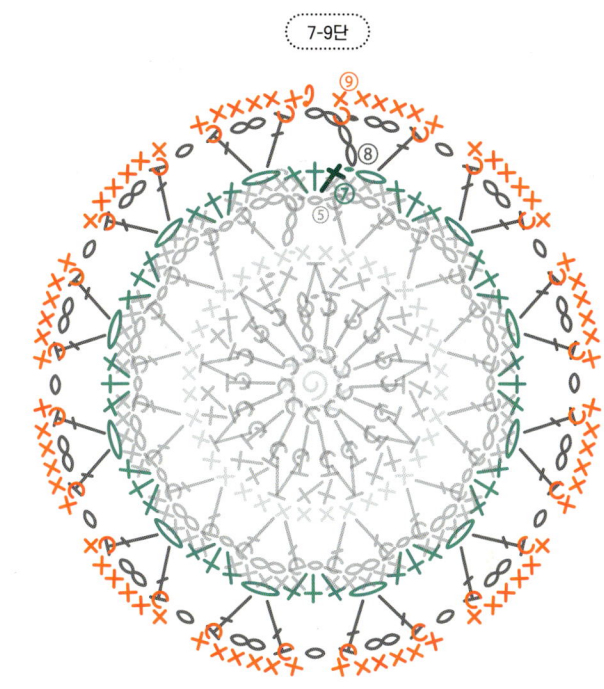

이 모티브는 두 가지 컬러만 사용하여 개성있는 아름다움을 표현하였다. 5가지 정도의 색상을 다양하게 조합하여 완전히 다른 느낌의 작품을 만들어 보아도 좋을 것이다.

51 레몬과 라임 사각 모티브 ⓘ

A Yarn of Serendipity (Pam Knighton-Haener) — USA
ⓔ PKnightonHaener ⓦ www.pknightonhaener.wordpress.com
ⓕ A Yarn of Serendipity

Level 초급, 중급
Colors A-레몬색, B-연두색

INSTRUCTIONS

1단　한길긴뜨기, 사슬뜨기 ⟨4코+8사슬⟩
• 실A로 매직 링을 만들고, [사슬 5(=한길긴뜨기 기둥코 사슬 3+사슬 2)]로 뜨기 시작한다.
• 4번째 사슬(기둥코 다음 사슬)에 단 마무리를 한다.

2단　한길긴뜨기, 사슬뜨기 ⟨20코+8사슬⟩
• 사슬 공간에 실A를 연결하며 첫 코를 스탠딩 스티치로 뜬다.
• 두 번째 코에 단 마무리를 한다.

3단　두길긴뜨기, 사슬뜨기, 한길긴뜨기 ⟨36코+8사슬⟩
• 2-사슬 공간에 실B를 연결하며 첫 코를 스탠딩 스티치로 뜬다.
• 단의 끝에서는 첫 코에 빼뜨기하여 연결한다.

4단　한길긴뜨기, 사슬뜨기 ⟨36코+32사슬⟩
• 다음 코에 [빼뜨기 1] → 다음 사슬 공간에 [빼뜨기 1+기둥코 사슬 3(=한길긴뜨기 1)+한길긴뜨기 1+⋯]로 뜨기 시작한다.
• 두 번째 코에 단 마무리를 한다.

5단　짧은뜨기, 사슬뜨기, 긴뜨기, 앞걸어 짧은뜨기 2코 모아뜨기, 앞걸어 짧은뜨기 ⟨60코+16사슬⟩
• 코너의 2-사슬 공간에 실A를 연결하며 첫 코를 스탠딩 스티치로 뜬다.
• 첫 번째 짧은뜨기 다음 첫 번째 사슬에 단 마무리를 한다.

6단　한길긴뜨기, 사슬뜨기, 뒤쪽 반 코 한길긴뜨기, 한길 5코 모아뜨기 ⟨68코+24사슬⟩
• 코너의 2-사슬 공간에 실B를 연결하며 첫 코를 스탠딩 스티치로 뜬다.
• 모아뜨기는 4단의 한길긴뜨기 코를 주워 뜬다.
• 두 번째 코에 단 마무리를 한다.

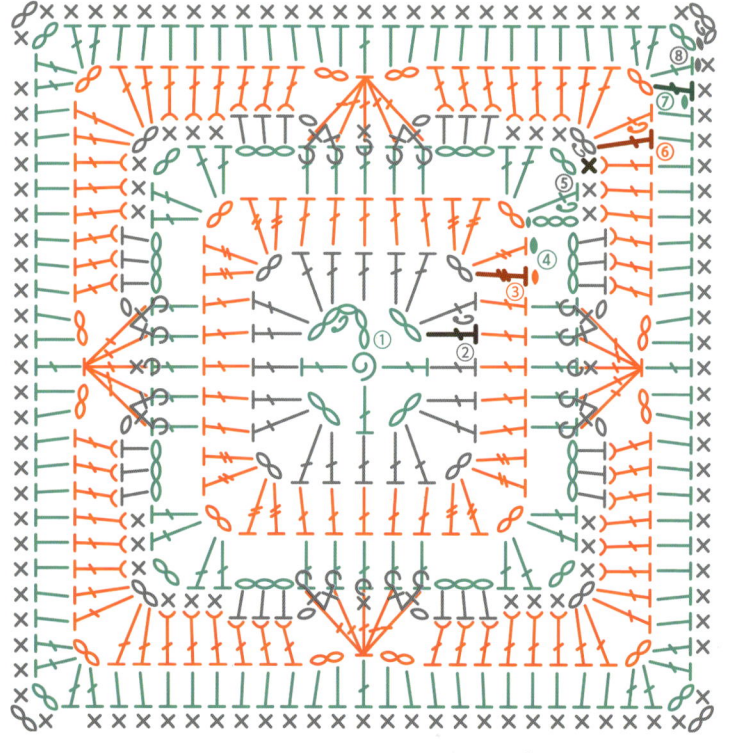

⑨ 단 마무리(p.19 참조)

7단　한길긴뜨기, 사슬뜨기, 긴뜨기 〈100코+8사슬〉
- 코너의 2-사슬 공간에 실A를 연결하며 첫 코를 스탠딩 스티치로 뜬다.
- 단의 끝에서는 첫 코에 빼뜨기하여 연결한다.

8단　짧은뜨기, 사슬뜨기 〈104코+8사슬〉
- 다음 코에 [빼뜨기 1] → 다음 사슬 공간에 [빼뜨기 1+기둥코 사슬 2(=짧은뜨기 1)+사슬 2+짧은뜨기 1]로 뜨기 시작한다.
- 2번째 사슬에 단 마무리를 한다.

{ 작품에서 사용된 레몬과 라임 색이 아니더라도, 어울리는 두 가지 색상을 배합해서 예쁜 사각 모티브를 떠보자. }

52 레인보우 블라섬 사각 모티브 112

Crafty CC (Celine Semaan) — Australia
@crafty_cc   www.craftycc.com

Level 중급
Colors A-자줏빛 보라, B-크림색, C-아쿠아블루, D-피스타치오색, E-해바라기색, F-파파야색, G-진한 분홍

INSTRUCTIONS

1단   한길긴뜨기 〈12코〉
- 실A로 매직 링을 만들고, [기둥코 사슬 3(=한길긴뜨기 1)]으로 뜨기 시작한다. • 두 번째 코에 단 마무리를 하고, 편물을 뒤집어 안쪽이 보이도록 한다.

2단   한길 5코 구슬뜨기, 사슬뜨기 〈6구슬+18사슬〉
- 임의의 코에 실B를 연결하며 첫 코를 스탠딩 스티치로 뜬다. • 첫 번째 구슬뜨기 다음 첫 번째 사슬에 단 마무리를 하고, 편물을 뒤집어 겉쪽이 보이도록 한다.

3단   긴뜨기, 짧은뜨기 〈24코〉
- 2단에서 건너뛴 1단의 코에 실C를 연결하며 첫 코를 스탠딩 스티치로 뜬다. • 긴뜨기는 1단의 코에, 짧은뜨기는 2단의 코에 뜬다. • 단의 끝에서는 첫 코에 빼뜨기하여 연결한다.

4단   빼뜨기, 긴뜨기 〈48코〉
- 다음 코에 [빼뜨기 1]로 뜨기 시작한다. • 첫 번째 빼뜨기 다음 첫 번째 긴뜨기 코에 단 마무리를 한다.

5단   긴뜨기, 사슬뜨기 〈42코+24사슬〉
- 4단의 빼뜨기 코에 실D를 연결하며 첫 코를 스탠딩 스티치로 뜬다. • 두 번째 코에 단 마무리를 한다.

6단   서드 루프에 긴뜨기, 사슬뜨기 〈42코+30사슬〉
- 4단의 7-긴뜨기 중 4번째 코의 서드 루프에 실E를 연결하며 첫 코를 스탠딩 스티치로 뜬다. • 서드 루프에 긴뜨기는 5단의 사슬 줄을 감싸서 4단의 코에 뜬다. • 두 번째 코에 단 마무리를 한다.

7단   서드 루프에 긴뜨기, 사슬뜨기 〈42코+30사슬〉
- 5단의 7-긴뜨기 중 4번째 코의 서드 루프에 실F를 연결하며 첫 코를 스탠딩 스티치로 뜬다. • 서드 루프에 긴뜨기는 6단의 사슬 줄을 감싸서 5단의 코에 뜬다. • 두 번째 코에 단 마무리를 한다.

8단   서드 루프에 긴뜨기, 사슬뜨기 〈42코+30사슬〉
- 6단의 7-긴뜨기 중 4번째 코의 서드 루프에 실G를 연결하며 첫 코를 스탠딩 스티치

로 뜬다. •서드 루프에 긴뜨기는 7단의 사슬 줄을 감싸서 6단의 코에 뜬다. •두 번째 코에 단 마무리를 한다.

9단 서드 루프에 빼뜨기, 사슬뜨기 〈12코+72사슬〉
• 8단의 7-긴뜨기 중 4번째 코의 서드 루프에 실B를 연결하며 첫 코를 스탠딩 스티치로 뜬다. •서드 루프에 빼뜨기는 8단의 4번째 긴뜨기 코 또는 8단의 사슬 줄을 감싸서 7단의 4번째 긴뜨기 코에 뜬다. •단의 끝에서는 첫 코에 빼뜨기하여 연결한다.

10단 두길긴뜨기, 사슬뜨기, 한길긴뜨기 〈72코+12사슬〉
• 다음 사슬 공간에 [빼뜨기 1+기둥코 사슬 4(=두길긴뜨기 1)+두길긴뜨기 3+…]으로 뜨기 시작한다. •단의 끝에서는 4번째 사슬에 빼뜨기하여 연결한다.

11단 긴뜨기, 사슬뜨기 〈92코+8사슬〉
• [다음 코에 빼뜨기 1]×3 → 다음 사슬 공간에 [빼뜨기 1+기둥코 사슬 2(=긴뜨기 1)+긴뜨기 1+…]로 뜨기 시작한다. •단의 끝에서는 2번째 사슬에 빼뜨기하여 연결한다.

12단 긴뜨기, 사슬뜨기 〈108코+4사슬〉
• 다음 코에 [빼뜨기 1] → 다음 사슬 공간에 [빼뜨기 1+기둥코 사슬 2(=긴뜨기 1)+긴뜨기 1 …]로 뜨기 시작한다. •첫 번째 실제 긴뜨기 코에 단 마무리를 한다.

10-12단

53 강강술래 사각 모티브

TurtleBunny Creations (Chrissy Callahan) — United States
www.turtlebunnycreations.com   @turtlebunnycreations
f TurtleBunnyCreations

Level 중급
Colors A-흑연색, B-크림색, C-은회색

INSTRUCTIONS

1단 한길긴뜨기, 사슬뜨기 〈12코+8사슬〉
• 실A로 매직 링을 만들고, [기둥코 사슬 3(=한길긴뜨기 1)]으로 뜨기 시작한다. • 단의 끝에서는 3번째 사슬에 빼뜨기하여 연결한다.

2단 짧은뜨기 〈28코〉
• [짧은뜨기 1]로 뜨기 시작한다. • 두 번째 코에 단 마무리를 한다.

Note. 도안에서 3단의 겹뜨기 기호 때문에 코너의 사슬 공간에 뜨는 짧은뜨기 기호가 잘 보이지 않는데, 2단~11단까지 모두 코너의 사슬 공간에 뜨는 짧은뜨기의 개수는 4개이다.

3단 한길긴뜨기 겹뜨기, 사슬뜨기 〈24코+12사슬〉
• 1단 코너의 사슬 공간에 실B를 연결하며 첫 코를 스탠딩 스티치로 뜬다. • 한길긴뜨기 겹뜨기는 2단의 짧은뜨기를 감싸며 1단의 사슬 공간에 뜬다. • 단의 끝에서는 첫 코에 빼뜨기하여 연결한다.

Note. 한길긴뜨기 겹뜨기 스탠딩 스티치: 한길긴뜨기 스탠딩 스티치와 같은 방법으로 뜨되, 2단 이상 아래에 있는 코(공간)에 뜨게 되므로, 지정된 코(공간)에 바늘을 넣고 실을 걸어 뺄 때 충분한 높이가 되도록 실을 당겨준다.

4단 짧은뜨기 〈44코〉
• [짧은뜨기 1]로 뜨기 시작한다. • 두 번째 코에 단 마무리를 한다.

5단 한길긴뜨기 겹뜨기, 사슬뜨기 〈36코+16사슬〉
• 3단 코너의 사슬 공간에 실A를 연결하며 첫 코를 스탠딩 스티치로 뜬다. • 한길긴뜨기 겹뜨기는 4단의 짧은뜨기를 감싸며 3단의 사슬 공간에 뜬다. • 단의 끝에서는 첫 코에 빼뜨기하여 연결한다.

6단 짧은뜨기 〈60코〉
• [짧은뜨기 1]로 뜨기 시작한다. • 두 번째 코에 단 마무리를 한다.

단 마무리(p.19 참조)   한길긴뜨기 겹뜨기   겹짧은뜨기

7단 한길긴뜨기 겹뜨기, 사슬뜨기 〈32코+36사슬〉

• 5단 코너의 사슬 공간에 실C를 연결하며 첫 코를 스탠딩 스티치로 뜬다. • 한길긴뜨기 겹뜨기는 6단의 짧은뜨기를 감싸며 5단의 사슬 공간에 뜬다. • 단의 끝에서는 첫 코에 빼뜨기하여 연결한다.

8단 짧은뜨기, 겹짧은뜨기 〈76코〉

• [짧은뜨기 1]로 뜨기 시작한다. • 직선 구간의 중심에 뜨는 겹짧은뜨기는 7단의 사슬과 6단의 짧은뜨기를 감싸며 5단의 짧은뜨기 코에 뜬다. • 두 번째 코에 단 마무리를 한다.

9단 한길긴뜨기 겹뜨기, 사슬뜨기 〈56코+28사슬〉

• 7단 코너의 사슬 공간에 실B를 연결하며 첫 코를 스탠딩 스티치로 뜬다. • 한길긴뜨기 겹뜨기는 8단의 짧은뜨기를 감싸며 7단의 사슬 공간에 뜬다. • 단의 끝에서는 첫 코에 빼뜨기하여 연결한다.

10단 짧은뜨기 〈92코〉

• [짧은뜨기 1]로 뜨기 시작한다. • 두 번째 코에 단 마무리를 한다.

11단 겹짧은뜨기, 사슬뜨기 〈52코+52사슬〉

• 9단 코너의 사슬 공간에 실A를 연결하며 첫 코를 스탠딩 스티치로 뜬다. • 겹짧은뜨기는 10단의 짧은뜨기를 감싸며 9단의 사슬 공간에 뜬다. • 단의 끝에서는 첫 코에 빼뜨기하여 연결한다.

12단 짧은뜨기 〈112코〉

• [짧은뜨기 1]로 뜨기 시작한다. • 두 번째 코에 단 마무리를 한다.

> 이 모티브는 손에 손을 잡고 빙빙 도는 강강술래처럼 표현하였다. 이 작품에서는 세 가지 색으로 배색했는데, 서로 대비가 강한 색을 매치해야 개성이 살아난다.

54 풍성한 다발꽃 사각 모티브 112

RedAgape (Mandy O'Sullivan) — Australia
@crochetbyredagape www.redagapeblog.com redagapeblog

Level 중급
Colors A-해바라기색, B-복숭아색, C-파스텔 핑크, D-풋사과색, E-크림색

INSTRUCTIONS

1단 한길 5코 팝콘뜨기, 사슬뜨기 〈6코+6사슬〉
- 실A로 매직 링을 만들어 뜬다. • 두 번째 코에 단 마무리를 한다.

Note. 첫 번째 한길 5코 팝콘뜨기=기둥코 사슬 3(=한길긴뜨기 1)+한길긴뜨기 4+바늘을 뺐다가 기둥코의 3번째 사슬에 바늘을 넣고 바늘 끝에 마지막 고리를 걸어 빼낸 다음, [사슬 1]로 마무리한다(마지막 사슬은 별도의 코로 세지 않음).

2단 한길 5코 팝콘뜨기, 사슬뜨기 〈12코+24사슬〉
- 사슬 공간에 실B를 연결하며 첫 코를 스탠딩 스티치로 뜬다. • 단의 끝에서는 첫 코(팝콘뜨기)에 빼뜨기하여 연결한다.

3단 짧은뜨기 〈36코〉
- 다음 사슬 공간에 [짧은뜨기 3]으로 뜨기 시작한다. • 두 번째 코에 단 마무리를 한다.

4단 빼뜨기, 사슬뜨기 〈12코+60사슬〉
- 3-짧은뜨기 중 첫 번째 코에 실C를 연결하며 첫 코를 스탠딩 스티치로 뜬다. • 단의 끝에서는 첫 코에 빼뜨기하여 연결한다.

5단 빼뜨기, 사슬뜨기, 두길긴뜨기 〈12개의 꽃잎〉
- 4단의 5-사슬을 아래로 두고, 3단의 3-짧은뜨기 중 두 번째 코에 [빼뜨기 1+사슬 4+두길긴뜨기 2+사슬 2]로 뜨기 시작한다.

6단 사슬뜨기, 두길긴뜨기, 빼뜨기 〈12개의 꽃잎〉
- 4단의 사슬 공간에 [빼뜨기 1+사슬 4+두길긴뜨기 4+사슬 2+ …]로 뜨기 시작한다.
- 첫 번째 빼뜨기 다음 첫 번째 사슬에 단 마무리를 한다.

7단 빼뜨기, 사슬뜨기 〈12코+60사슬〉
- 꽃잎 사이에 실D를 연결하며 첫 코를 스탠딩 스티치로 뜬다. • 단의 끝에서는 첫 코(빼뜨기)에 빼뜨기하여 연결한다.

8단 두길긴뜨기 〈48코〉
- 다음 사슬 공간에 [빼뜨기 1+기둥코 사슬 4(=두길긴뜨기 1)+두길긴뜨기 3]으로 뜨기 시작한다. • 단의 끝에서는 4번째 사슬에 빼뜨기하여 연결한다.

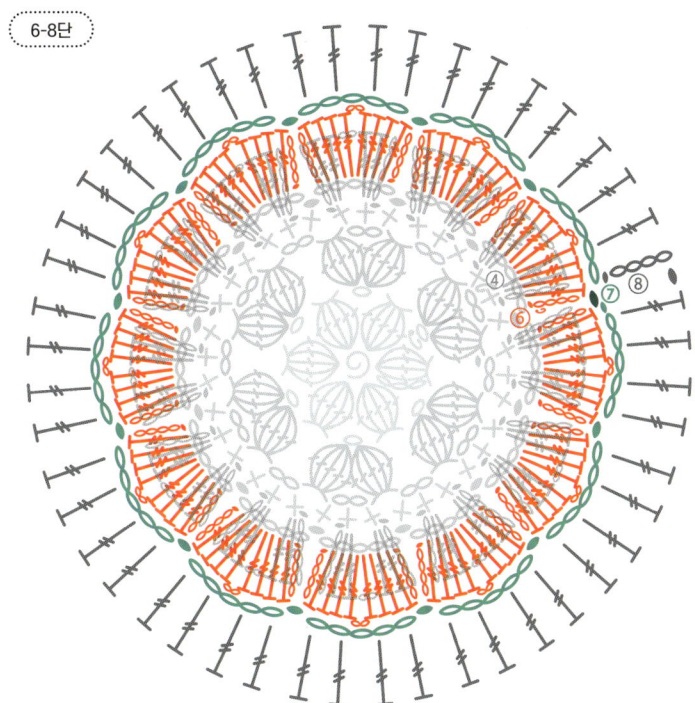

6-8단

9단   한길긴뜨기, 사슬뜨기, 빼뜨기 〈32코+60사슬〉

- [다음 코에 빼뜨기 1]×3 → 4-두길긴뜨기 뜨개 사이에 [빼뜨기 1+기둥코 사슬 3(=한길긴뜨기 1)+한길긴뜨기 2+…]로 뜨기 시작한다. • 이후 한길긴뜨기와 빼뜨기는 모두 4-두길긴뜨기 뜨개 사이에 뜬다. • 두 번째 코, 즉 기둥코가 아닌 첫 번째 실제 한길긴뜨기 코에 단 마무리를 한다.

10단   한길긴뜨기, 사슬뜨기 〈72코+28사슬〉

- 코너의 3-사슬 공간에 실E를 연결하며 첫 코를 스탠딩 스티치로 뜬다. • 두 번째 코에 단 마무리를 한다.

11단   긴뜨기, 사슬뜨기, 한길긴뜨기, 앞걸어 두길긴뜨기 〈104코+8사슬〉

- 코너의 3-사슬 공간에 실C를 연결하며 첫 코를 스탠딩 스티치로 뜬다. • 앞걸어 두길긴뜨기는 9단의 빼뜨기 코에 뜬다. • 두 번째 코에 단 마무리를 한다.

> 이 모티브는 입체감이 풍부한 패턴으로, 크기와 밀도가 비슷한 '겹꽃 사각 모티브 (p.196)'와 잘 어울린다.

9-11단

55 스윗 피치 사각 모티브 ⑧⓪

Yarn Blossom Boutique (Melissa Bradley) — USA
 @yarnblossomboutique yarnblossomboutique

Level 중급
Colors A-바닐라색, B-작약 핑크, C-크림색

INSTRUCTIONS

1단 한길긴뜨기, 사슬뜨기 〈8코+8사슬〉
• 실A로 매직 링을 만들고, [사슬 4(=한길긴뜨기 기둥코 사슬 3+사슬 1)]로 뜨기 시작한다. • 단의 끝에서는 3번째 사슬에 빼뜨기하여 연결한다.

2단 한길긴뜨기, 앞걸어 한길긴뜨기 〈24코〉
• 다음 사슬 공간에 [빼뜨기 1+기둥코 사슬 3(=한길긴뜨기 1)+한길긴뜨기 1]로 뜨기 시작한다. • 두 번째 코에 단 마무리를 한다.

3단 앞걸어 짧은뜨기, 사슬뜨기 〈8코+32사슬〉
• 앞걸어 한길긴뜨기 코에 실B를 연결하며 첫 코를 스탠딩 스티치로 뜬다. • 단의 끝에서는 첫 코에 빼뜨기하여 연결한다.

4단 한길긴뜨기, 사슬뜨기, 앞걸어 한길긴뜨기 〈40코+16사슬〉
• 다음 사슬 공간에 [빼뜨기 1+기둥코 사슬 3(=한길긴뜨기 1)+한길긴뜨기 1+…]로 뜨기 시작한다. • 단의 끝에서는 3번째 사슬에 빼뜨기하여 연결한다.

5단 한길긴뜨기, 앞걸어 짧은뜨기 〈64코〉
• 다음 사슬 공간에 [한길긴뜨기 7]로 뜨기 시작한다. • 두 번째 코에 단 마무리를 한다.

6단 긴뜨기, 사슬뜨기, 짧은뜨기 〈16코+64사슬〉
• 앞걸어 짧은뜨기 코에 실C를 연결하며 첫 코를 스탠딩 스티치로 뜬다. • 단의 끝에서는 첫 코에 빼뜨기하여 연결한다.

7단 긴뜨기, 짧은뜨기, 한길긴뜨기, 두길긴뜨기, 사슬뜨기 〈72코+8사슬〉
• 다음 사슬 공간에 [빼뜨기 1+기둥코 사슬 2(=긴뜨기 1)+긴뜨기 1+짧은뜨기 2]로 뜨기 시작한다. • 두 번째 코, 즉 기둥코가 아닌 첫 번째 실제 긴뜨기 코에 단 마무리를 한다.

이 모티브는 여러 가지 방법으로 배색하여 다른 분위기를 연출할 수 있다. '알사탕 사각 모티브(p.40)'와 조합하면 잘 어울린다.

단 마무리(p.19 참조)

56 8개의 꽃 사각 모티브 ⓧ

inas.craft (Inas Fadil Basymeleh) — Indonesia
@inas.craft www.inascraft.com

Level 중급
Colors A-크림색, B-자주색, C-보라색, D-파스텔 핑크, E-자줏빛 보라

INSTRUCTIONS

1단 짧은뜨기 〈8코〉
- 실A로 매직 링을 만들어 뜬다. • 단의 끝에서는 첫 코에 빼뜨기하여 연결한다.

2단 짧은뜨기, 사슬뜨기 〈8코+8사슬〉
- [짧은뜨기 1+사슬 1]로 뜨기 시작한다. • 첫 번째 짧은뜨기 다음 사슬에 단 마무리를 한다.

3단 한길 4코 팝콘뜨기, 사슬뜨기 〈8코+16사슬〉
- 사슬 공간에 실B를 연결하며 첫 코를 스탠딩 스티치로 뜬다. • 첫 번째 팝콘뜨기 다음 첫 번째 사슬에 단 마무리를 한다.

4단 긴뜨기, 사슬뜨기, 앞걸어 두길긴뜨기 〈24코+32사슬〉
- 팝콘뜨기 코에 실C를 연결하며 첫 코를 스탠딩 스티치로 뜬다. • 앞걸어 두길긴뜨기는 2단의 짧은뜨기 코에 뜬다. • 첫 번째 긴뜨기 다음 첫 번째 사슬에 단 마무리를 한다.

5단 한길 3코 구슬뜨기, 사슬뜨기 〈16코+40사슬〉
- 앞걸어 두길긴뜨기 코에 실D를 연결하며 첫 코를 스탠딩 스티치로 뜬다. • 첫 번째 구슬뜨기 다음 첫 번째 사슬에 단 마무리를 한다.

6단 짧은뜨기, 사슬뜨기, 두길긴뜨기 〈48코+16사슬〉
- 3-사슬 공간에 실C를 연결하며 첫 코를 스탠딩 스티치로 뜬다. • 두길긴뜨기는 4단의 2-사슬 공간에 뜬다. • 단의 끝에서는 첫 코에 빼뜨기하여 연결한다.

7단 짧은뜨기, 긴뜨기, 사슬뜨기, 짧은뜨기 2코 모아뜨기 〈56코+8사슬〉
- [짧은뜨기 1]로 뜨기 시작한다. • 짧은뜨기 2코 모아뜨기는 두길긴뜨기 코와 사슬 공간을 주워서 뜬다. • 두 번째 코에 단 마무리를 한다.

8단 짧은뜨기, 긴뜨기, 한길긴뜨기, 사슬뜨기 〈72코+8사슬〉
- 모아뜨기 코에 실E를 연결하며 첫 코를 스탠딩 스티치로 뜬다. • 두 번째 코에 단 마무리를 한다.

9단 마무리(p.19 참조)

57 바람개비 사각 모티브 ⓘ12

Vivid Kreations (Mikaela Bates) — Australia
🏐 www.vividkreations.com.au ◻ @vividkreations f VK.VividKreations

Level 중급
Colors A-에메랄드그린, B-멜론색, C-아쿠아블루, D-터키블루, E-밝은 파랑

INSTRUCTIONS

1단 한길긴뜨기, 사슬뜨기 〈8코+12사슬〉
- 실A로 매직 링을 만들고, [사슬 4(=한길긴뜨기 기둥코 사슬 3+사슬 1)]로 뜨기 시작한다. • 단의 끝에서는 3번째 사슬에 빼뜨기하여 연결한다.

2단 한길긴뜨기, 사슬뜨기, 앞걸어 한길긴뜨기 〈24코+12사슬〉
- 다음 사슬 공간에 [빼뜨기 1+기둥코 사슬 3(=한길긴뜨기 1)+사슬 1+한길긴뜨기 1]로 뜨기 시작한다. • 4번째 사슬(기둥코 다음 사슬)에 단 마무리를 한다.

3단 한길긴뜨기, 사슬뜨기, 앞걸어 한길긴뜨기 〈32코+8사슬〉
- 사슬 공간에 실B를 연결하며 첫 코를 스탠딩 스티치로 뜬다. • 단의 끝에서는 첫 코에 빼뜨기하여 연결한다.

4단 한길긴뜨기, 사슬뜨기, 앞걸어 한길긴뜨기 〈40코+12사슬〉
- 다음 사슬 공간에 [빼뜨기 1+기둥코 사슬 3(=한길긴뜨기 1)+사슬 2+한길긴뜨기 1]로 뜨기 시작한다. • 4번째 사슬(기둥코 다음 사슬)에 단 마무리를 한다.

5단 한길긴뜨기, 사슬뜨기, 앞걸어 한길긴뜨기 〈48코+16사슬〉
- 2-사슬 공간에 실C를 연결하며 첫 코를 스탠딩 스티치로 뜬다. • 첫 번째 한길긴뜨기 다음 첫 번째 사슬에 단 마무리를 한다.

6단 긴뜨기, 사슬뜨기, 앞걸어 한길긴뜨기 〈32코+52사슬〉
- 3-사슬 공간에 실D를 연결하며 첫 코를 스탠딩 스티치로 뜬다. • 단의 끝에서는 첫 코에 빼뜨기하여 연결한다.

7단 한길긴뜨기, 사슬뜨기, 앞걸어 한길긴뜨기, 긴뜨기 〈96코+16사슬〉
- 다음 코에 [빼뜨기 1+기둥코 사슬 3(=한길긴뜨기 1)+한길긴뜨기 1]로 뜨기 시작한다.
- 두 번째 코, 즉 기둥코가 아닌 첫 번째 실제 한길긴뜨기 코에 단 마무리를 한다.

♩ 단 마무리(p.19 참조)

<u>8단</u> 긴뜨기, 앞걸어 긴뜨기, 긴뜨기 2코 모아뜨기, 사슬뜨기 〈100코+8사슬〉
- 직선 구간의 오른쪽 1-사슬 공간에 실E를 연결하며 첫 코를 스탠딩 스티치로 뜬다.
- 단의 끝에서는 첫 코에 빼뜨기하여 연결한다.

<u>9단</u> 짧은뜨기, 사슬뜨기 〈104코+8사슬〉
- [짧은뜨기 1]로 뜨기 시작한다. • 두 번째 코에 단 마무리를 한다.

이 모티브는 앞걸어뜨기를 일정하게 떠서 중심부터 바깥으로 향하는 방사형의 띠를 연출하였다. 풍차 같기도 하고 바람개비 같기도 한 재미있는 패턴을 사진과 같이 다양한 색으로 떠보자.

58 블루베리 농장 사각 모티브 ⁕112

Vivid Kreations (Mikaela Bates) — Australia
🏀 www.vividkreations.com.au 📷 @vividkreations f VK.VividKreations

Level 중급
Colors A-은회색, B-겨자색

INSTRUCTIONS

Note. 코너 부분이 다소 타이트해 보일 수 있으나 뜨고 나면 적절히 늘어나서 뜨개의 형태를 잘 잡아준다.

Note. 이 모티브는 단을 뜰 때마다 편물을 돌려서 뜨는 왕복뜨기로 진행된다.

1단 한길긴뜨기, 사슬뜨기 〈12코+4사슬〉
- 실A로 매직 링을 만들고, [기둥코 사슬 3(=한길긴뜨기 1)]으로 뜨기 시작한다. • 단의 끝에서는 3번째 사슬에 빼뜨기하여 연결하고, 편물을 돌려 안쪽이 보이도록 한다.

2단 한길긴뜨기, 헤링본 한길긴뜨기, 사슬뜨기 〈24코+4사슬〉
- 사슬 공간에 [빼뜨기 1+기둥코 사슬 3(=한길긴뜨기 1)+헤링본 한길긴뜨기 1]로 뜨기 시작한다. • 단의 끝에서는 3번째 사슬에 빼뜨기하여 연결하고, 편물을 돌려 겉쪽이 보이도록 한다.

Note. 헤링본뜨기에 대해서는 p.17 참조

3단 한길긴뜨기, 헤링본 한길긴뜨기, 사슬뜨기 〈36코+4사슬〉
- 사슬 공간에 [빼뜨기 1+기둥코 사슬 3(=한길긴뜨기 1)+헤링본 한길긴뜨기 1]로 뜨기 시작한다. • 단의 끝에서는 3번째 사슬에 빼뜨기하여 연결하고, 편물을 돌려 안쪽이 보이도록 한다.

4단 한길긴뜨기, 헤링본 한길긴뜨기, 사슬뜨기 〈48코+4사슬〉
- 사슬 공간에 [빼뜨기 1+기둥코 사슬 3(=한길긴뜨기 1)+헤링본 한길긴뜨기 1]로 뜨기 시작한다. • 두 번째 코, 즉 기둥코가 아닌 첫 번째 실제 한길긴뜨기 코에 단 마무리를 하고, 편물을 돌려 겉쪽이 보이도록 한다.

5단 한길긴뜨기, 사슬뜨기, 헤링본 한길긴뜨기 〈32코+32사슬〉
- 사슬 공간에 실B를 연결하며 첫 코를 스탠딩 스티치로 뜬다. • 단의 끝에서는 첫 코에 빼뜨기하여 연결하고, 편물을 돌려 안쪽이 보이도록 한다.

6단 한길긴뜨기, 사슬뜨기, 헤링본 한길긴뜨기 〈40코+36사슬〉
- 사슬 공간에 [빼뜨기 1+사슬 4(=한길긴뜨기 기둥코 사슬 3+사슬 1)]로 뜨기 시작한다.
- 4번째 사슬(기둥코 다음 사슬)에 단 마무리를 하고, 편물을 돌려 겉쪽이 보이도록 한다.

9 단 마무리(p.19 참조)   ╁ 헤링본 한길긴뜨기

7단 한길긴뜨기, 헤링본 한길긴뜨기, 사슬뜨기 〈84코+4사슬〉
• 코너의 사슬 공간에 실A를 연결하며 첫 코를 스탠딩 스티치로 뜬다. • 단의 끝에서는 첫 코에 빼뜨기하여 연결하고, 편물을 돌려 안쪽이 보이도록 한다.

8단 한길긴뜨기, 헤링본 한길긴뜨기, 사슬뜨기 〈96코+4사슬〉
• 사슬 공간에 [빼뜨기 1+기둥코 사슬 3(=한길긴뜨기 1)+헤링본 한길긴뜨기 1]로 뜨기 시작한다. • 두 번째 코, 즉 기둥코가 아닌 첫 번째 실제 헤링본 한길긴뜨기 코에 단 마무리를 하고, 편물을 돌려 겉쪽이 보이도록 한다.

9단 짧은뜨기, 뒤쪽 반 코 짧은뜨기, 앞쪽 반 코 짧은뜨기, 사슬뜨기 〈104코+8사슬〉
• 코너의 사슬 공간에 실B를 연결하며 첫 코를 스탠딩 스티치로 뜬다. • 두 번째 코에 단 마무리를 한다.

59 수박 사각 모티브 ⑪

Emmi Hai — Germany
🔗 www.emmihai.net

Level 중급
Colors A-다홍색, B-검정색, C-크림색, D-풋사과색, E-탁한 녹색

INSTRUCTIONS

1단 한길긴뜨기 〈12코〉
- 실A로 매직 링을 만들고, [기둥코 사슬 3(=한길긴뜨기 1)]으로 뜨기 시작한다. • 단의 끝에서는 3번째 사슬에 빼뜨기하여 연결한다.

2단 한길긴뜨기 〈18코〉
- [기둥코 사슬 3(=한길긴뜨기 1)]으로 뜨기 시작한다. • 이후 모두 1단의 뜨개 사이에 뜬다. • 단의 끝에서는 3번째 사슬에 빼뜨기하여 연결한다.

3단 한길긴뜨기, 3-방울뜨기(수박씨) 〈30코〉
- [기둥코 사슬 3(=한길긴뜨기 1)]으로 뜨기 시작한다. • 이후 모두 2단의 뜨개 사이에 뜬다. • 단 중간에서 실B로 바꾸어 수박씨를 방울뜨기로 뜬다. • 단의 끝에서는 3번째 사슬에 빼뜨기하여 연결한다.

Note. 수박씨 방울뜨기: 실A로 바탕을 뜨다가 수박씨 부분에서는 바늘에 실B을 감고 코에 바늘을 넣어 실을 걸어 빼기를 3번 반복한다. (보통의 방울뜨기와 동일한 방법) 바늘에는 실A 고리 1개, 실B 고리 6개가 걸리게 되는데, 바늘에 실B을 감아 바늘에 걸린 고리 중 6개를 빼낸다. 다시 바늘에 실B를 감고 바늘에 남아 있는 고리 중 1개를 빼낸다. 마지막으로 바늘에 실A를 감아 바늘에 걸린 고리 2개를 모두 빼낸다. 다시 실A로 다음 뜨개를 뜬다.

4단 한길긴뜨기, 3-방울뜨기(수박씨) 〈42코〉
- [기둥코 사슬 3(=한길긴뜨기 1)]으로 뜨기 시작한다. • 이후 모두 3단의 뜨개 사이에 뜬다. • 단의 끝에서는 3번째 사슬에 빼뜨기하여 연결한다. • 단 중간에서 실B로 바꾸어 수박씨를 방울뜨기로 뜨고, 단이 끝나면 실B를 끊고 정리한다.

5단 한길긴뜨기 〈56코〉
- [기둥코 사슬 3(=한길긴뜨기 1)]으로 뜨기 시작한다. • 이후 모두 4단의 뜨개 사이에 뜬다. • 단의 끝에서는 3번째 사슬에 빼뜨기하여 연결한다.

6단 앞걸어 한길긴뜨기 〈64코〉
- [사슬 2+5단의 기둥코 사슬에 앞걸어 한길긴뜨기 2]로 뜨기 시작한다. • 두 번째 앞걸어뜨기 코에 단 마무리를 한다.

7단 한길긴뜨기, 두길긴뜨기, 긴뜨기, 짧은뜨기 〈88코〉
- 6단의 첫 번째 앞걸어 한길긴뜨기 코에 실C를 연결하며 첫 코를 스탠딩 스티치로 뜬다. • 두 번째 코에 단 마무리를 한다.

8단 짧은뜨기 〈104코〉
- 7단의 첫 코에 실D를 연결하며 첫 코를 스탠딩 스티치로 뜬다. • 두 번째 코에 단 마무리를 한다.

9단 긴뜨기 〈112코〉
- 8단의 첫 코에 실E를 연결하며 첫 코를 스탠딩 스티치로 뜬다. • 두 번째 코에 단 마무리를 한다.

{ 수박 사각 모티브를 연결해 만든 수박 피크닉 블랭킷은 여름 나들이에 완벽한 아이템이 될 것이다.

9 단 마무리(p.19 참조)

1-5단

60 빛나는 태양 사각 모티브 112

Emmi Hai — Germany
www.emmihai.net

Level 중급
Colors A-크림색, B-진한 회청색, C-겨자색

INSTRUCTIONS

1단 한길긴뜨기 〈12코〉

- 실A로 매직 링을 만들고, [기둥코 사슬 3(=한길긴뜨기 1)]으로 뜨기 시작한다. • 단의 끝에서는 3번째 사슬에 빼뜨기하여 연결한다.

2단 짧은뜨기, 사슬뜨기 〈12코+12사슬〉

- [사슬 1+짧은뜨기 1]로 뜨기 시작한다. • 첫 번째 짧은뜨기 다음 사슬에 단 마무리를 한다.

3단 한길긴뜨기, 사슬뜨기 〈24코+12사슬〉

- 사슬 공간에 실B를 연결하며 첫 코를 스탠딩 스티치로 뜬다. • 두 번째 코에 단 마무리를 한다.

4단 앞걸어 한길 교차뜨기, 사슬뜨기 〈24코+48사슬〉

- 3단의 첫 번째 코는 건너뛰고 두 번째 한길긴뜨기 코에 실C를 연결하며 첫 코를 스탠딩 스티치로 뜬다. • 단의 끝에서는 첫 번째 앞걸어 한길긴뜨기 코에 빼뜨기하여 연결한다.

Note. 앞걸어 한길 교차뜨기: 한 코를 건너뛰고 다음 코에 먼저 뜬 다음, 다시 건너뛴 코로 돌아와 다음 코를 뜨는 것을 교차뜨기라고 하며, 이곳 4단의 경우 교차뜨기 사이에 [사슬 2]가 들어간다.

5단 앞걸어 한길긴뜨기, 사슬뜨기 〈24코+36사슬〉

- [사슬 2+아래쪽 앞걸어뜨기 코에 앞걸어 한길긴뜨기 1]로 뜨기 시작한다. • 단의 끝에서는 2번째 사슬에 빼뜨기하여 연결하고, 실을 끊어 정리한다.

Note. 4단의 교차뜨기에서 뜬 두 앞걸어 한길긴뜨기는 겹치게 되므로 먼저 뜬 앞걸어 한길긴뜨기가 아래로 내려가고 나중에 뜬 앞걸어 한길긴뜨기가 위로 올라가게 된다. 따라서 5단에서는 [아래쪽 앞걸어뜨기 코에 앞걸어 한길긴뜨기 1 → 사슬 3 → 위쪽 앞걸어뜨기 코에 앞걸어 한길긴뜨기 1]을 반복하여 뜨게 된다.

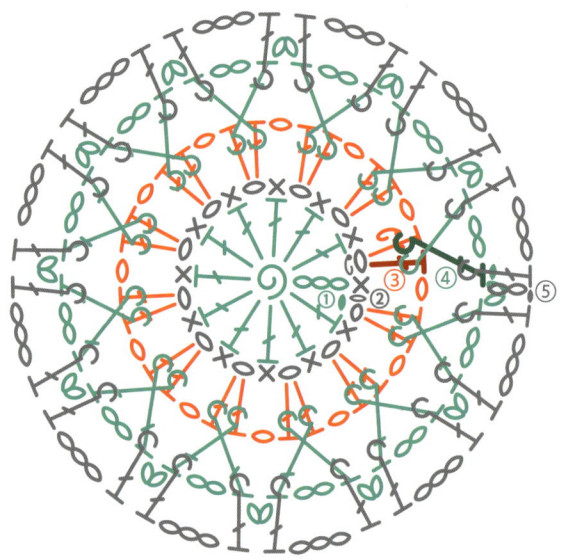

단 마무리(p.19 참조)

6-11단

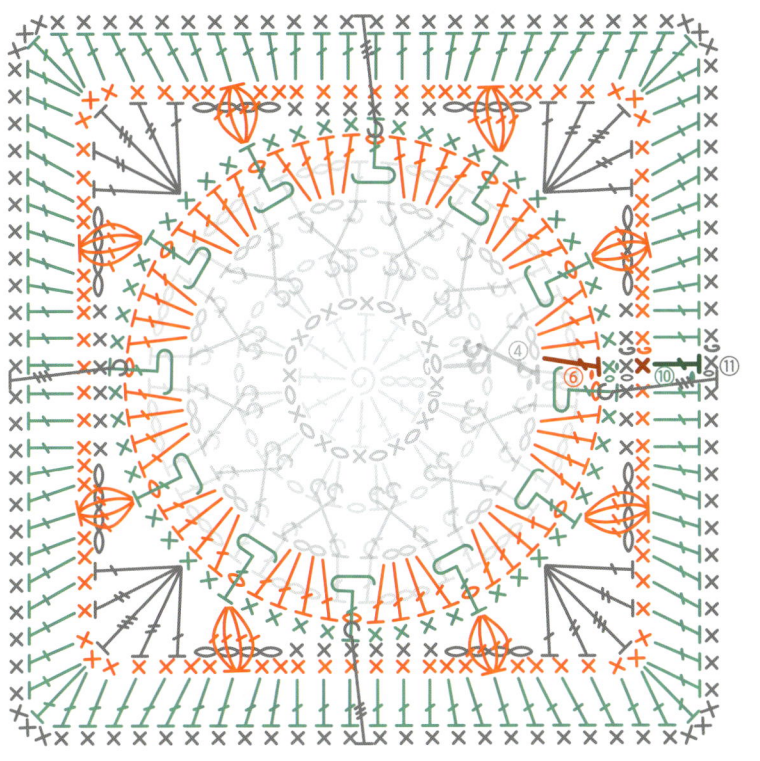

6단 한길긴뜨기, 사슬뜨기 〈48코+12사슬〉
- 4단의 첫 번째 2-사슬 공간에 실A를 연결하며 첫 코를 스탠딩 스티치로 뜬다. •모두 5단의 3-사슬 앞에서 4단의 2-사슬 공간에 뜬다. •단의 끝에서는 첫 코에 빼뜨기하여 연결한다.

7단 짧은뜨기, 앞걸어 한길긴뜨기 〈60코〉
- [사슬 1+짧은뜨기 1]로 뜨기 시작한다. •앞걸어 한길긴뜨기는 실C로 바꾸어 5단의 두 앞걸어뜨기 코를 감싸서 뜬다. 그 밖에 짧은뜨기는 실A로 뜬다. •단의 끝에서는 첫 코에 빼뜨기하여 연결한다.

Note. 단의 중간 앞걸어 한길긴뜨기 부분에서 색상 교체하기: 실A로 짧은뜨기를 뜨다가, 실C로 앞걸어 한길긴뜨기를 뜨되, 바늘에 고리 2개가 걸렸을 때(실A 고리 1개, 실C 고리 1개) 실A를 감아 바늘에 걸린 고리를 모두 빼낸다.

8단 짧은뜨기, 사슬뜨기, 한길긴뜨기, 두길긴뜨기, 세길긴뜨기 〈44코+32사슬〉
- 실A로 계속 뜬다. •[사슬 1+짧은뜨기 1]로 뜨기 시작한다. •두 번째 코에 단 마무리를 한다.

9단 짧은뜨기, 한길 4코 구슬뜨기 〈92코〉
- 8단의 첫 번째 짧은뜨기 코에 실B를 연결하며 첫 코를 스탠딩 스티치로 뜬다. •한길 4코 구슬뜨기는 7단의 앞걸어뜨기 코에 뜬다. •두 번째 코에 단 마무리를 한다.

10단 한길긴뜨기 〈100코〉
- 9단의 첫 번째 짧은뜨기에 실A를 연결하며 첫 코는 스탠딩 스티치로 뜬다. •단의 끝에서는 첫 코에 빼뜨기하여 연결한다.

11단 짧은뜨기, 앞걸어 세길긴뜨기 〈112코〉
- [사슬 1+짧은뜨기 1]로 뜨기 시작한다. •앞걸어 세길긴뜨기는 실C로 교체하여 7단의 앞걸어뜨기 코에 뜬다. •두 번째 코에 단 마무리를 한다.

Note. 단의 중간 앞걸어 세길긴뜨기 부분에서 색상 교체하기: 실A로 짧은뜨기를 뜨다가, 실C로 앞걸어 세길긴뜨기를 뜨되, 바늘에 고리 2개가 걸렸을 때(실A 고리 1개, 실C 고리 1개) 실A를 감아 바늘에 걸린 고리를 모두 빼낸다.

61 꽃의 정원 사각 모티브

Yarn Blossom Boutique (Melissa Bradley) — USA
@yarnblossomboutique yarnblossomboutique

Level 중급
Colors A-레몬색, B-진한 분홍, C-크림색, D-연두색

INSTRUCTIONS

1단 짧은뜨기, 사슬뜨기, 4-방울뜨기 〈8코+20사슬〉
- 실A로 매직 링을 만들고, [짧은뜨기 1 → 사슬 2 → 4-방울뜨기 → 사슬 3]을 4번 반복한다.
- 첫 번째 짧은뜨기 다음 첫 번째 사슬에 단 마무리를 한다.

2단 긴뜨기, 사슬뜨기 〈8코+24사슬〉
- 방울뜨기 코에 실B를 연결하며 첫 코를 스탠딩 스티치로 뜬다.
- 단의 끝에서는 첫 코에 빼뜨기하여 연결한다.

3단 긴뜨기, 사슬뜨기 〈24코+8사슬〉
- 다음 사슬 공간에 [빼뜨기 1+기둥코 사슬 2(=긴뜨기 1)+긴뜨기 2]로 뜨기 시작한다.
- 단의 끝에서는 2번째 사슬에 빼뜨기하여 연결한다.

4단 사슬뜨기, 4-방울뜨기, 빼뜨기, 앞걸어 두길긴뜨기 〈32코+40사슬〉
- [사슬 2] → 다음 코에 [4-방울뜨기]로 뜨기 시작한다.
- 앞걸어 두길긴뜨기는 2단의 긴뜨기 코에 뜬다.
- 2번째 사슬에 단 마무리를 한다.

5단 짧은뜨기, 앞걸어 두길긴뜨기, 사슬뜨기 〈24코+24사슬〉
- 방울뜨기 코에 실C를 연결하며 첫 코를 스탠딩 스티치로 뜬다.
- 단의 끝에서는 첫 코에 빼뜨기하여 연결한다.

6단 한길긴뜨기, 사슬뜨기, 앞걸어 한길긴뜨기 〈56코+8사슬〉
- 다음 코에 [빼뜨기 1] → 다음 사슬 공간에 [빼뜨기 1+기둥코 사슬 3(=한길긴뜨기 1)+한길긴뜨기 2+…]로 뜨기 시작한다.
- 앞걸어 한길긴뜨기는 두 개의 앞걸어 두길긴뜨기 코를 한꺼번에 주우며 뜬다.
- 두 번째 코, 즉 기둥코가 아닌 첫 번째 실제 한길긴뜨기 코에 단 마무리를 한다.

7단 뒤걸어 짧은뜨기, 앞걸어 한길긴뜨기, 한길긴뜨기, 사슬뜨기 〈64코+8사슬〉
- 6-한길긴뜨기 중 세 번째 코에 실D를 연결하며 첫 코를 스탠딩 스티치로 뜬다.
- 두 번째 코에 단 마무리를 한다.

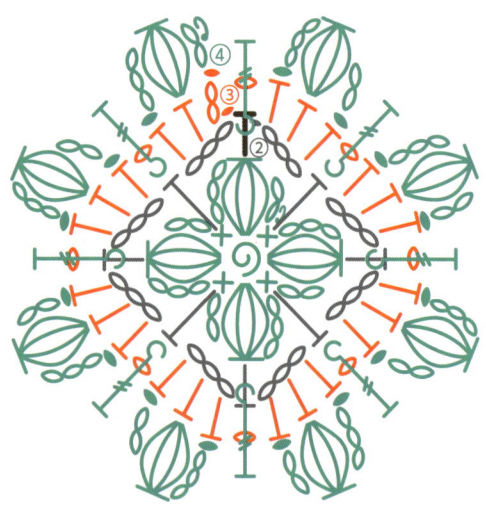

(1-4단)

❾ 단 마무리(p.19 참조)

8단 한길긴뜨기, 앞걸어 두길긴뜨기, 사슬뜨기 〈72코+8사슬〉

- 6-뒤걸어 짧은뜨기 중 첫 번째 코에 실C를 연결하며 첫 코를 스탠딩 스티치로 뜬다.
- 두 번째 코에 단 마무리를 한다.

{ 이 모티브는 '연금술사의 정원 사각 모티브(p.164)'를 80코 모티브로 떠서 조합하면 잘 어울린다. }

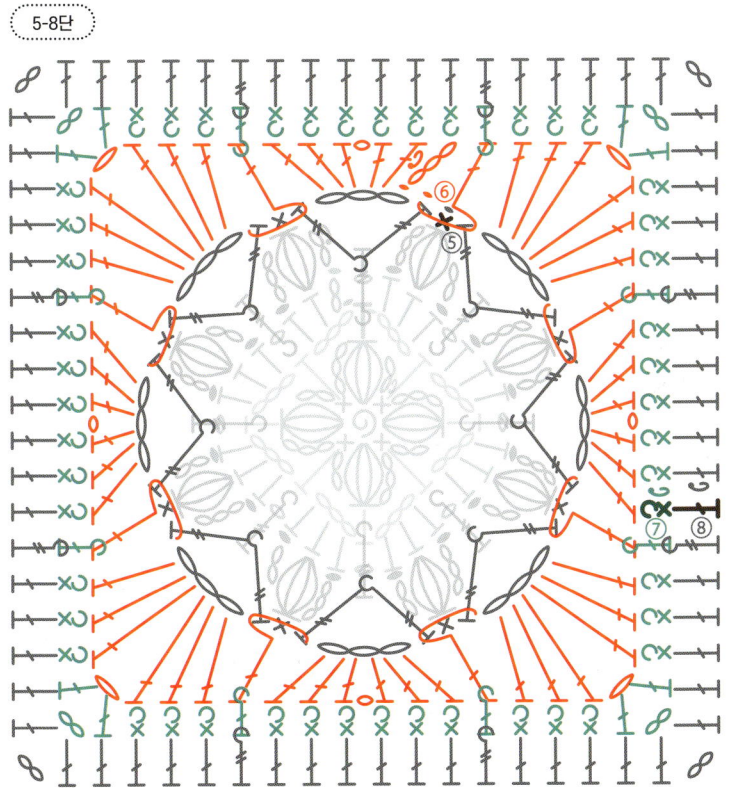

62 미로 사각 모티브 ⑧

inas.craft (Inas Fadil Basymeleh) — Indonesia
@inas.craft www.inascraft.com

Level 중급
Colors A-어두운 초록, B-풋사과색

INSTRUCTIONS

1단 두길긴뜨기, 사슬뜨기 〈12코+12사슬〉
• 실A로 매직 링을 만들고, [사슬 7(=두길긴뜨기 기둥코 사슬 4+사슬 3)]로 뜨기 시작한다. • 단의 끝에서는 5번째 사슬(기둥코 다음 사슬)에 단 마무리를 한다.

2단 한길긴뜨기, 사슬뜨기, 뒤걸어 한길긴뜨기 〈24코+16사슬〉
• 사슬 공간에 실B를 연결하며 첫 코를 스탠딩 스티치로 뜬다. • 첫 번째 한길긴뜨기 다음 첫 번째 사슬에 단 마무리를 한다.

3단 한길긴뜨기, 앞걸어 한길긴뜨기, 뒤걸어 한길긴뜨기 〈44코〉
• 각 코너에는 한길긴뜨기에 의해 나누어지는 2개의 2-사슬 공간이 있는데, 그중 오른쪽에 있는 2-사슬 공간에 실A를 연결하며 첫 코를 스탠딩 스티치로 뜬다. • 두 번째 코에 단 마무리를 한다.

4단 두길긴뜨기, 사슬뜨기, 긴뜨기 〈40코+24사슬〉
• 3단의 5-뒤걸어 한길긴뜨기 중 3번째 코에 실B를 연결하며 첫 코를 스탠딩 스티치로 뜬다. • 두 번째 코에 단 마무리를 한다.

5단 한길긴뜨기, 사슬뜨기, 뒤걸어 한길긴뜨기, 앞걸어 두길긴뜨기 〈72코+8사슬〉
• 코너의 2-사슬 공간에 실A를 연결하며 첫 코를 스탠딩 스티치로 뜬다. • 앞걸어 두길긴뜨기는 4단의 사슬 앞에서 (4단에서 뜨지 않고 건너뛴) 3단의 한길긴뜨기 코에 뜬다.
• 두 번째 코에 단 마무리를 한다.

{ 이 모티브의 이름처럼 미로에서 헤매지 않으려면 대비가 되는 색의 실로 배색해서 뜨는 것이 좋다. }

단 마무리(p.19 참조)

63 작약 사각 모티브 ⑫

Crochet Road (Joy Clements) — Australia
◉ @crochetroad f Crochet Road ⓒ Crochet Road

Level 중급
Colors A-레몬색, B-옥색, C-파스텔 핑크, D-멜론색, E-크림색

INSTRUCTIONS

1단 짧은뜨기 〈8코〉
• 실A로 매직 링을 만들어 뜬다. • 두 번째 코에 단 마무리를 한다.

Note. 링을 단단히 조이면 2단을 뜨기가 어려우므로 매직 링의 꼬리실은 일단 느슨하게 당겨 둔다.

2단 서드 루프에 한길긴뜨기 〈24코〉
• 임의의 코 서드 루프에 실B를 연결하며 첫 코를 스탠딩 스티치로 뜬다. • 두 번째 코에 단 마무리를 한다.

3단 서드 루프에 V스티치 〈24코+24사슬〉
• 임의의 코 서드 루프에 실C를 연결하며 첫 코(서드 루프에 한길긴뜨기)를 스탠딩 스티치로 뜬다. • 첫 번째 한길긴뜨기 코에 단 마무리를 한다.

Note. V스티치=한길긴뜨기 1+사슬 2+한길긴뜨기 1

4단 짧은뜨기, 빼뜨기 〈48코〉
• 사슬 공간에 실A를 연결하며 첫 코를 스탠딩 스티치로 뜬다. • 모두 사슬 공간이나 두 개의 V스티치 사이에 뜬다. • 두 번째 코에 단 마무리를 한다.

5단 짧은뜨기, 사슬뜨기 〈12코+48사슬〉
• V스티치 사이에 뜬 짧은뜨기 코에 실B를 연결하며 첫 코를 스탠딩 스티치로 뜬다. • 단의 끝에서는 첫 코에 빼뜨기하여 연결한다.

6단 짧은뜨기, 사슬뜨기 〈12개의 꽃잎〉
• 다음 사슬 공간에 [짧은뜨기 3+사슬 2+짧은뜨기 3]을 뜨고, 짧은뜨기 코에 [빼뜨기 1]을 뜬다. • 첫 번째 짧은뜨기 코에 단 마무리를 한다.

(1-6단)

ᑫ 단 마무리(p.19 참조)   ᐯ 서드 루프에 뜨기(p.15 참조)

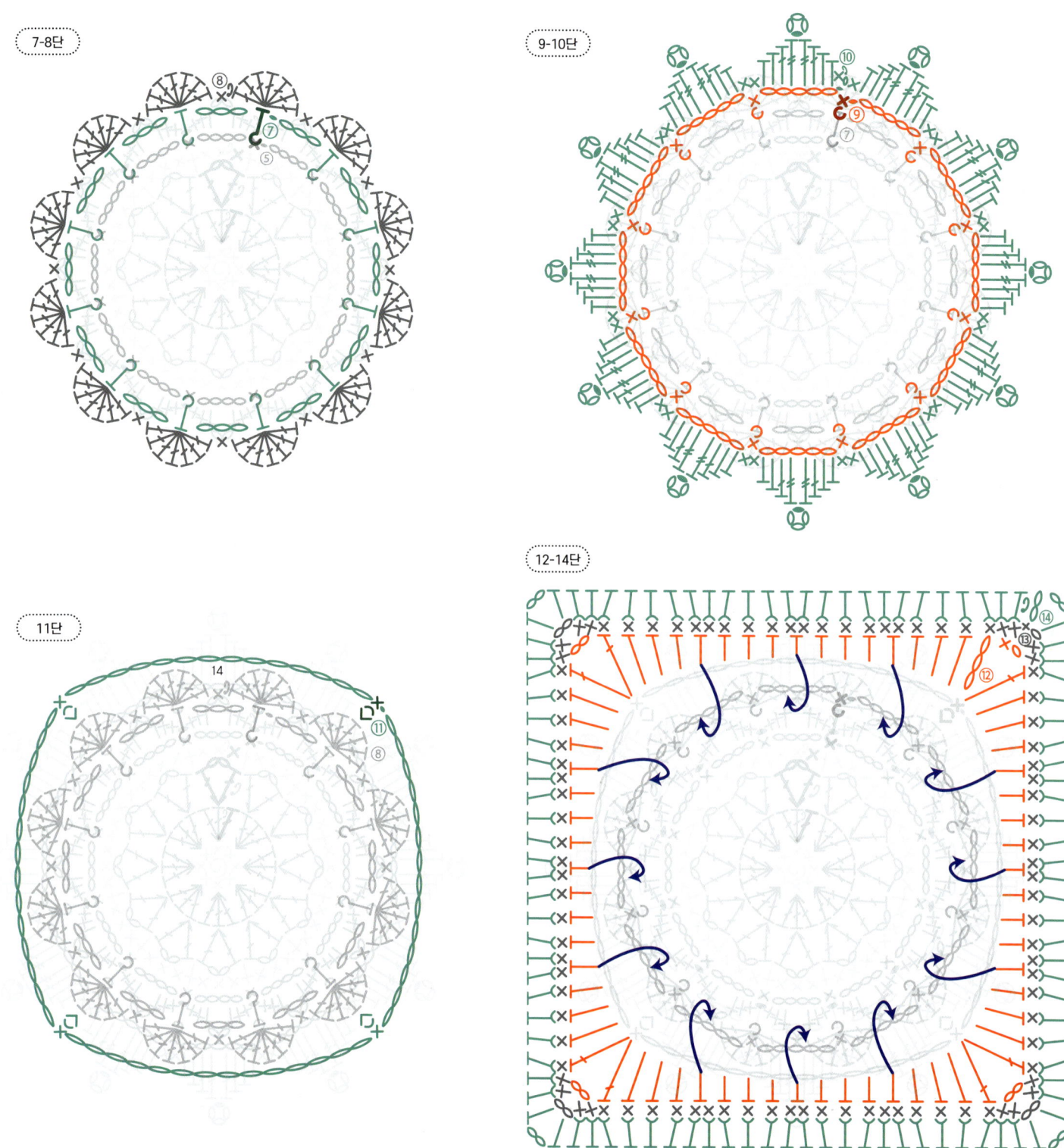

7단 뒤걸어 긴뜨기, 사슬뜨기 〈12코+36사슬〉
- 5단의 짧은뜨기 코에 실C를 연결하며 첫 코를 스탠딩 스티치로 뜬다. • 뒤걸어 긴뜨기는 6단의 뒤에서 5단의 짧은뜨기 코에 뜨며, 다소 느슨하게 떠서 이후 8단에서 뜨기 쉽도록 한다. • 단의 끝에서는 첫 코에 빼뜨기하여 연결한다.

8단 짧은뜨기, 한길긴뜨기 〈12개의 꽃잎〉
- [다음 사슬 공간에 짧은뜨기 1 → 다음 뒤걸어뜨기 코에 한길긴뜨기 7]을 반복해서 뜬다. • 첫 번째 짧은뜨기 코에 단 마무리를 한다.

9단 뒤걸어 짧은뜨기, 사슬뜨기 〈12코+60사슬〉
- 7단의 뒤걸어뜨기 코에 실D를 연결하며 첫 코를 스탠딩 스티치로 뜬다. • 8단에서 만들어진 꽃잎 뒤에서 뜬다. • 단의 끝에서는 첫 코에 빼뜨기하여 연결한다.

10단 짧은뜨기, 긴뜨기, 한길긴뜨기, 두길긴뜨기, 3-사슬 피코 〈12개의 이파리〉
- 다음 사슬 공간에 [빼뜨기 1+사슬 1+짧은뜨기 1+긴뜨기 2+…]로 뜨기 시작한다. • 첫 번째 짧은뜨기 코에 단 마무리를 한다.

11단 서드 루프와 뒤쪽 반 코에 짧은뜨기, 사슬뜨기 〈4개의 14-사슬〉
- 8단의 7-한길긴뜨기 중 4번째 코의 머리 사슬 뒤쪽 한 가닥과 서드 루프에 실E를 연결하며 첫 코를 스탠딩 스티치로 뜬다. • 10단에서 만들어진 이파리 뒤에서 뜬다. • 단의 끝에서는 첫 코에 빼뜨기하여 연결한다.

12단 긴뜨기, 한길긴뜨기, 사슬뜨기 〈68코+8사슬〉
- [기둥코 사슬 3(=한길긴뜨기 1)]으로 뜨기 시작한다. • 모두 11단의 사슬을 감싸서 사슬 공간에 뜨며, ♪ 표시한 곳의 긴뜨기는 9단의 사슬(10단에서 뜬 두길긴뜨기 사이)을 함께 감싸서 뜬다. • 단의 끝에서는 3번째 사슬에 [짧은뜨기 1]로 연결한다.

Note. 마지막에 단을 연결하면서 뜬 [짧은뜨기 1]은 콧수에서 사슬 1개로 계산한다.

13단 짧은뜨기, 사슬뜨기 〈96코+8사슬〉
- 12단의 마지막에 뜬 짧은뜨기를 감싸며 [짧은뜨기 2]로 뜨기 시작한다. • 단의 끝에서는 첫 번째 짧은뜨기를 감싸며 [짧은뜨기 1]을 떠서 연결한다.

Note. 마지막에 단을 연결하면서 뜬 [짧은뜨기 1]은 콧수에서 사슬 1개로 계산한다.

14단 뒤쪽 반 코 긴뜨기, 사슬뜨기 〈104코+8사슬〉
- [기둥코 사슬 2(=긴뜨기 1)]로 뜨기 시작한다. • 두 번째 코, 즉 기둥코가 아닌 첫 번째 실제 긴뜨기 코에 단 마무리를 한다.

129

64 공작새 사각 모티브 112

Crochet Road (Joy Clements) — Australia
@crochetroad Crochet Road Crochet Road

Level 중급
Colors A-탁한 파랑, B-하늘색, C-크림색, D-겨자색

INSTRUCTIONS

Note. 이 모티브에서는 별도의 설명이 없더라도 머리 사슬 뒤쪽 반 코를 주워 뜨는 곳에서 뒤쪽 반 코와 서드 루프를 함께 주워 뜬다. 이것은 틈이 벌어지는 것을 막아주어서 결과물이 더 단정해진다.

1단 짧은뜨기 〈12코〉
• 연필에 실A를 7번 감은 다음 감긴 실을 살살 빼낸다. 감긴 실 전체를 쥐고 매직 링을 만들 때처럼 빼뜨기를 해 원형 고리를 만들고, 고리 안에 바늘을 넣어 짧은뜨기를 뜬다. • 두 번째 코에 단 마무리를 한다.

2단 뒤쪽 반 코 4-방울뜨기, 사슬뜨기 〈12방울+12사슬〉
• 1단의 짧은뜨기 머리 사슬 뒤쪽 반 코에 실B를 연결하며 [빼뜨기 1+4-방울뜨기]로 뜨기 시작한다. • 첫 번째 방울뜨기 코에 단 마무리를 한다.

3단 짧은뜨기 〈36코〉
• 방울뜨기 코에 실C를 연결하며 첫 코를 스탠딩 스티치로 뜬다. • 이 단은 너무 타이트하게 뜨지 않도록 주의한다. • 두 번째 코에 단 마무리를 한다.

4단 긴 짧은뜨기, 긴뜨기, 사슬뜨기 〈18개의 반복 무늬〉
• 임의의 코에 실D를 연결하며 첫 코를 스탠팅 스티치로 뜬다. • 긴 짧은뜨기를 뜬 다음 방금 뜬 코의 다리를 감싸며 긴뜨기를 뜬다. • 두 번째 코에 단 마무리를 한다.

Note. 긴 짧은뜨기 뜨는 법은 p.12 참조

5단 빼뜨기, 사슬뜨기 〈18코+54사슬〉
• 사슬 공간에 실B를 연결하며 첫 코를 스탠딩 스티치로 뜬다. • 단의 끝에서는 첫 코(빼뜨기)에 빼뜨기하여 연결한다.

6단 짧은뜨기, 한길긴뜨기 〈9개의 꽃잎〉
• 다음 사슬 공간에 [짧은뜨기 1]로 뜨기 시작한다. • 첫 번째 한길긴뜨기 코에 단 마무리를 한다.

1-6단

⌒ 단 마무리(p.19 참조)   ⊥ 긴 짧은뜨기

7단 긴뜨기 겹뜨기, 뒤쪽 반 코 빼뜨기/짧은뜨기/긴뜨기 〈9개의 꽃잎〉
- 6단의 짧은뜨기를 감싸면서 5단의 사슬 공간에 실A를 연결하며 첫 코를 스탠딩 스티치로 뜬다. • 긴뜨기 겹뜨기는 6단에 있는 짧은뜨기를 감싸면서 5단의 사슬 공간에 뜬다. • 첫 번째 빼뜨기 코에 단 마무리를 한다.

8단 세로줄에 짧은뜨기, 사슬뜨기 〈9코+36사슬〉
- 긴뜨기 겹뜨기 코 뒤쪽 세로줄(막대 모양의 2줄)에 실C를 연결하며 첫 코를 스탠딩 스티치로 뜬다. • 짧은뜨기는 모두 긴뜨기 겹뜨기 코 뒤쪽 세로줄을 주워서 뜨고, [사슬 4]는 느슨하게 뜬다. • 꽃잎 뒤에서 뜨며, 꽃잎을 앞으로 접어 내리고 뜨면 편리하다.
- 단의 끝에서는 첫 코에 빼뜨기하여 연결한다.

9단 긴뜨기 〈64코〉
- [사슬 1+다음 사슬 공간에 긴뜨기 7]로 뜨기 시작한다. • 꽃잎을 앞쪽으로 접어 내린 후 뜨면 더 편리하다. • 단의 끝에서는 첫 번째 긴뜨기 코에 빼뜨기하여 연결한다.

Note. 마지막 사슬 공간에는 [긴뜨기 8]을 뜬다는 점에 주의한다.

10단 두길긴뜨기, 짧은 두길긴뜨기, 한길긴뜨기, 긴뜨기, 짧은뜨기, 사슬뜨기 〈76코+4사슬〉
- [기둥코 사슬 4(=두길긴뜨기 1)]로 뜨기 시작한다. • 단의 끝에서는 4번째 사슬에 [짧은뜨기 1]로 연결한다.

Note. 짧은 두길긴뜨기 뜨는 법은 p.13 참조
Note. 마지막에 단을 연결하면서 뜬 [짧은뜨기 1]은 콧수에서 사슬 1개로 계산한다.

11단 긴뜨기, 뒤쪽 반 코 긴뜨기, 사슬뜨기 〈92코+4사슬〉
- [기둥코 사슬 2(=긴뜨기 1)] → 10단의 마지막 짧은뜨기를 감싸며 [긴뜨기 1]로 뜨기 시작한다. • 두 번째 코, 즉 기둥코가 아닌 첫 번째 실제 긴뜨기 코에 단 마무리를 한다.

12단 짧은뜨기, 사슬뜨기 〈108코+4사슬〉
- 코너의 사슬 다음 첫 번째 짧은뜨기 코에 실B를 연결하며 첫 코를 스탠딩 스티치로 뜬다. • 두 번째 코에 단 마무리를 한다.

이 모티브는 '볼록한 꽃 테두리 사각 모티브(p.78)'나 '페어리스타 휠 사각 모티브(p.92)'와 크기가 거의 같기 때문에 함께 연결하기 좋다.

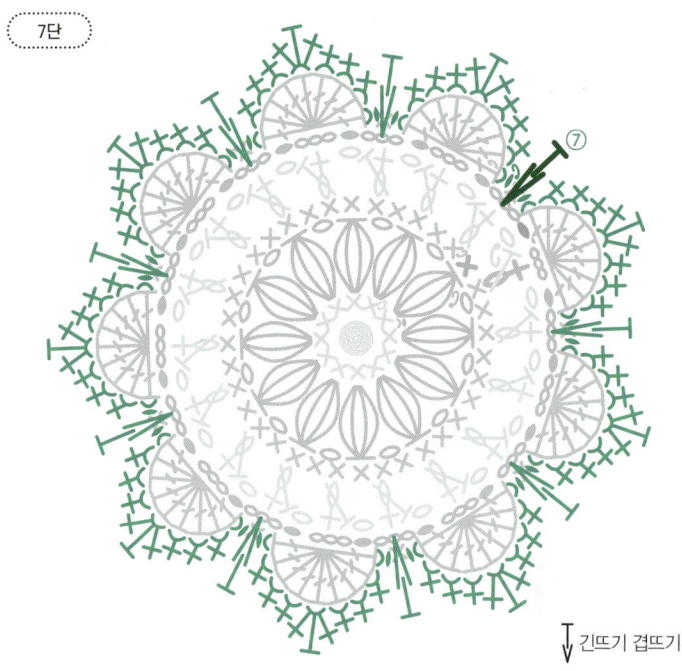

7단

↧ 긴뜨기 겹뜨기

8-12단

✂ 세로줄에 짧은뜨기   ⊤ 짧은 두길긴뜨기

131

65 코티지 플라워 사각 모티브 ⓘ

Crochet Road (Joy Clements) — Australia
📷 @crochetroad f Crochet Road ⓒ Crochet Road

Level 중급
Colors A-레몬색, B-에메랄드그린, C-멜론색, D-크림색

이 모티브는 다른 112코 모티브보다 크기가 다소 크게 떠질 것이다. 따라서 다른 모티브와 연결하고자 한다면 바늘 사이즈를 바꾸어서 뜨는 것이 좋다.

INSTRUCTIONS

1단 짧은뜨기 〈8코〉
• 실A로 매직 링을 만들어 뜬다. • 두 번째 코에 단 마무리를 한다.
Note. 링을 단단히 조이면 2단을 뜨기가 어려우므로 매직 링의 꼬리실은 일단 느슨하게 당겨 둔다.

2단 서드 루프에 한길 4코 구슬뜨기, 사슬뜨기 〈8구슬+16사슬〉
• 임의의 코에 실B를 연결하며 첫 코를 스탠딩 스티치로 뜬다. • 첫 번째 구슬뜨기 다음 첫 번째 사슬에 단 마무리를 한다.

3단 짧은뜨기 〈32코〉
• 임의의 구슬뜨기 코에 실C를 연결하며 첫 코를 스탠딩 스티치로 뜬다. • 단의 끝에서는 첫 코에 빼뜨기하여 연결한다.

4단 사슬뜨기, 짧은뜨기 〈8코+32사슬〉
• [사슬 4] → 3코 건너뛰기 → [짧은뜨기 1]로 뜨기 시작한다. • 단의 끝에서는 3단의 마지막에 뜬 빼뜨기에 짧은뜨기한다.

5단 긴뜨기, 한길긴뜨기, 3-사슬 피코, 빼뜨기 〈8개의 꽃잎〉
• 사슬 공간에 [긴뜨기 2+한길긴뜨기 2]로 뜨기 시작한다. • 단의 끝에서는 4단의 마지막 짧은뜨기 코에 빼뜨기하여 연결하고 실을 끊어 정리한다.

6단 뒤걸어 한길긴뜨기, 사슬뜨기 〈8코+32사슬〉
• 4단의 짧은뜨기 코에 실B를 연결하며 첫 코를 스탠딩 스티치로 뜬다. • 5단에서 만들어진 꽃잎의 뒤에서 뜬다. • 단의 끝에서는 첫 코에 빼뜨기하여 연결한다.
Note. 꽃잎을 접어 내리고 뜨면 편리하다.

7단 긴뜨기 〈56코〉
• [다음 사슬 공간에 긴뜨기 7]을 반복한다. • 단의 끝에서는 첫 코에 빼뜨기하여 연결한다.

8단   빼뜨기, 한길긴뜨기 〈8개의 꽃잎〉
• [7-긴뜨기 중 4번째 코에 한길긴뜨기 9 → 7-긴뜨기 뜨개 사이에 빼뜨기 1]을 반복한다.   • 첫 번째 한길긴뜨기 코에 단 마무리를 한다.

9단   표면 빼뜨기 〈80코〉
• 편물의 안쪽을 보면서 8단의 꽃잎 첫 번째 한길긴뜨기에 실D를 연결하며 각 코에 표면 빼뜨기를 하고, 8단의 7-긴뜨기 뜨개 사이에 빼뜨기를 한다.   • 실을 끊어 정리한다.
Note. 표면 빼뜨기를 할 때 각 코의 머리 사슬 아래/서드 루프 위에 바늘을 넣어 뜨면 더 깔끔한 모양이 된다.

10단   뒤걸어 짧은뜨기, 사슬뜨기 〈8코+32사슬〉
• 6단의 뒤걸어 한길긴뜨기 다리에 실D를 연결하며 첫 코를 스탠딩 스티치로 뜬다.   • 단의 끝에서는 첫 코에 빼뜨기하여 연결한다.

11단   짧은뜨기, 사슬뜨기 〈4개의 7-사슬+4개의 5-사슬〉
• [다음 사슬에 빼뜨기 1]×2 → 사슬 공간에 [짧은뜨기 1]로 뜨기 시작한다.   • 단의 끝에서는 첫 번째 짧은뜨기에 빼뜨기하여 연결한다.

12단   짧은뜨기 〈60코〉
• [다음 사슬에 빼뜨기 1]×4 → [사슬 공간에 짧은뜨기 6]으로 뜨기 시작한다.   • 단의 끝에서는 처음에 뜬 4개의 빼뜨기를 감싸며 [짧은뜨기 4]를 뜨고, 첫 번째 짧은뜨기 코에 빼뜨기하여 연결한다.

13단   한길긴뜨기, 사슬뜨기 〈72코+8사슬〉
• [기둥코 사슬 3(=한길긴뜨기 1)]으로 뜨기 시작한다.   • 단의 끝에서는 3번째 사슬에 [짧은뜨기 1]로 연결한다.
Note. 마지막에 단을 연결하면서 뜬 [짧은뜨기 1]은 콧수에서 사슬 1개로 계산한다.

14단   한길긴뜨기, 사슬뜨기 〈84코+8사슬〉
• [기둥코 사슬 3(=한길긴뜨기 1)] → 13단의 마지막 짧은뜨기를 감싸며 [한길긴뜨기 2]로 뜨기 시작한다.   • 직선 구간의 [한길긴뜨기 3]은 3-한길긴뜨기 뜨개 사이에 뜬다.
• 두 번째 코, 즉 기둥코가 아닌 첫 번째 실제 한길긴뜨기 코에 단 마무리를 한다.

15단   짧은뜨기 〈96코〉
• 코너의 사슬 공간에 실C를 연결하며 첫 코를 스탠딩 스티치로 뜬다.   • 두 번째 코에 단 마무리를 한다.

16단   한길긴뜨기, 사슬뜨기 〈108코+4사슬〉
• 코너의 3-짧은뜨기 중 가운데 코에 실D를 연결하며 첫 코는 스탠딩 스티치로 뜬다.
• 두 번째 코에 단 마무리를 한다.

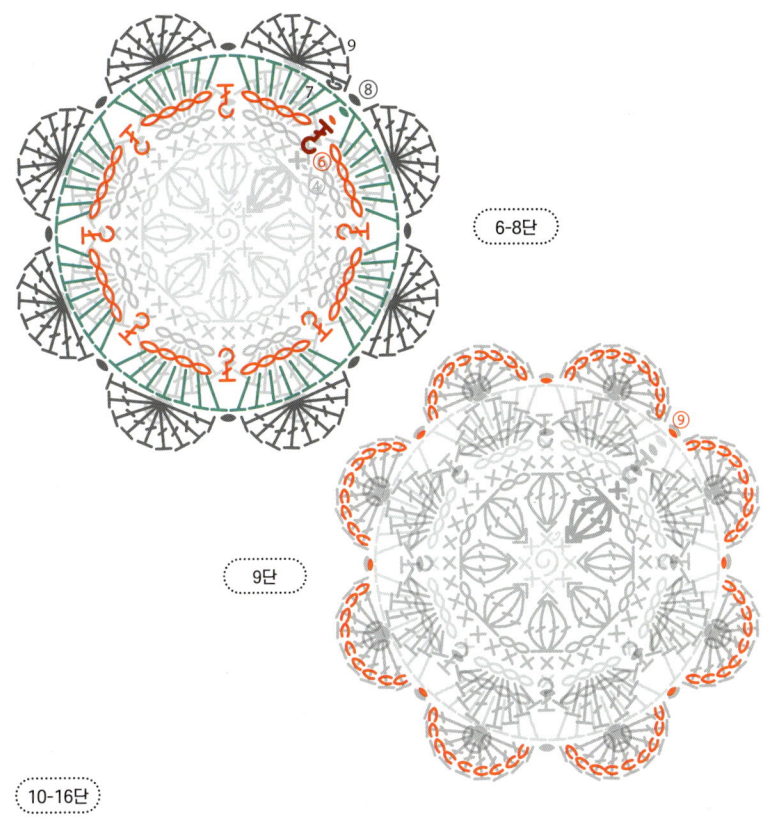
6-8단

9단

10-16단

133

66 6-행성 사각 모티브 ⑫

Emmi Hai — Germany 🌀 www.emmihai.net

Level 중급
Colors A-흑연색, B-밝은 주황, C-회청색, D-크림색

INSTRUCTIONS

1단 한길긴뜨기, 사슬뜨기 〈6코+6사슬〉
• 실A로 매직 링을 만들고, [사슬 4(=한길긴뜨기의 기둥코 사슬 3+사슬 1)]로 뜨기 시작한다. •4번째 사슬(기둥코 다음 사슬)에 단 마무리를 한다.

2단 한길긴뜨기, 사슬뜨기 〈12코+12사슬〉
• 사슬 공간에 실B를 연결하며 첫 코를 스탠딩 스티치로 뜬다. • 첫 번째 한길긴뜨기 다음 첫 번째 사슬에 단 마무리를 한다.

3단 짧은뜨기, 긴뜨기, 한길긴뜨기, 두길긴뜨기, 3-사슬 피코 〈6개의 꼭지〉
• 사슬 공간에 실C를 연결하며 첫 코를 스탠딩 스티치로 뜬다. • 두 번째 코에 단 마무리를 한다.

4단 짧은뜨기, 사슬뜨기 〈6코+24사슬〉
• 2단의 첫 번째와 마지막 한길긴뜨기 사이에 실B를 연결하며 첫 코를 스탠딩 스티치

1-3단

단 마무리(p.19 참조)

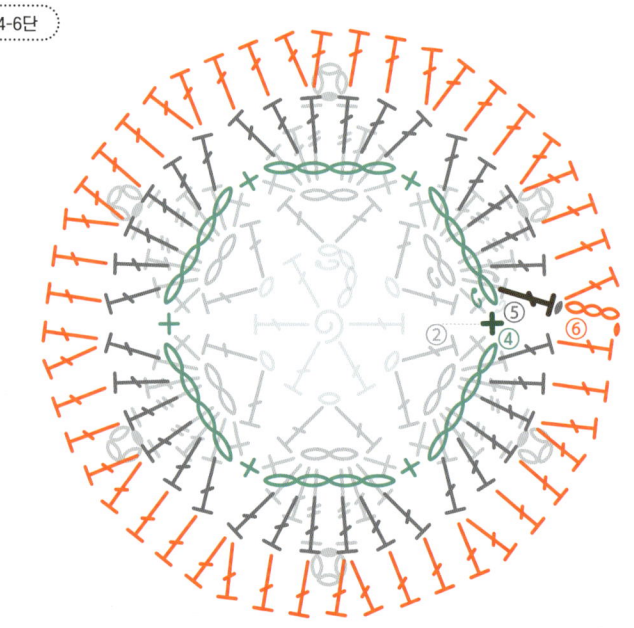

4-6단

로 뜬다. •[짧은뜨기 1]은 모두 3단의 코 사이를 감싸며 2단의 한길긴뜨기 사이에 뜨고, [사슬 4]는 3단에서 만들어진 각 꼭지 뒤로 뜬다. •첫 번째 짧은뜨기 다음 첫 번째 사슬에 단마무리를 한다.

5단 한길긴뜨기 〈36코〉
• 사슬 공간에 실D를 연결하며 첫 코를 스탠딩 스티치로 뜬다. •단의 끝에서는 첫 코에 빼뜨기하여 연결한다.

6단 한길긴뜨기 〈48코〉
• [기둥코 사슬 3(=한길긴뜨기 1)]으로 뜨기 시작한다. •단의 끝에서는 3번째 사슬에 빼뜨기하여 연결한다. •실은 끊지 말고 마지막 고리에 단수 표시링을 끼워 둔다.

7단 앞걸어 두길긴뜨기 〈6코+54사슬〉
• 4단의 짧은뜨기 코에 실A를 연결하며 첫 코를 스탠딩 스티치로 뜬다. •첫 번째 앞걸어뜨기 다음 첫 번째 사슬에 단 마무리를 한다.

8단 변형 한길 4코 구슬뜨기, 사슬뜨기 〈6코+60사슬〉
• 앞걸어 두길긴뜨기 코에 실B를 연결하며 첫 코를 스탠딩 스티치로 뜬다. •첫 번째 구슬뜨기 다음 첫 번째 사슬에 단 마무리를 한다.

Note. 변형 한길 4코 구슬뜨기: 한길긴뜨기 4코 구슬뜨기는 한 코에 미완성 한길긴뜨기를 4번 반복하고 마지막에 실을 감아 바늘에 걸린 고리를 모두 빼내는 것이지만, 변형 한길긴뜨기는 한 코에 〈미완성 한길긴뜨기를 뜬 다음 실을 감아 바늘에 걸린 고리 1개 빼기〉를 4번 반복한 다음, 마지막에 실을 감아 바늘에 걸린 고리를 모두 빼낸다.

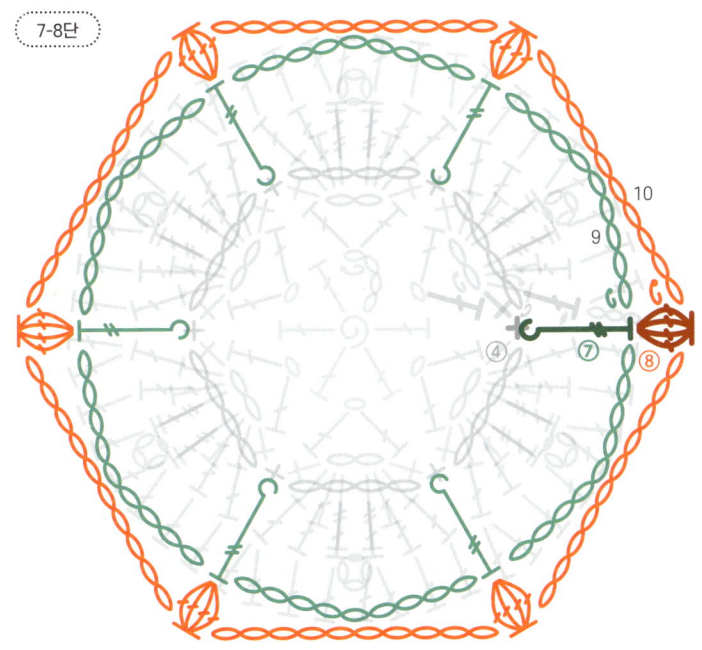

변형 한길 4코 구슬뜨기(지문 설명 참조)

9단 한길긴뜨기, 빼뜨기 〈66코〉

- 단수 표시링을 끼워 두었던 6단(실D)의 마지막 고리에 다시 바늘을 끼우고, [기둥코 사슬 3(=한길긴뜨기 1)]으로 뜨기 시작한다. • 한길긴뜨기는 모두 6단의 코에 뜨고, 빼뜨기는 8단의 변형 구슬뜨기 코에 뜬다.
- 두 번째 코, 즉 기둥코가 아닌 첫 번째 실제 한길긴뜨기 코에 단 마무리를 한다.

Note. 7~8단의 사슬 줄 뒤에서 뜬다.

10단 짧은뜨기, 앞걸어 두길긴뜨기 〈72코〉

- 9단의 기둥코의 3번째 사슬에 실C를 연결하며 첫 코를 스탠딩 스티치로 뜬다. • 앞걸어 두길긴뜨기는 3단의 3-사슬 피코에 뜬다. • 단의 끝에서는 첫 코에 빼뜨기하여 연결한다.

Note. 앞걸어 두길긴뜨기는 7~8단의 사슬 줄을 뒤로 넘긴 후 뜬다.

11단 짧은뜨기, 긴뜨기, 한길긴뜨기, 두길긴뜨기, 사슬뜨기 〈88코+8사슬〉

- [사슬 1+짧은뜨기 1]로 뜨기 시작한다. • 두 번째 코에 단 마무리를 한다.

12단 뒤걸어 한길긴뜨기, 한길긴뜨기, 사슬뜨기 〈104코+8사슬〉

- 11단의 첫 번째 짧은뜨기 코에 실D를 연결하고 첫 코를 스탠딩 스티치로 뜬다. • 단의 끝에서는 첫 코에 빼뜨기하여 연결한다.

13단 짧은뜨기, 사슬뜨기 〈108코+4사슬〉

- [사슬 1+짧은뜨기 1]로 뜨기 시작한다. • 두 번째 코에 단 마무리를 한다.

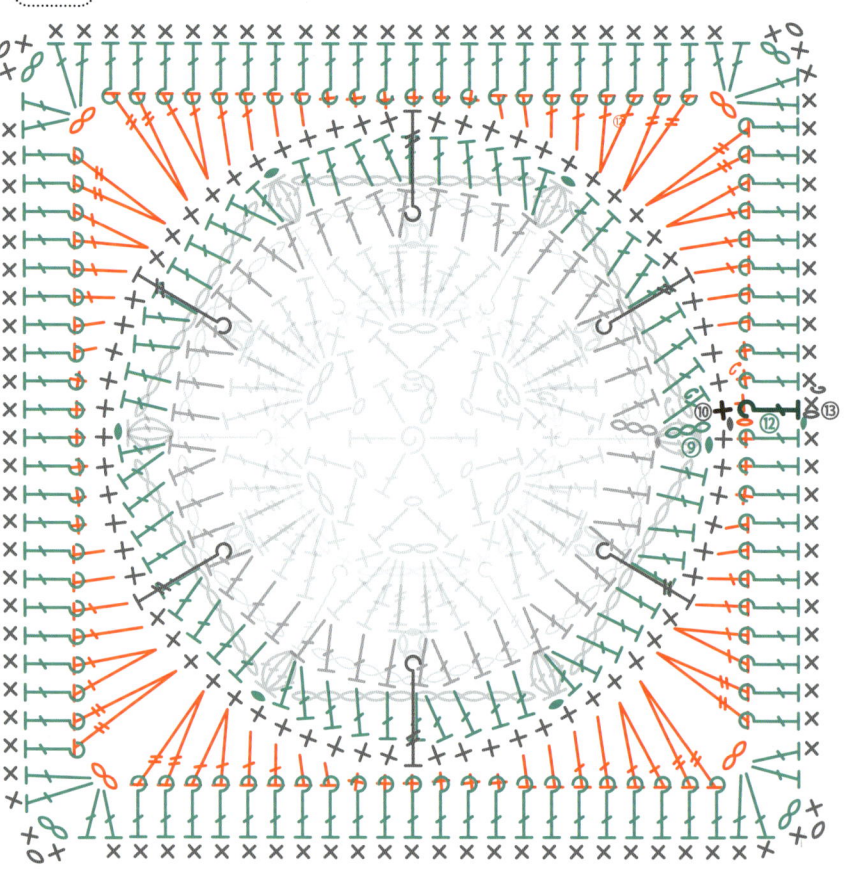

9-13단

67 연꽃 사각 모티브

Yarn Blossom Boutique (Melissa Bradley) — USA
@yarnblossomboutique yarnblossomboutique

Level 중급
Colors A-바닐라색, B-크림색, C-파스텔 핑크, D-연어색

INSTRUCTIONS

1단 두길 2코 구슬뜨기, 사슬뜨기 〈8코+16사슬〉
- 실A로 매직 링을 만들고, [사슬 3+두길긴뜨기 1](=두길 2코 구슬뜨기)로 뜨기 시작한다. • 첫 번째 구슬뜨기 다음 첫 번째 사슬에 단 마무리를 한다.

2단 짧은뜨기 〈32코〉
- 사슬 공간에 실B를 연결하며 첫 코를 스탠딩 스티치로 뜬다. • 단의 끝에서는 첫 코에 빼뜨기하여 연결한다.

3단 한길긴뜨기, 사슬뜨기 〈12코+24사슬〉
- 다음 코에 [빼뜨기 1+사슬 6(=한길긴뜨기 기둥코 사슬 3+사슬 3)]으로 뜨기 시작한다.
- 단의 끝에서는 4번째 사슬(기둥코 다음 사슬)에 단 마무리를 한다.

4단 긴뜨기 〈48코〉
- 사슬 공간에 실C를 연결하며 첫 코를 스탠딩 스티치로 뜬다. • 단의 끝에서는 첫 코에 빼뜨기하여 연결한다.

5단 한길긴뜨기, 사슬뜨기, 짧은뜨기 〈72코+16사슬〉
- 2코를 건너뛰고 다음 코에 [한길긴뜨기 4+⋯]로 뜨기 시작한다. • 두 번째 코에 단 마무리를 한다.

6단 뒤걸어 짧은뜨기, 짧은뜨기, 사슬뜨기, 앞걸어 짧은뜨기 〈88코+16사슬〉
- 짧은뜨기 다음 첫 번째 한길긴뜨기 코에 실D를 연결하며 첫 코를 스탠딩 스티치로 뜬다. • 두 번째 코에 단 마무리를 한다.

7단 한길긴뜨기, 사슬뜨기, 긴뜨기 〈64코+16사슬〉
- 코너 다음 첫 번째 뒤걸어 짧은뜨기 코에 실B를 연결하며 첫 코를 스탠딩 스티치로 뜬다. • 두 번째 코에 단 마무리를 한다.

단 마무리(p.19 참조)

68 써니 사이드 팝 사각 모티브

Crochetedbytess (Therese Eghult) — Sweden
🌐 www.sistersinstitch.com

Level 중급
Colors A-크림색, B-연한 회청색, C-카키색, D-진주색, E-자작나무색, F-연한 황갈색

INSTRUCTIONS

1단 짧은뜨기 〈8코〉
• 실A로 매직 링을 만들어 뜬다. • 단의 끝에서는 첫 코에 빼뜨기하여 연결한다.

2단 한길 3코 팝콘뜨기, 사슬뜨기 〈16코+24사슬〉
• 한길 3코 팝콘뜨기와 사슬뜨기를 번갈아 뜬다. • 두 번째 코에 단 마무리를 한다.
Note. 첫 번째 한길 3코 팝콘뜨기=기둥코 사슬 3(=한길긴뜨기 1)+한길긴뜨기 2+바늘을 뺐다가 기둥코의 3번째 사슬에 바늘을 넣고 바늘 끝에 마지막 고리를 걸어 빼낸 다음, [사슬 1]로 마무리한다(마지막 사슬은 별도의 코로 세지 않음).

3단 긴뜨기 〈40코〉
• 팝콘뜨기 사이 2-사슬 공간에 실B를 연결하며 첫 코를 스탠딩 스티치로 뜬다. • 모두 팝콘뜨기 사이 사슬 공간에 뜬다. • 단의 끝에서는 첫 코에 빼뜨기하여 연결한다.

4단 뒤걸어 긴뜨기 〈40코〉
• [사슬 1+뒤걸어 긴뜨기 1]로 뜨기 시작한다. • 두 번째 코에 단 마무리를 한다.

5단 한길 3코 구슬뜨기, 사슬뜨기, 두길 3코 구슬뜨기, 한길 5코 팝콘뜨기 〈24코+52사슬〉
• 임의의 코에 실C를 연결하며 첫 코를 스탠딩 스티치로 뜬다. • 첫 번째 구슬뜨기 다음 첫 번째 사슬에 단 마무리를 한다.

6단 긴뜨기, 앞걸어 한길긴뜨기, 사슬뜨기 〈80코+8사슬〉
• 코너의 오른쪽에 있는 3-사슬 공간에 실D를 연결하며 첫 코를 스탠딩 스티치로 뜬다. • 두 번째 코에 단 마무리를 한다.

7단 긴뜨기, 사슬뜨기, 앞걸어 한길긴뜨기 〈88코+8사슬〉
• 코너의 사슬 공간에 실A를 연결하며 첫 코를 스탠딩 스티치로 뜬다. • 첫 번째 긴뜨기 다음 첫 번째 사슬에 단 마무리를 한다.

9 단 마무리(p.19 참조)

8단   한길긴뜨기, 사슬뜨기, 앞걸어 두길긴뜨기 〈96코+8사슬〉

• 코너의 사슬 공간에 실E를 연결하며 첫 코를 스탠딩 스티치로 뜬다.   • 첫 번째 한길긴뜨기 다음 첫 번째 사슬에 단 마무리를 한다.

9단   〈104코+8사슬〉

• 코너의 사슬 공간에 실F를 연결하며 첫 코를 스탠딩 스티치로 뜬다.   • 첫 번째 짧은뜨기 다음 첫 번째 사슬에 단 마무리를 한다.

> 이 모티브는 볼륨감 있는 팝콘뜨기를 사용했지만, 비교적 차분하고 평면적인 느낌을 준다. 하지만 같은 디자이너의 작품 '플라워 헤드 사각 모티브(p.204)'에서는 비슷한 배색으로 훨씬 생동감 넘치는 패턴을 구현했다.

69 팔각별 사각 모티브 ⑧

inas.craft (Inas Fadil Basymeleh) — Indonesia
@inas.craft　www.inascraft.com

Level 중급
Colors A-크림색, B-작약 핑크, C-버건디

INSTRUCTIONS

1단　짧은뜨기 〈8코〉
- 실A로 매직 링을 만들어 뜬다.　• 단의 끝에서는 첫 코에 빼뜨기하여 연결한다.

2단　짧은뜨기, 사슬뜨기 〈8코+24사슬〉
- 다음 코에 [짧은뜨기 1+사슬 3]으로 뜨기 시작한다.　• 첫 번째 짧은뜨기 다음 첫 번째 사슬에 단 마무리를 한다.

3단　빼뜨기, 사슬뜨기, 한길 3코 구슬뜨기 〈24코+80사슬〉
- 사슬 공간에 실B를 연결하며 첫 코를 스탠딩 스티치로 뜬다.　• 첫 번째 빼뜨기 다음 첫 번째 사슬에 단 마무리를 한다.

4단　짧은뜨기, 긴뜨기, 한길긴뜨기, 4-사슬 피코, 앞걸어 두길긴뜨기 〈8개의 꼭지〉
- 구슬뜨기 앞의 사슬 공간에 실C를 연결하며 첫 코를 스탠딩 스티치로 뜬다.　• 앞걸어 두길긴뜨기는 2단의 짧은뜨기 코에 뜬다.　• 두 번째 코에 단 마무리를 한다.

1-3단

⟲ 단 마무리(p.19 참조)

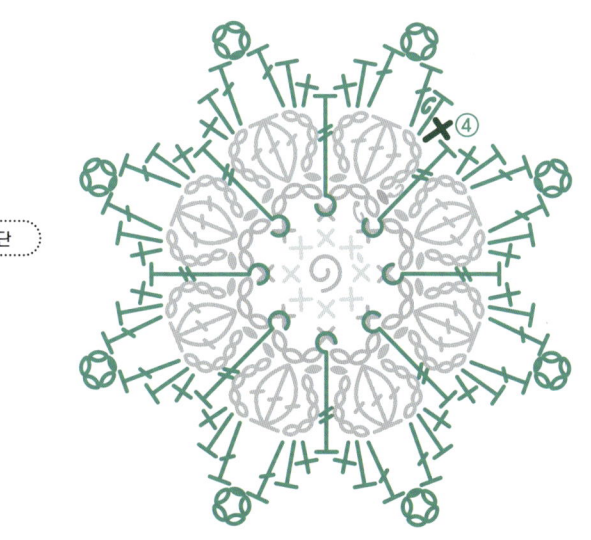

4단

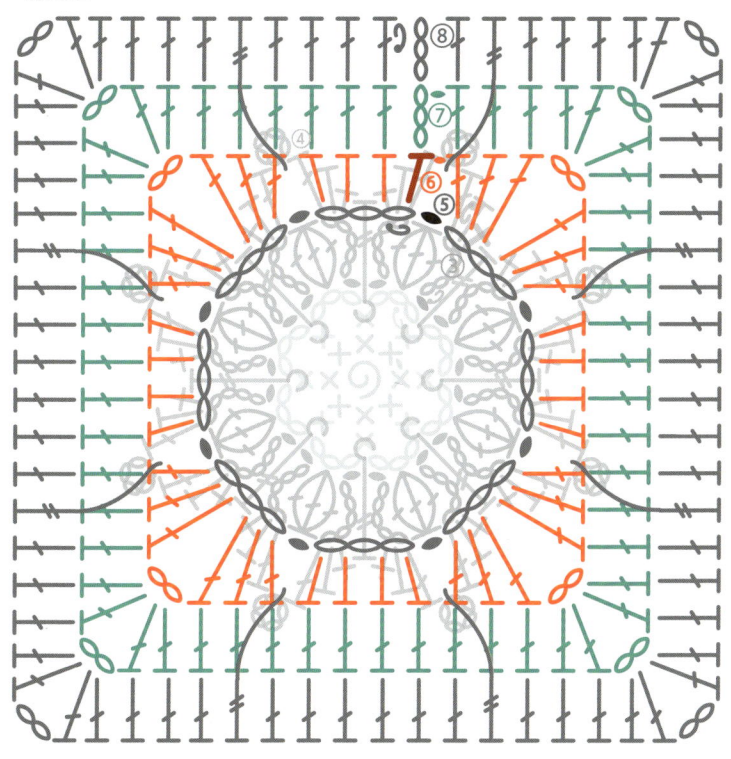

5단 빼뜨기, 사슬뜨기 〈8코+24사슬〉
- 3단의 한길 3코 구슬뜨기 코에 실C를 뒤쪽에서 연결하며 첫 코를 스탠딩 스티치로 뜬다.
- 첫 번째 빼뜨기 다음 첫 번째 사슬에 단 마무리를 한다.

6단 긴뜨기, 한길긴뜨기, 사슬뜨기 〈40코+8사슬〉
- 5단의 사슬 공간에 실A를 연결하며 첫 코를 스탠딩 스티치로 뜬다. • 단의 끝에서는 첫 코에 빼뜨기하여 연결한다.

7단 한길긴뜨기, 사슬뜨기 〈56코+8사슬〉
- [기둥코 사슬 3(=한길긴뜨기 1)]으로 뜨기시작한다. • 단의 끝에서는 3번째 사슬에 빼뜨기하여 연결한다.

8단 한길긴뜨기, 두길긴뜨기, 사슬뜨기 〈72코+8사슬〉
- [기둥코 사슬 3(=한길긴뜨기 1)]으로 뜨기 시작한다. • 두길긴뜨기는 4단의 4-사슬 피코 구멍 뒤쪽을 통과해서 피코 아래 2개의 한길긴뜨기 사이에 뜬다. • 두 번째 코, 즉 기둥코가 아닌 첫 번째 실제 한길긴뜨기 코에 단 마무리를 한다.

70 골든 엣지 사각 모티브 112

Crochet Road (Joy Clements) — Australia
@crochetroad Crochet Road Crochet Road

Level 중급
Colors A-작약 핑크, B-파스텔 핑크, C-크림색, D-골드 메탈실

INSTRUCTIONS

1단 짧은뜨기 〈8코〉
- 실A로 매직 링을 만들어 뜬다. • 두 번째 코에 단 마무리를 한다.

2단 한길 2코 구슬뜨기, 사슬뜨기 〈8구슬+16사슬〉
- 임의의 코에 실B를 연결하며 첫 코를 스탠딩 스티치로 뜬다. • 첫 번째 구슬뜨기 다음 첫 번째 사슬에 단 마무리를 한다.

3단 짧은뜨기 〈24코〉
- 사슬 공간에 실C를 연결하며 첫 코를 스탠딩 스티치로 뜬다. • 두 번째 코에 단 마무리를 한다.

1-6단

단 마무리(p.19 참조)

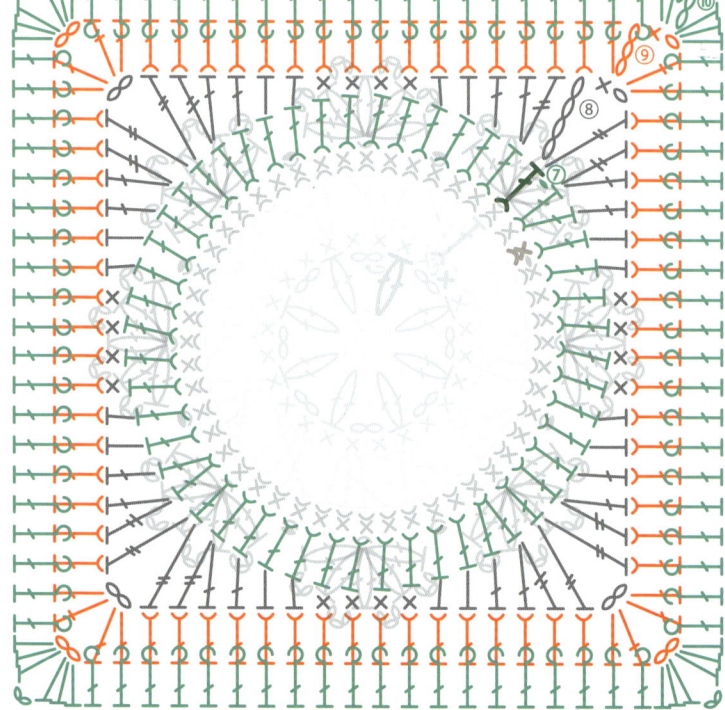

7-10단

4단   뒤쪽 반 코 한길긴뜨기 〈48코〉
- 임의의 코 머리 사슬 뒤쪽 반 코에 실A를 연결하며 첫 코를 스탠딩 스티치로 뜬다. •
[뒤쪽 반 코 한길긴뜨기 3]과 그다음 [뒤쪽 반 코 한길긴뜨기 1]이 교차뜨기가 됨에 주의한다. • 두 번째 코에 단 마무리를 한다.

5단   뒤쪽 반 코 짧은뜨기 〈48코〉
- 임의의 코 머리 사슬 뒤쪽 반 코에 실B를 연결하며 첫 코를 스탠딩 스티치로 뜬다. •
단의 끝에서는 첫 번째 짧은뜨기 머리 사슬 앞쪽 반 코에 빼뜨기하여 연결한다.

6단   앞쪽 반 코 한길 2코 구슬뜨기, 사슬뜨기, 앞쪽 반 코 빼뜨기 〈8개의 꽃잎〉
- 2코를 건너뛰고 그다음 코에 [앞쪽 반 코 한길 2코 구슬뜨기 1]로 뜨기 시작한다. •
첫 번째 구슬뜨기 코에 단 마무리를 한다.

7단   뒤쪽 반 코 한길긴뜨기 〈52코〉
- 꽃잎 중간 위치의 5단의 남아 있는 뒤쪽 반 코에 실C를 연결하며 첫 코를 스탠딩 스티치로 뜬다. • 꽃잎을 내려 접은 다음 뜨면 편리하다. • 단의 끝에서는 첫 코에 빼뜨기하여 연결한다.

Note. 꽃잎 중간 위치의 남아 있는 반 코에 바늘을 넣을 때는 공간의 여유가 없으므로 바늘을 조금씩 비틀면서 비집어 넣는다.

8단   두길긴뜨기, 한길긴뜨기, 긴뜨기, 짧은뜨기, 사슬뜨기 〈64코+8사슬〉
- [기둥코 사슬 4(=두길긴뜨기 1)]로 뜨기 시작한다. • 단의 끝에서는 4번째 사슬에 [짧은뜨기 1]로 연결한다.

Note. 마지막에 단을 연결하면서 뜬 [짧은뜨기 1]은 콧수에서 사슬 1개로 계산한다.

9단   한길긴뜨기, 뒤쪽 반 코 한길긴뜨기, 사슬뜨기 〈80코+8사슬〉
- [기둥코 사슬 3(=한길긴뜨기 1)] → 8단의 마지막 짧은뜨기를 감싸며 [한길긴뜨기 1]로 뜨기 시작한다. • 단의 끝에서는 3번째 사슬에 [짧은뜨기 1]로 연결한다.

10단   긴뜨기, 앞걸어 한길긴뜨기, 뒤걸어 한길긴뜨기 〈104코+8사슬〉
- [기둥코 사슬 2(=긴뜨기 1)] → 9단의 마지막 짧은뜨기를 감싸며 [긴뜨기 2]로 뜨기 시작한다. • 두 번째 코, 즉 기둥코가 아닌 첫 번째 실제 긴뜨기 코에 단 마무리를 한다.

장식용 테두리(도안에서는 생략됨)   표면 빼뜨기
4단에 남아 있는 앞쪽 반 코 바로 옆 바깥쪽으로 5단의 코에 바늘을 넣어 실D를 이용해 표면 빼뜨기를 한다.

> 이 모티브에서는 장식용 테두리를 뜨는 데 골드 메탈실을 이용했지만, 아기용 담요를 만든다든지 좀 더 부드러운 느낌의 작품을 만들고자 한다면 다른 실로 대체하거나 생략해도 좋다.

143

71 대칭 무늬 사각 모티브 112

Emmi Hai — Germany
www.emmihai.net

Level 중급
Colors A-청록, B-피스타치오색, C-산호색, D-진주색

INSTRUCTIONS

1단 한길긴뜨기 〈12코〉
- 실A로 매직 링을 만들고, [기둥코 사슬 3(=한길긴뜨기 1)]으로 뜨기 시작한다. • 단의 끝에서는 3번째 사슬에 빼뜨기하여 연결한다.

2단 짧은뜨기, 사슬뜨기 〈12코+8사슬〉
- [사슬 1+짧은뜨기 1]로 뜨기 시작한다. • 첫 번째 짧은뜨기 다음 첫 번째 사슬에 단 마무리를 한다.

3단 한길 3코 구슬뜨기, 사슬뜨기 〈8코+36사슬〉
- 사슬 공간에 실B를 연결하며 첫 코를 스탠딩 스티치로 뜬다. • 첫 번째 구슬뜨기 다음 첫 번째 사슬에 단 마무리를 한다.

4단 두길긴뜨기, 사슬뜨기 〈28코+16사슬〉
- 3-사슬 공간에 실C를 연결하며 첫 코를 스탠딩 스티치로 뜬다. • 두 번째 코에 단 마무리를 한다.

5단 짧은뜨기, 사슬뜨기, 한길긴뜨기 〈36코+32사슬〉
- 7-두길긴뜨기 중 두 번째 코에 실B를 연결하며 첫 코를 스탠딩 스티치로 뜬다. • 코너를 지나 직선 구간의 [사슬 2 → 한길긴뜨기 4] 부분은 실A로 바꿔 뜨며, [한길긴뜨기 4]는 3단과 4단의 사슬 줄을 감싸며 3단의 사슬 공간에 뜬다. • 첫 번째 짧은뜨기 다음 첫 번째 사슬에 단 마무리를 한다.

Note. 단 중간에서 실 바꾸기: 사슬을 뜨기 전 마지막 짧은뜨기에서 바늘에 고리 2개가 걸렸을 때 실A를 감아 바늘에 걸린 고리를 모두 빼낸다.

6단 짧은뜨기, 사슬뜨기 〈64코+20사슬〉
- 첫 번째 짧은뜨기와 마지막 한길긴뜨기 사이의 2-사슬 공간에 실A를 연결하고 첫 코를 스탠딩 스티치로 뜬다. • 두 번째 코에 단 마무리를 한다.

7단 변형 4-방울뜨기, 사슬뜨기 〈20코+64사슬〉
- 코너의 첫 번째 1-사슬 공간에 실D를 연결하며 첫 코를 스탠딩 스티치로 뜬다. • 방울뜨기 다음에 뜨는 [사슬 2]는 조금 타이트하게 뜬다. • 첫 번째 방울뜨기 다음 첫 번

⊃ 단 마무리(p.19 참조)   ◯ 변형 4-방울뜨기(지문 설명 참조)

째 사슬에 단 마무리를 한다.

Note. 변형 4-방울뜨기: 바늘에 실을 감고 코에 바늘을 넣은 다음 실을 걸어 길게 당겨 뺀다. 이것을 총 4번 반복한 다음 바늘에 실을 감아 바늘에 걸린 고리 중 8개를 빼낸다. 다시 바늘에 실을 감아 바늘에 걸린 고리 2개를 모두 빼낸다.

8단 앞걸어 긴뜨기, 긴뜨기, 한길긴뜨기, 앞걸어 두길긴뜨기, 사슬뜨기 〈88코+4사슬〉
- 코너의 첫 번째 방울뜨기 코에 실A를 연결하며 첫 코를 스탠딩 스티치로 뜬다. • 단의 끝에서는 첫 코에 빼뜨기하여 연결한다.

9단 짧은뜨기, 사슬뜨기 〈100코+4사슬〉
- [사슬 1+짧은뜨기 1]로 뜨기 시작한다. • 두 번째 짧은뜨기 코에 단 마무리를 한다.

10단 짧은뜨기, 사슬뜨기 〈56코+56사슬〉
- 첫 번째 짧은뜨기 코에 실C를 연결하며 첫 코를 스탠딩 스티치로 뜬다. • 첫 번째 짧은뜨기 다음 첫 번째 사슬에 단 마무리를 한다.

이 모티브는 '호박 원석 사각 모티브(p.82)'나 '레인보우 블라섬 사각 모티브(p.108)'처럼 개방된 형태의 모티브와 조합하면 잘 어울린다.

72 팝업 플라워 사각 모티브 112

Emmi Hai — Germany 🌐 www.emmihai.net

Level 중급, 고급
Colors A-크림색, B-빈티지 핑크, C-흑연색, D-풋사과색

INSTRUCTIONS

1단 짧은뜨기 〈8코〉
- 실A로 매직 링을 만들어 뜬다. • 두 번째 코에 단 마무리를 한다.

2단 변형 4-방울뜨기, 사슬뜨기 〈8코+8사슬〉
- 임의의 코에 실B를 연결하며 첫 코를 스탠딩 스티치로 뜬다. • 단의 끝에서는 첫 번째 방울뜨기에 빼뜨기하여 연결한다.

Note. 변형 4-방울뜨기: 바늘에 실을 감고 코에 바늘을 넣은 다음 실을 걸어 길게 당겨 뺀다. 이것을 총 4번 반복한 다음 바늘에 실을 감아 바늘에 걸린 고리 중 8개를 빼낸다. 다시 바늘에 실을 감아 바늘에 걸린 고리 2개를 모두 빼낸다.

3단 짧은뜨기, 사슬뜨기 〈8코+16사슬〉
- 다음 사슬 공간에 [사슬 1+짧은뜨기 1]로 뜨기 시작한다. • 첫 번째 짧은뜨기 다음 첫 번째 사슬에 단 마무리를 한다.

4단 한길 2코 구슬뜨기, 사슬뜨기 〈12코+28사슬〉
- 3-사슬 공간에 실A를 연결하며 첫 코를 스탠딩 스티치로 뜬다. • 첫 번째 구슬뜨기 다음 첫 번째 사슬에 단 마무리를 한다.

5단 길게 당겨 5-방울뜨기, 사슬뜨기 〈8코+28사슬〉
- 구슬뜨기 사이의 첫 번째 2-사슬 공간에 실B를 연결하며 첫 코를 스탠딩 스티치로 뜬다. • 첫 번째 방울뜨기 다음 사슬에 단 마무리를 한다.

Note. 길게 당겨 5-방울뜨기: 5-방울뜨기를 뜨되 바늘을 코에 넣었다가 실을 걸어 뺄 때 좀 더 길게 당긴다. 마지막에 바늘에 실을 감아 걸린 고리 11개를 모두 빼낸 다음 [사슬 1]로 마무리한다. (마지막에 뜬 사슬은 콧수로 세지 않는다.)

6단 길게 당겨 5-방울뜨기, 사슬뜨기 〈4코+64사슬〉
- 두 방울뜨기 사이 사슬 공간에 실B를 연결하며 첫 코를 스탠딩 스티치로 뜬다. • 첫 번째 방울뜨기 다음 첫 번째 사슬에 단 마무리를 한다.

7단 짧은뜨기, 한길긴뜨기 〈64코〉
- 코너의 사슬 공간에 실C를 연결하며 첫 코를 스탠딩 스티치로 뜬다. • 모두 4~6단의 사슬 공간에만 뜨게 된다. 즉, [짧은뜨기 5]는 6단의 사슬 공간에, 그다음 [한길긴뜨기 2]는 5단과 6단의 사슬을 감싸며 5단의 사슬 공간에, 그다음 [한길긴뜨기 2]는 4단과

1-7단

● 단 마무리(p.19 참조)
◖ 변형 4-방울뜨기(지문 설명 참조) ◖ 길게 당겨 5-방울뜨기(지문 설명 참조)

5단의 사슬을 감싸며 4단의 사슬 공간에 뜬다. •단의 끝에서는 첫 코에 빼뜨기하여 연결하고, 실을 끊지 않고 마지막 고리에 단수 표시링을 끼워 둔다. •6단의 직선 구간 중간에 있는 4-사슬들을 뒤쪽으로 당겨 빼 둔다.

8단 두길긴뜨기, 사슬뜨기 〈48코+32사슬〉

•7단에서 뒤로 당겨 빼 둔 6단의 사슬 줄에 실D를 연결하며 첫 코를 스탠딩 스티치로 뜬다. •7단의 실C를 만나면 편물 앞으로 빼 둔다. •두 번째 코에 단 마무리를 한다.

Note. 8단에서 만들어진 4개의 뾰족한 꼭지를 뒤로 접은 다음 4단의 구슬뜨기 코 사이/3-사슬 공간 아래로 집어넣고 앞으로 당겨 뺀다.

9단 한길긴뜨기, 사슬뜨기 〈76코+8사슬〉

•7단의 마지막 고리에 끼워 둔 단수 표시링을 빼고 다시 바늘을 끼운 다음 [기둥코 사슬 3(=한길긴뜨기 1)]으로 뜨기 시작한다. •단의 끝에서는 3번째 사슬에 빼뜨기하여 연결한다.

10단 한길긴뜨기, 사슬뜨기 〈92코+8사슬〉

•[기둥코 사슬 3(=한길긴뜨기 1)]으로 뜨기 시작한다. •각 직선 구간의 중심에서 뜨는 한길긴뜨기는 8단의 이파리 끝부분을 걸어 뜬다. •두 번째 코, 즉 기둥코가 아닌 첫

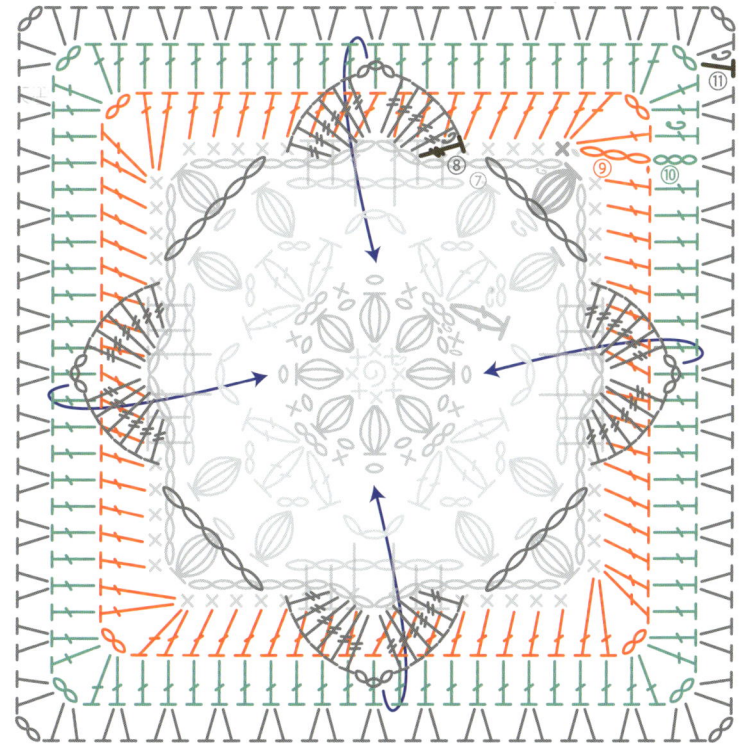

8-11단

번째 실제 한길긴뜨기 코에 단 마무리를 한다.

Note. 8단의 이파리 끝 걸러뜨기: 바늘에 실을 감고 코에 바늘을 넣어 실을 걸어 뺀 다음, 바늘에 실을 감아 바늘에 걸린 고리 중 2개를 빼낸다. 8단의 3-사슬을 바늘에 걸쳐 놓은 다음(뒤에서 앞으로 사슬 공간에 바늘을 넣어 3-사슬을 바늘 위에 올림) 바늘에 실을 감아 바늘에 걸린 고리를 모두 빼낸다.

11단 긴뜨기, 사슬뜨기 〈104코+8사슬〉

•코너의 사슬 공간에 실B를 연결하며 첫 코를 스탠딩 스티치로 뜬다. •두 번째 코에 단 마무리를 한다.

73 노르딕 해피니스 사각 모티브 ₁₁₂

Crochetedbytess (Therese Eghult) — Sweden
 www.sistersinstitch.com

Level 중급
Colors A-크림색, B-진주색, C-자주색, D-베이지색, E-작약 핑크, F-연한 회청색

INSTRUCTIONS

1단 6-방울뜨기, 사슬뜨기 〈8코+20사슬〉
• 실A로 매직 링을 만들어 뜬다. • 첫 번째 방울뜨기 다음 첫 번째 사슬에 단 마무리를 한다.

2단 긴뜨기, 사슬뜨기 〈24코+4사슬〉
• 3-사슬 공간에 실B를 연결하며 첫 코를 스탠딩 스티치로 뜬다. • 두 번째 코에 단 마무리를 한다.

3단 한길긴뜨기, 사슬뜨기, 짧은뜨기, 길게 당겨 빼뜨기 〈44코+4사슬〉
• 사슬 공간에 실C를 연결하며 첫 코를 스탠딩 스티치로 뜬다. • 길게 당겨 빼뜨기는 1단의 2-사슬 공간에 뜬다. • 두 번째 코에 단 마무리를 한다.

Note. 길게 당겨 빼뜨기: 실을 걸어 뺄 때 보통의 빼뜨기보다 좀 더 길게 당겨 뺀다. (길게 당겨 뜨기에 대해서는 p.17 참조)

4단 짧은뜨기, 사슬뜨기, 뒤걸어 한길긴뜨기 〈12코+44사슬〉
• 사슬 공간에 실D를 연결하며 첫 코를 스탠딩 스티치로 뜬다. • 첫 번째 짧은뜨기 다음 첫 번째 사슬에 단 마무리를 한다.

5단 두길긴뜨기, 한길긴뜨기, 사슬뜨기, 짧은뜨기 〈40코+12사슬〉
• 1-사슬 공간에 실E를 연결하며 첫 코를 스탠딩 스티치로 뜬다. • 두 번째 코에 단 마무리를 한다.

6단 긴뜨기, 뒤걸어 짧은뜨기, 짧은뜨기 〈76코〉
• 2-사슬 공간에 실F를 연결하며 첫 코를 스탠딩 스티치로 뜬다. • 두 번째 코에 단 마무리를 한다.

7단 뒤걸어 긴뜨기, 짧은뜨기, 사슬뜨기 〈40코+40사슬〉
• 첫 번째 긴뜨기 코에 실A를 연결하며 첫 코는 스탠딩 스티치로 뜬다. • 짧은뜨기는 4번째와 5번째 긴뜨기 사이에 뜬다. • 두 번째 코에 단 마무리를 한다.

8단 짧은뜨기, 사슬뜨기, 한길긴뜨기 〈72코+4사슬〉
• 4번째 뒤걸어 긴뜨기 코에 실B를 연결하며 첫 코를 스탠딩 스티치로 뜬다. • 첫 번째 짧은뜨기 다음 사슬에 단 마무리를 한다.

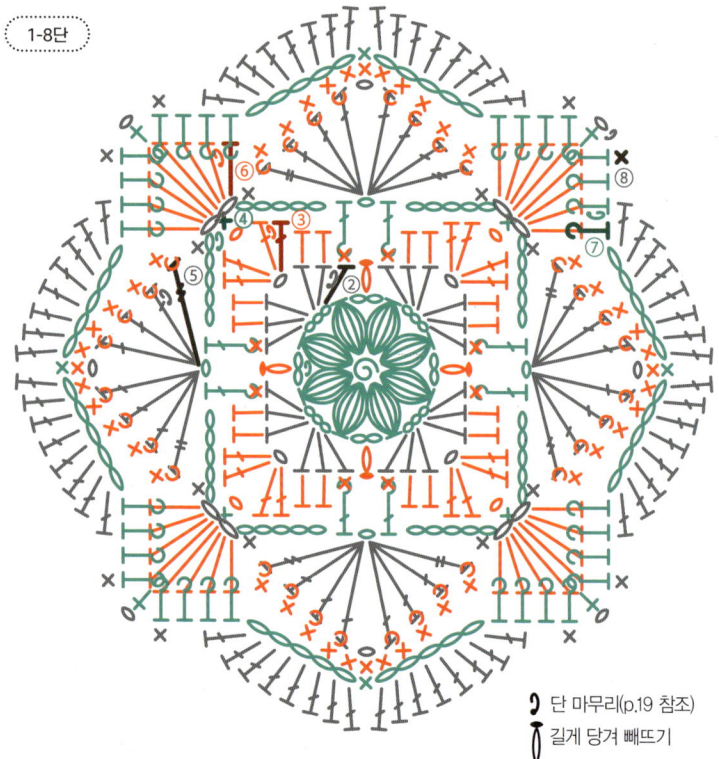

1-8단

단 마무리(p.19 참조)
길게 당겨 빼뜨기

9단 뒤걸어 긴뜨기, 길게 당겨 5-방울뜨기, V스티치 〈76코+12사슬〉

- 짧은뜨기 다음에 있는 첫 번째 한길긴뜨기 코에 실A를 연결하며 첫 코를 스탠딩 스티치로 뜬다. • 길게 당겨 5-방울뜨기와 V스티치는 8단의 뜨개(또는 사슬)를 감싸며 7단의 짧은뜨기 코에 뜬다. • 두 번째 코에 단 마무리를 한다.

Note. 길게 당겨 방울뜨기: 방울뜨기를 하되 코에 바늘을 넣고 바늘 끝에 실을 걸어 뺄 때 실을 좀 더 길게 당겨서 다른 코들과 높이를 맞춘다.

Note. V스티치=한길긴뜨기 1+사슬 2+한길긴뜨기 1

10단 한길 2코 구슬뜨기, 사슬뜨기, 긴뜨기, 짧은뜨기, 빼뜨기 〈72코+28사슬〉

- V스티치 중간에 있는 사슬 공간에 실C를 연결하며 첫 코를 스탠딩 스티치로 뜬다. • 빼뜨기는 뒤걸어 긴뜨기와 방울뜨기 사이에 뜬다. 첫 번째 구슬뜨기 다음 첫 번째 사슬에 단 마무리를 한다.

11단 한길긴뜨기, 사슬뜨기, 긴뜨기, 한길 2코 모아뜨기 〈104코+8사슬〉

- 코너의 두 번째 2-사슬 공간에 실A를 연결하며 첫 코를 스탠딩 스티치로 뜬다. • 한길 2코 모아뜨기는 1-사슬 공간과 구슬뜨기 코를 주워서 뜬다. • 두 번째 코에 단 마무리를 한다.

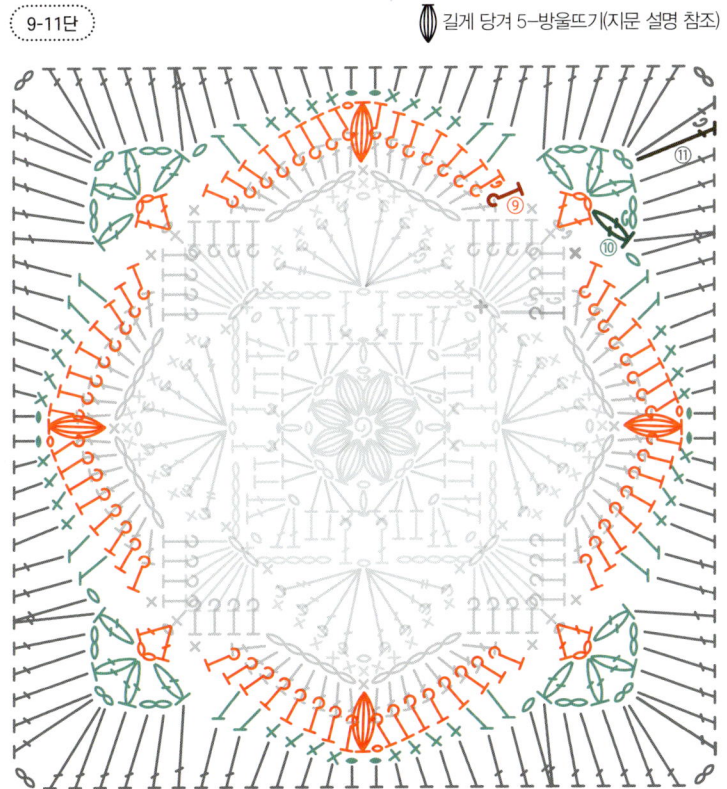

(9-11단) 길게 당겨 5-방울뜨기(지문 설명 참조)

74 물 위의 수련 사각 모티브 112

Crochetedbytess (Therese Eghult) — Sweden
 www.sistersinstitch.com

Level 중급
Colors A-레몬색, B-진주색, C-파스텔 핑크, D-작약 핑크, E-유칼립투스색, F-크림색, G-노르딕 블루

INSTRUCTIONS

1단 짧은뜨기 〈6코〉
- 실A로 매직 링을 만들어 뜬다. • 단의 끝에서는 첫 코에 빼뜨기하여 연결한다.

2단 한길긴뜨기 〈12코〉
- [기둥코 사슬 3(=한길긴뜨기 1)]으로 뜨기 시작한다. • 두 번째 코, 즉 기둥코가 아닌 첫 번째 실제 한길긴뜨기 코에 단 마무리를 한다.

3단 짧은뜨기, 앞걸어 긴뜨기 〈18코〉
- 임의의 코에 실B를 연결하며 첫 코를 스탠딩 스티치로 뜬다. • 두 번째 코에 단 마무리를 한다.

4단 뒤걸어 긴뜨기, 앞걸어 V스티치 〈12코+6개의 V스티치〉
- 첫 번째 짧은뜨기 코에 실C를 연결하며 첫 코를 스탠딩 스티치로 뜬다. • 두 번째 코에 단 마무리를 한다.

Note. 앞걸어 V스티치=앞걸어 한길긴뜨기 1+사슬 2+앞걸어 한길긴뜨기 1

5단 한길긴뜨기, 빼뜨기 〈6개의 꽃잎〉
- V스티치의 사슬 공간에 실D를 연결하며 첫 코를 스탠딩 스티치로 뜬다. • 빼뜨기는 3단의 두 번째 짧은뜨기 코에 뜬다. • 두 번째 코에 단 마무리를 한다.

6단 한길긴뜨기 〈36코/6개의 꽃잎〉
- 4단의 첫 번째 뒤걸어 긴뜨기 코에 실E를 연결하며 첫 코를 스탠딩 스티치로 뜬다. • 모두 5단에서 만들어진 꽃잎 뒤에서 4단의 뒤걸어 긴뜨기 코에 뜬다. • 단의 끝에서는 첫 코에 빼뜨기하여 연결한다.

7단 긴뜨기, 사슬뜨기, 빼뜨기 〈36코+12사슬〉
- [사슬 1+긴뜨기 1]로 뜨기 시작한다. • 꽃잎의 끝 지점 한길긴뜨기 코에는 [긴뜨기 1+사슬뜨기 1+빼뜨기 1], 시작 지점의 한길긴뜨기 코에는 [빼뜨기 1+사슬뜨기 1+긴뜨기 1] 순서로 뜬다. • 첫 번째 사슬에 단 마무리를 한다.

Note. 빼뜨기는 콧수에 포함하지 않음

8단 긴 V스티치, 사슬뜨기, 뒤쪽 반 코 짧은뜨기 〈6개의 V스티치+6코+36사슬〉

- 꽃잎과 꽃잎 사이에 실F를 연결하며 첫 코를 스탠딩 스티치로 뜬다. • 긴 V스티치는 6/7단의 꽃잎 사이를 감싸며 뜬다. • 단의 끝에서는 첫 코(두길긴뜨기)에 빼뜨기하여 연결한다.

Note. 긴 V스티치=두길긴뜨기 1+사슬 2+두길긴뜨기 1

9단 짧은뜨기, 짧은뜨기 2코 모아뜨기 〈72코〉

- 다음 사슬 공간에 [빼뜨기 1+사슬 1+짧은뜨기 1+ …]로 뜨기 시작한다. • 두 번째 짧은뜨기 코에 단 마무리를 한다.

Note. 짧은뜨기 2코 모아뜨기: 사슬 공간에 바늘을 넣고 바늘에 실을 걸어 뺀 다음(바늘에 걸린 고리는 2개) 다음 사슬 공간에 바늘을 넣고 실을 걸어 뺀다(바늘에 걸린 고리 3개). 마지막으로 실을 감아 바늘에 걸린 고리 3개를 한꺼번에 빼낸다. 결과적으로 모아뜨기 코는 사슬 공간에 다리 하나씩을 남기게 되고, 머리 사슬은 중간에 위치하게 된다.

10단 V스티치 〈24개의 V스티치〉

- 짧은뜨기 2코 모아뜨기 코에 실G를 연결하며 첫 코를 스탠딩 스티치로 뜬다. • 단의 끝에서는 첫 코(한길긴뜨기)에 빼뜨기하여 연결한다.

11단 짧은뜨기, 한길긴뜨기, 사슬뜨기 〈96코+12사슬〉

- [사슬 1+짧은뜨기 1]로 뜨기 시작한다. • 두 번째 코에 단 마무리를 한다.

12단 한길긴뜨기, 사슬뜨기, 앞걸어 한길 2코 구슬뜨기, 앞걸어 두길 2코 구슬뜨기, 긴뜨기, 짧은뜨기 〈96코+12사슬〉

- 코너에 만들어진 조개무늬 중 두 번째 사슬 공간에 실F를 연결하며 첫 코를 스탠딩 스티치로 뜬다. • 단의 끝에서는 첫 코에 빼뜨기하여 연결한다.

13단 짧은뜨기 〈112코〉

- 다음 사슬 공간에 [짧은뜨기 4]로 뜨기 시작한다. • 한길긴뜨기 코와 구슬뜨기 코 사이에 뜨는 짧은뜨기에 주의하면서 뜬다. • 두 번째 코에 단 마무리를 한다.

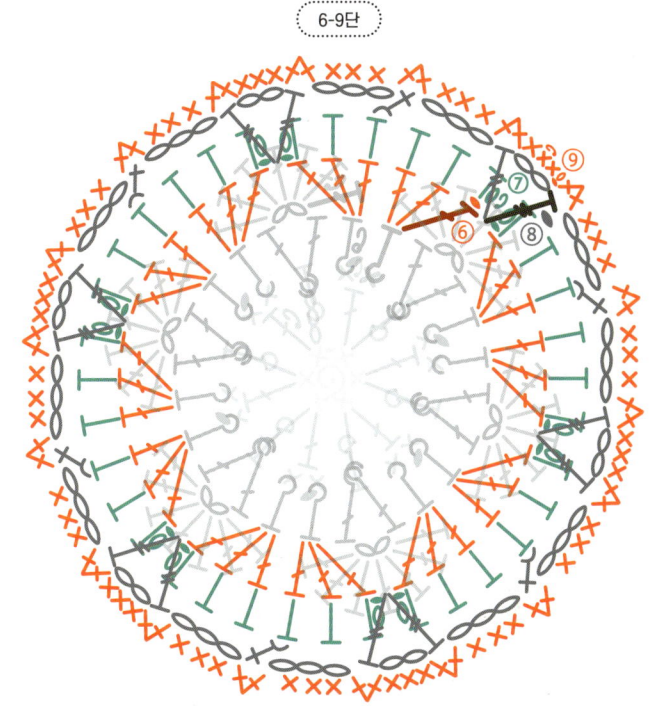

6-9단

10-13단

75 블루 하트 꽃잎 사각 모티브 112

inas.craft (Inas Fadil Basymeleh) — Indonesia
@inas.craft   www.inascraft.com

Level 중급
Colors A-크림색, B-노르딕 블루, C-남색, D-연한 회청색

INSTRUCTIONS

1단 짧은뜨기, 사슬뜨기 〈8코+40사슬〉
- 실A로 매직 링을 만들어 뜬다.
- 첫 번째 짧은뜨기 다음 첫 번째 사슬에 단 마무리를 한다.

2단 짧은뜨기, 사슬뜨기 〈8코+24사슬〉
- 사슬 공간에 실A를 연결하며 첫 코를 스탠딩 스티치로 뜬다.
- 첫 번째 짧은뜨기 다음 첫 번째 사슬에 단 마무리를 한다.

3단 빼뜨기, 사슬뜨기, 한길긴뜨기 〈48코+48사슬〉
- 사슬 공간에 실B를 연결하며 첫 코(빼뜨기)를 스탠딩 스티치로 뜬다.
- 첫 번째 빼뜨기 다음 첫 번째 사슬에 단 마무리를 한다.

4단 뒤걸어 짧은뜨기, 사슬뜨기 〈8코+24사슬〉
- 2단의 짧은뜨기 코에 실A를 연결하며 첫 코를 스탠딩 스티치로 뜬다.
- 3단 뒤에서 뜬다.
- 첫 번째 뒤걸어뜨기 다음 첫 번째 사슬에 단 마무리를 한다.

5단 한길긴뜨기, 앞걸어 두길긴뜨기 〈48코〉
- 4단의 사슬 공간에 실C를 연결하며 첫 코를 스탠딩 스티치로 뜬다.
- 앞걸어 두길긴뜨기는 2단의 짧은뜨기 코에 뜬다.
- 단의 끝에서는 첫 코에 빼뜨기하여 연결한다.

6단 한길긴뜨기, 짧은뜨기, 긴 V스티치 〈72코+16사슬〉
- [기둥코 사슬 3(=한길긴뜨기 1)+한길긴뜨기 2]로 뜨기 시작한다.
- 짧은뜨기는 3단의 2-사슬 공간에 뜬다.
- 두 번째 코, 즉 기둥코가 아닌 첫 번째 실제 한길긴뜨기 코에 단 마무리를 한다.

Note. 긴 V스티치=두길긴뜨기 1+사슬 2+두길긴뜨기 1

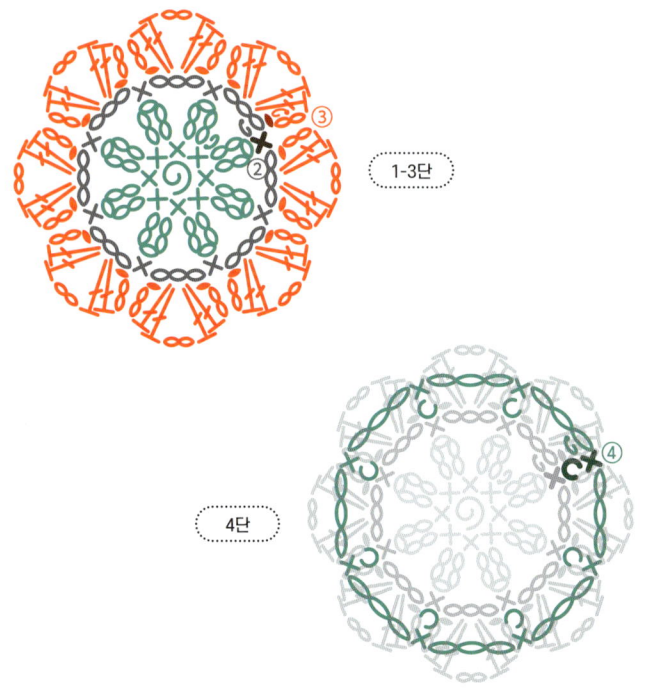

단 마무리(p.19 참조)

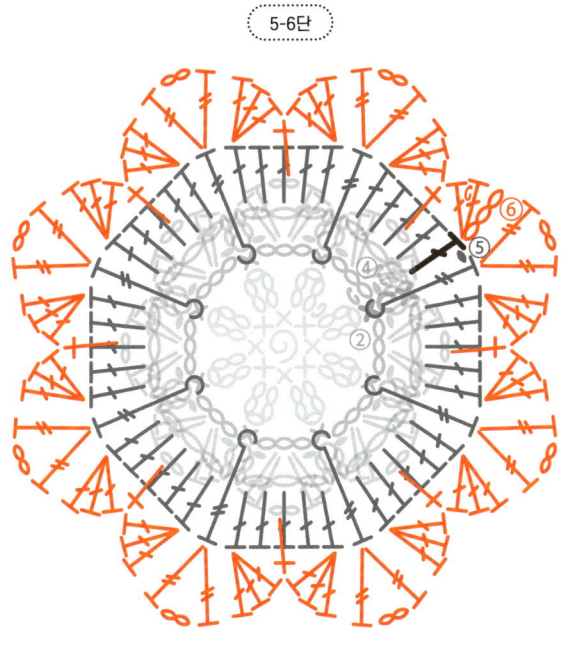

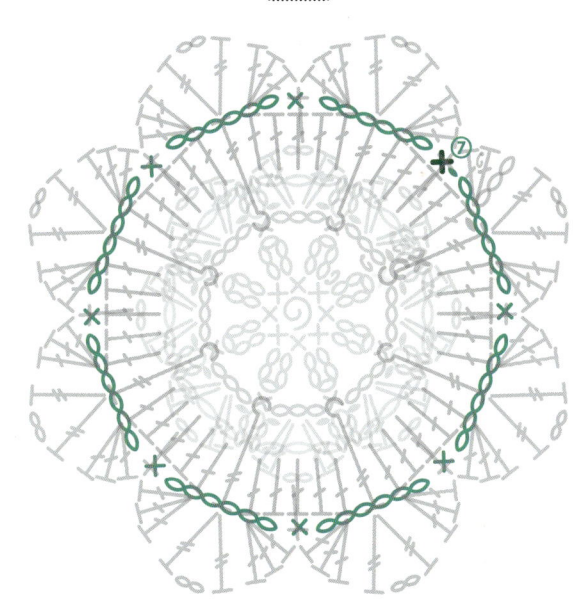

7단 짧은뜨기, 사슬뜨기 〈8코+48사슬〉
- 6단에서 건너뛰고 뜨지 않은 5단의 한길긴뜨기 중 두 번째 코에 실D를 꽃잎 뒤에서 연결하며 첫 코를 스탠딩 스티치로 뜬다.
- 짧은뜨기는 모두 뜨지 않은 한길긴뜨기 중 두 번째 코에 뜬다.
- 단의 끝에서는 첫 코에 빼뜨기하여 연결한다.

8단 두길긴뜨기, 사슬뜨기, 한길긴뜨기, 빼뜨기 〈36코+112사슬〉
- [사슬 10(=두길긴뜨기 기둥코 사슬 4+사슬 6)+두길긴뜨기 1]로 뜨기 시작한다.
- 빼뜨기는 6단의 2-사슬 공간에 뜬다.
- 4번째 사슬에 단 마무리를 한다.

9단 긴뜨기, 사슬뜨기 〈88코+8사슬〉
- 코너의 6-사슬 공간에 실D를 연결하며 첫 코를 스탠딩 스티치로 뜬다.
- 두 번째 코에 단 마무리를 한다.

10단 한길긴뜨기, 사슬뜨기 〈104코+8사슬〉
- 코너의 2-사슬 공간에 실A를 연결하며 첫 코를 스탠딩 스티치로 뜬다.
- 두 번째 코에 단 마무리를 한다.

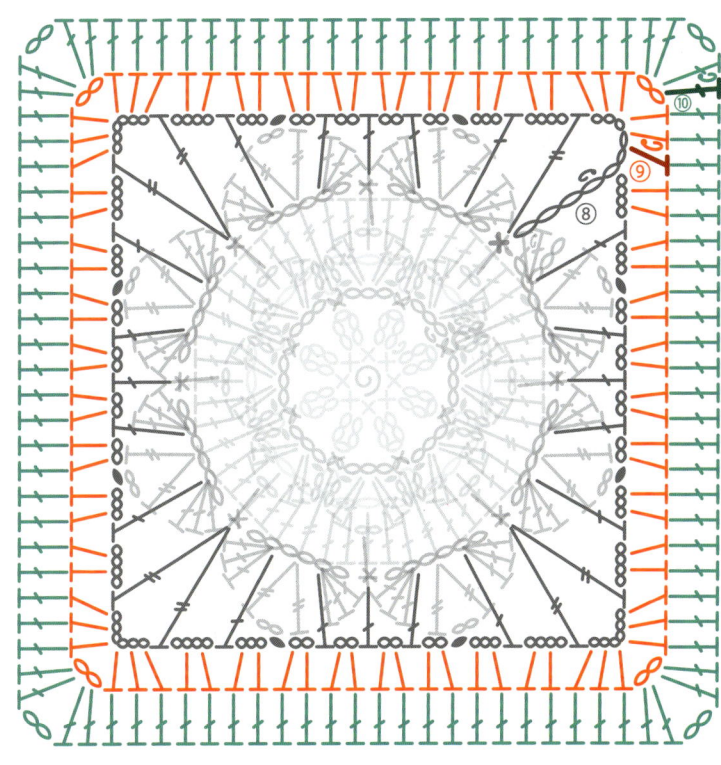

76 두 겹 꽃받침 사각 모티브 112

Crochetedbytess (Therese Eghult) — Sweden
 www.sistersinstitch.com

Level 중급, 고급
Colors A-크림색, B-연한 회청색, C-연한 황갈색, D-진주색, E-크림색, F-옥색

INSTRUCTIONS

1단 짧은뜨기 〈6코〉
• 실A로 매직 링을 만들어 뜬다. • 단의 끝에서는 첫 코에 빼뜨기하여 연결한다.

2단 한길 4코 팝콘뜨기, 사슬뜨기 〈6코+6사슬〉
• [사슬 2]로 뜨기 시작한다. • 단의 끝에서는 첫 번째 팝콘뜨기 코에 빼뜨기하여 연결한다.
Note. 첫 번째 한길 4코 팝콘뜨기=사슬 2+한길긴뜨기 3+바늘을 뺐다가 2번째 사슬에 바늘을 넣고 바늘 끝에 마지막 고리를 걸어 빼낸 다음, [사슬 1]로 마무리한다(마지막 사슬은 별도의 코로 세지 않음).

3단 한길 4코 팝콘뜨기, 사슬뜨기 〈12코+24사슬〉
• 다음 사슬 공간에 [빼뜨기 1+사슬 2+ …]로 뜨기 시작한다. • 모두 2단의 팝콘뜨기 사이 사슬 공간에 뜬다. • 단의 끝에서는 첫 번째 팝콘뜨기 코에 빼뜨기하여 연결한다.

4단 사슬뜨기, 빼뜨기 〈12코+96사슬〉
• [사슬 8]로 뜨기 시작한다. • 빼뜨기는 모두 팝콘뜨기 코에 뜬다. • 두 번째 사슬에 단 마무리를 한다.

5단 한길 4코 팝콘뜨기, 사슬뜨기, 긴뜨기, 한길긴뜨기 〈90코+18사슬/6개의 꽃잎〉
• 3단에서 한 사슬 공간에 뜬 두 개의 팝콘뜨기 사이에 있는 2-사슬 공간에 실B를 연결하며 첫 코를 스탠딩 스티치로 뜬다. • 한길 4코 팝콘뜨기는 4단의 8-사슬을 뒤로 젖혀 놓고 3단의 한 사슬 공간에 뜬 두 개의 팝콘뜨기 사이에 있는 2-사슬 공간에 뜨고, 긴뜨기와 한길긴뜨기는 4단의 8-사슬 공간에 뜬다. • 첫 번째 팝콘뜨기 다음 사슬에 단 마무리를 한다.

6단 한길 4코 팝콘뜨기, 사슬뜨기, 긴뜨기, 한길긴뜨기 〈72코+54사슬〉
• 3단의 남아 있는 2-사슬 공간에 실C를 연결하며 첫 코를 스탠딩 스티치로 뜬다. • [한길 4코 팝콘뜨기+사슬 2+한길 4코 팝콘뜨기+사슬 3]은 5단에서 만들어진 꽃잎을 뒤로 젖혀 놓고 3단의 뜨지 않고 남아 있는 2-사슬 공간에 뜬다. • [긴뜨기 4+한길긴뜨기 1+사슬 2+한길긴뜨기 1+긴뜨기 4+사슬 2]는 5단의 팝콘뜨기 뒤에 남아 있는 4단의 8-사슬 공간에 뜬다. • 첫 번째 팝콘뜨기 다음 첫 번째 사슬에 단 마무리를 한다.

6-10단

7단 짧은뜨기, 사슬뜨기 〈12코+72사슬〉

• 6단의 2-사슬 공간에 실D를 연결하며 첫 코를 스탠딩 스티치로 뜬다. • 짧은뜨기는 6단의 2-사슬 공간과 5단의 2-사슬 공간에 교대로 뜬다. • 단의 끝에서는 첫 코에 빼뜨기하여 연결한다.

8단 짧은뜨기, 짧은뜨기 2코 모아뜨기 〈108코〉

• 다음 사슬 공간에 [빼뜨기 1+사슬 1+짧은뜨기 1+ …]로 뜨기 시작한다. • 첫 번째 빼뜨기 다음 첫 번째 사슬에 단 마무리를 한다.

Note. 짧은뜨기 2코 모아뜨기: 사슬 공간에 바늘을 넣고 바늘에 실을 걸어 뺀 다음(바늘에 걸린 고리는 2개), 다음 사슬 공간에 바늘을 넣고 실을 걸어 뺀다(바늘에 걸린 고리 3개). 그리고 바늘에 실을 감아 바늘에 걸린 고리 3개를 한꺼번에 빼낸다. 결과적으로 7단의 짧은뜨기 머리 사슬에는 뜨지 않지만, 각 사슬 공간에 다리 하나씩을 남기면서 모아뜨기 코의 머리 사슬이 7단의 짧은뜨기 코 바로 위에 위치하게 된다.

9단 한길 3코 구슬뜨기, 사슬뜨기, 짧은뜨기 〈24코+88사슬〉

• 8단의 짧은뜨기 2코 모아뜨기 코에 실E를 연결하며 첫 코를 스탠딩 스티치로 뜬다. • 각 코너의 구슬뜨기와 직선 구간의 짧은뜨기는 8단의 모아뜨기 코에 뜬다. • 구슬뜨기 코 다음 첫 번째 사슬에 단 마무리를 한다.

10단 한길긴뜨기, 사슬뜨기, 짧은뜨기, 긴뜨기 〈80코+32사슬〉

• 코너의 3-사슬 공간에 실F를 연결하며 첫 코를 스탠딩 스티치로 뜬다. • 두 번째 코에 단 마무리를 한다.

77 긴 6장 꽃잎 사각 모티브 112

Designs By Muggins (Margaret MacInnis) — Canada
mugginsquilts DesignsbyMuggins www.designsbymuggins.com

Level 중급, 고급
Colors A-진주색, B-작약 핑크, C-회청색, D-해바라기색

INSTRUCTIONS

1단 긴뜨기 <12코>

• 실D로 매직 링을 만들고, [기둥코 사슬 2(=긴뜨기 1)]로 뜨기 시작한다. • 두 번째 코, 즉 기둥코가 아닌 첫 번째 실제 긴뜨기 코에 단 마무리를 한다.

2단 앞쪽 반 코 빼뜨기, 사슬뜨기, 뒤쪽 반 코 한길긴뜨기 <6개의 꽃잎>

• 임의의 코 머리 사슬 앞쪽 반 코에 실A를 연결하며 첫 코를 스탠딩 스티치로 뜬다. • 첫 번째 빼뜨기 다음 첫 번째 사슬에 단 마무리를 한다.

3단 뒷산 짧은뜨기, 뒤쪽 반 코 짧은뜨기, 꽃잎 사이 3코 모아뜨기 <6개의 꽃잎>

• 이 단을 뜰 때는 한 사이즈 작은 바늘을 사용한다. • 꽃잎의 끝 2번째 사슬 뒷산에 실B를 연결하며 첫 코를 스탠딩 스티치로 뜬다. • 사슬에 뜨는 짧은뜨기는 뒷산을 주워서 뜨고, 한길긴뜨기 코에 뜨는 짧은뜨기는 뒤쪽 반 코를 주워서 뜬다. • 두 번째 코에 단 마무리를 한다.

Note. 【사슬의 뒷산에 짧은뜨기 1 → [5단의 한길긴뜨기 머리 사슬의 뒤쪽 반 코에 짧은뜨기 1]×5 → 꽃잎 사이 3코 모아뜨기 → [5단의 한길긴뜨기 기초 사슬의 뒷산에 짧은뜨기 1]×5 → 첫 번째 사슬의 뒷산에 짧은뜨기 1 → 사슬 2】×6

Note. 꽃잎 사이 3코 모아뜨기: **1.** 바늘에 실을 감고 꽃잎의 6번째 뒤쪽 반 코 한길긴뜨기의 머리 사슬 뒤쪽 반 코에 바늘을 넣어 실을 걸어 뺀다. 바늘에 실을 감아 바늘에 걸린 고리 중 1개를 빼고, 다시 실을 감아 남아 있는 3개 중 2개의 고리를 빼낸다. **2.** 바늘에 실을 두 번 감은 다음 1단의 건너뛴 긴뜨기 코(두 꽃잎 사이)에 바늘을 넣고 실을 걸어 뺀다. 바늘에 실을 감아 바늘에 걸린 고리 2개를 빼내는 작업을 2번 하면 바늘에 3개의 고리가 남게 된다. **3.** 바늘에 실을 감아 다음 꽃잎의 사슬 뒤쪽 반 코에 바늘을 넣고 실을 걸어 뺀다. 바늘에 실을 감아 바늘에 걸린 고리 중 2개를 빼내고, 다시 실을 감아 남아 있는 고리 4개를 모두 빼낸다.

1-3단

단 마무리(p.19 참조)　뒷산에 짧은뜨기

4단 뒤쪽 반 코 짧은뜨기, 잎걸어 두길긴뜨기, 사슬뜨기 〈42코+24사슬〉
- 다시 원래 사용하던 바늘로 바꿔서 뜬다. • 꽃잎 끝에서 4번째 짧은뜨기에 실C를 연결하며 첫 코를 스탠팅 스티치로 뜬다. • 앞걸어 두길긴뜨기는 3단의 모아뜨기의 가운데 다리에 뜬다. • [사슬 4]를 뜬 다음에는 꽃잎 뒤로 넘겨 놓는다. • 단의 끝에서는 첫 코에 빼뜨기하여 연결한다.

5단 긴뜨기, 잎걸어 한길긴뜨기, 한길긴뜨기 〈72코〉
- [기둥코 사슬 2(=긴뜨기 1)]로 뜨기 시작한다. • 앞걸어 한길긴뜨기는 4단의 앞걸어 두길긴뜨기 코에 뜬다. • 두 번째 코, 즉 기둥코가 아닌 첫 번째 실제 긴뜨기 코에 단 마무리를 한다.

6단 짧은뜨기, 긴뜨기, 두길긴뜨기, 앞걸어 세길긴뜨기 〈60코〉
- 5단의 5-한길긴뜨기 중 첫 번째 코에 실A를 연결하며 첫 코를 스탠딩 스티치로 뜬다.
- 세 번째 한길긴뜨기에 뜨는 긴뜨기는 3단의 2-사슬(꽃잎의 끝)을 감싸서 뜬다. • [두길긴뜨기 2+앞걸어 세길긴뜨기 1+두길긴뜨기 2]는 앞걸어 한길긴뜨기 코에 뜬다. • 두 번째 코에 단 마무리를 한다.

7단 짧은뜨기, 긴뜨기, 한길긴뜨기, 두길긴뜨기, 사슬뜨기 〈80코+8사슬〉
- 앞걸어 세길긴뜨기 코에 실D를 연결하며 첫 코를 스탠딩 스티치로 뜬다. • 두 번째 코에 단 마무리를 한다.

8단 긴뜨기, 사슬뜨기, 한길긴뜨기 〈52코+56사슬〉
- 코너의 사슬 공간에 실C를 연결하며 첫 코를 스탠딩 스티치로 뜬다. • 첫 번째 긴뜨기 다음 첫 번째 사슬에 단 마무리를 한다.

9단 짧은뜨기, 한길긴뜨기, 두길긴뜨기 〈112코〉
- 코너의 첫 번째 긴뜨기 코에 실B를 연결하며 첫 코를 스탠딩 스티치로 뜬다. • 짧은뜨기는 8단의 코에 뜨고, 한길긴뜨기는 8단의 1-사슬 뒤로 바늘을 넣어 7단의 코에, 두길긴뜨기는 8단의 2-사슬 뒤로 바늘을 넣어 7단의 사슬 공간에 뜬다. • 두 번째 코에 단 마무리를 한다.

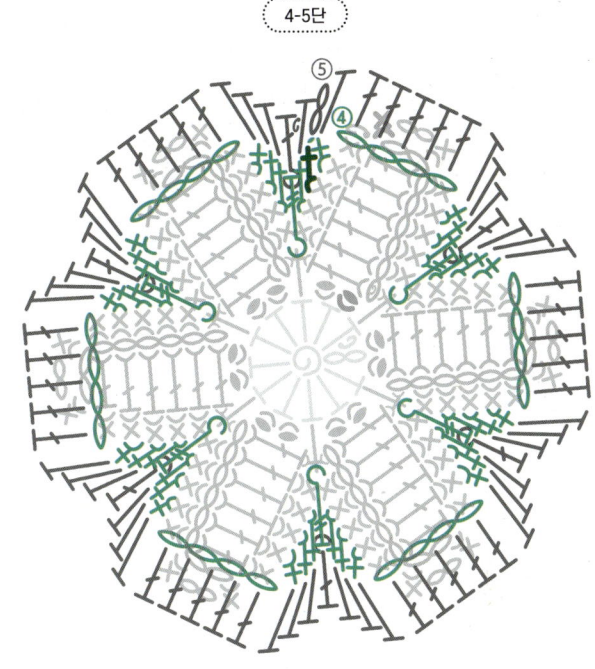

4-5단

6-9단

78 고양이 발톱 사각 모티브 112

Designs By Muggins (Margaret MacInnis) — Canada
ⓘ mugginsquilts f DesignsbyMuggins ⊚ www.designsbymuggins.com

Level 중급
Colors A-크림색, B-옥색, C-회청색, D-진한 회청색, E-밝은 주황, F-진한 주황

INSTRUCTIONS

Note. 이 모티브를 뜰 때는 반드시 단수 표시링을 준비하도록 한다. 이 패턴은 중간 중간 2단 이상 아래로 내려가 뜨기 때문에 그 위치를 정확하게 표시해 두어야 실수 없이 완성할 수 있다.

1단 한길긴뜨기, 사슬뜨기 〈12코+8사슬〉
- 실A로 매직 링을 만들고, [기둥코 사슬 3(=한길긴뜨기 1)]으로 뜨기 시작한다. • 두 번째 코, 즉 기둥코가 아닌 첫 번째 실제 한길긴뜨기 코에 단 마무리를 한다.

2단 한길긴뜨기, 사슬뜨기 〈28코+8사슬〉
- 사슬 공간에 실B를 연결하며 첫 코를 스탠딩 스티치로 뜬다. • 두 번째 코에 단 마무리를 한다. • 단수 표시링을 직선 구간 가운데 있는 한길긴뜨기 다리에 끼워 둔다.

3단 한길긴뜨기, 사슬뜨기 〈44코+8사슬〉
- 코너의 사슬 다음에 있는 첫 번째 한길긴뜨기 코에 실C를 연결하며 첫 코를 스탠딩 스티치로 뜬다. • 단의 끝에서는 첫 코에 빼뜨기하여 연결한다. • 단수 표시링을 코너의 2-사슬 전후의 4번째 한길긴뜨기 다리에 끼워 둔다.

4단 한길긴뜨기, 사슬뜨기 〈60코+8사슬〉
- [기둥코 사슬 3(=한길긴뜨기 1)]으로 뜨기 시작한다. • 두 번째 코, 즉 기둥코가 아닌 첫 번째 실제 한길긴뜨기 코에 단 마무리를 한다. • 단수 표시링을 코너의 2-사슬 전후의 4번째 한길긴뜨기 다리에 끼워 둔다.

5단 한길긴뜨기, 사슬뜨기 〈76코+8사슬〉
- 코너의 사슬 공간에 실D를 연결하며 첫 코를 스탠딩 스티치로 뜬다. • 두 번째 코에 단 마무리를 한다. • 단수 표시링을 코너의 2-사슬 전후의 4번째 한길긴뜨기 다리에 끼워 둔다.

6단 짧은뜨기, 앞걸어 한길긴뜨기/두길긴뜨기/세길긴뜨기/네길긴뜨기, 사슬뜨기 〈84코+8사슬〉
- 코너의 사슬 다음 첫 번째 코에 실A를 연결하며 첫 코를 스탠딩 스티치로 뜬다. • 앞걸어 한길긴뜨기는 5단에서 표시링을 끼워 둔 곳, 앞걸어 두길긴뜨기는 4단에서 표시링을 끼워 둔 곳, 앞걸어 세길긴뜨기는 3단에서 표시링을 끼워 둔 곳, 앞걸어 네길긴뜨

୨ 단 마무리(p.19 참조)   † 길게 당겨 짧은뜨기

기는 2단에서 표시링을 끼워 둔 곳에 뜬다. •단의 끝에서는 첫 코에 빼뜨기하여 연결한다.

Note. 6단에서는 앞서 4개의 단에서 표시링을 걸어둔 위치에 각각 해당하는 앞걸어뜨기를 뜨는데, 걸어 뜬 다리의 길이는 점점 길어지다가 다시 점점 짧아져서 V자 모양을 형성하게 된다. 해당 위치에 올 때마다 표시링을 제거하며 뜨되, 아주 느슨하게 뜨도록 한다.

7단 짧은뜨기 〈96코〉
• [짧은뜨기 1]로 뜨기 시작한다. • 두 번째 코에 단 마무리를 한다.

Note. 도안에는 나와 있지 않지만, 6단까지 떴을 때 단의 끝선이 매끄럽지 않고 들쑥날쑥하다면 다음과 같은 방법으로 7단을 떠서 단의 끝선을 고르게 만들어준다.
【[사슬 1+짧은뜨기 1] → [긴뜨기 1]×4 → [한길긴뜨기 1]×3 → [두길긴뜨기 1]×3 → [한길긴뜨기 1]×3 → [긴뜨기 1]×4 → [짧은뜨기 1]×2 → [사슬 공간에 짧은뜨기 3] → [짧은뜨기 1]】을 4번 반복한다.

8단 짧은뜨기, 사슬뜨기 〈52코+56사슬〉
• 코너의 3-짧은뜨기 중 가운데 코에 실E를 연결하며 첫 코를 스탠딩 스티치로 뜬다.
• 첫 번째 짧은뜨기 다음 첫 번째 사슬에 단 마무리를 한다.

9단 짧은뜨기, 사슬뜨기, 길게 당겨 짧은뜨기 〈104코+8사슬〉
• 코너의 사슬 공간에 실F를 연결하며 첫 코를 스탠딩 스티치로 뜬다. • 길게 당겨 짧은뜨기는 8단의 1-사슬을 감싸며 7단의 뜨지 않고 남아 있는 코에 뜬다. • 첫 번째 짧은뜨기 다음 첫 번째 사슬에 단 마무리를 한다.

Note. 길게 당겨 짧은뜨기: 코에 바늘을 넣고 바늘 끝에 실을 걸어 뺄 때 실을 좀 더 길게 당겨서 다른 코들과 높이를 맞춘다.

이 모티브는 실A와 실C/D의 색이 강한 대비를 이루게 선택하여 뜨면 그 특징이 잘 드러난다.

79 스퀘어 센터 사각 모티브 ⓘ

Designs By Muggins (Margaret MacInnis) — Canada
 mugginsquilts DesignsbyMuggins www.designsbymuggins.com

Level 고급
Colors A-진한 청록, B-올드 핑크, C-자작나무색

INSTRUCTIONS

1단 한길긴뜨기, 사슬뜨기 〈12코+12사슬〉
- 실A로 매직 링을 만들고, [기둥코 사슬 3(=한길긴뜨기 1)]으로 뜨기 시작한다. • 단의 끝에서는 3번째 사슬에 빼뜨기하여 연결한다.

2단 한길긴뜨기 〈32코〉
- [기둥코 사슬 3(=한길긴뜨기 1)]으로 뜨기 시작한다. • 두 번째 코, 즉 기둥코가 아닌 첫 번째 실제 한길긴뜨기 코에 단 마무리를 한다.

3단 짧은뜨기 〈40코〉
- 코너의 5-한길긴뜨기 중 마지막 코에 실B를 연결하며 첫 코를 스탠딩 스티치로 뜬다.
- 단의 끝에서는 첫 코에 빼뜨기하여 연결한다. • 마지막 고리에 단수 표시링을 끼우고, 4단을 뜨는 동안 실과 고리를 편물 뒤쪽으로 넘겨 놓는다.

4단 한길 2코 구슬뜨기, 사슬뜨기, 짧은뜨기 〈32코+24사슬〉
- 코너의 3-짧은뜨기 중 두 번째 코에 [빼뜨기 1]로 실C를 연결한다. • 단의 끝에서는 첫 번째 구슬뜨기 코에 빼뜨기하여 연결한다. • 마지막 고리에 단수 표시링을 끼우고, 5단을 뜨는 동안 실과 고리를 편물 뒤쪽으로 넘겨 놓는다.

Note. 첫 번째 한길 2코 구슬뜨기: 코너의 두 번째 짧은뜨기 코에 빼뜨기하여 실을 연결하고 사슬 2를 뜬 다음, 바늘에 실을 감아 같은 코에 바늘을 넣고 실을 걸어 뺀 다음, 바늘에 실을 감아 바늘에 걸린 고리 2개를 빼낸다. 다시 바늘에 실을 감아 바늘에 걸린 고리를 모두 빼낸다.

5단 X 뜨기(한길긴뜨기 교차뜨기, 사슬뜨기), 짧은뜨기, 사슬뜨기 〈28코+28사슬/8개의 X〉
- 3단에서 표시링을 끼워 두었던 고리(실B)에 다시 바늘을 끼우고, 4단의 짧은뜨기 다음 공간에 [빼뜨기 1+기둥코 사슬 3(=한길긴뜨기 1)]으로 시작한다. • 단의 끝에서는 첫 번째 X 뜨기의 사슬을 감싸며 빼뜨기하여 연결한다. • 마지막 고리에 단수 표시링을 끼우고, 6단을 뜨는 동안 실과 고리를 편물 뒤쪽으로 넘겨 놓는다.

Note. X 뜨기: 짧은뜨기 다음·구슬뜨기 앞에 있는 공간으로 건너뛰어 [한길긴뜨기 1]을 하고, [사슬 1]을 뜬 다음 짧은뜨기 오른쪽에 있는 공간에(방금 만들어진 한길긴뜨기를 감싸며) [한길긴뜨기 1]을 뜬다. 단, 단의 처음에 뜨는 X 뜨기는 짧은뜨기 다음 공간에 빼뜨기를 하고 [사슬 4(기둥코 사슬 3+사슬 1)]를 뜬 다음 이어서 다음 한길긴뜨기를 교차뜨기로 뜬다.

9단 마무리(p.19 참조)

6단 한길 2코 구슬뜨기, 사슬뜨기, 앞걸어 짧은뜨기 〈48코+32사슬〉

• 4단에서 표시링을 끼워 두었던 고리(실C)에 다시 바늘을 끼우고, 3-사슬 공간에 [빼뜨기 1]로 뜨기 시작한다. • 단의 끝에서는 첫 번째 구슬뜨기 코에 빼뜨기하여 연결하고 실을 잘라 정리한다.

7단 X 뜨기, 사슬뜨기, 짧은뜨기 〈40코+48사슬〉

• 5단에서 표시링을 끼워 두었던 고리(실B)에 다시 바늘을 끼우고, 6단의 앞걸어 짧은뜨기 다음 공간에 빼뜨기를 하고 X 뜨기를 시작한다. X 뜨기 방법은 5단에서와 같다. • 단의 끝에서는 3-사슬을 감싸며 빼뜨기하여 연결한다.

8단 앞걸어 한길긴뜨기, 긴뜨기, 한길긴뜨기 〈96코〉

• [사슬 2+앞걸어 한길긴뜨기 1]로 뜨기 시작한다. 이때 앞걸어 한길긴뜨기는 7단에서 마지막에 빼뜨기한 3-사슬을 감싸서 뜬다. • 두 번째 코(긴뜨기)에 단 마무리를 한다.

9단 한길긴뜨기, 사슬뜨기, 긴뜨기, 짧은뜨기 〈108코+4사슬〉

• 코너의 사슬 공간에 뜬 5-한길긴뜨기 중 3번째 코에 실A를 연결하며 첫 코를 스탠딩 스티치로 뜬다. • 두 번째 코에 단 마무리를 한다.

161

80 접힌 꽃잎 사각 모티브

Crochetedbytess (Therese Eghult) — Sweden
www.sistersinstitch.com

Level 고급
Colors A-레몬색, B-진주색, C-유칼립투스색, D-크림색, E-올드 핑크

INSTRUCTIONS

1단 짧은뜨기 〈8코〉
• 실A로 매직 링을 만들어 뜬다. • 단의 끝에서는 첫 코에 빼뜨기한다.
Note. 매직 링의 꼬리실은 단단히 조이지 말고 느슨하게 당겨 둔다.

2단 겹짧은뜨기 〈16코〉
• [사슬 1]을 뜬 다음 1단을 너머 매직 링 안으로 바늘을 넣어 짧은뜨기(=겹짧은뜨기)를 뜬다. • 두 번째 코에 단 마무리를 한다.
Note. 2단을 뜨고 나면 매직 링의 꼬리실을 당겨 링을 조인다.

3단 짧은뜨기, 사슬뜨기, 긴뜨기 〈8개의 꽃잎〉
• 임의의 코에 실B를 연결하며 첫 코를 스탠딩 스티치로 뜬다. • 짧은뜨기 1 → 【사슬 3 → 2코 건너뛰기(첫 번째 건너뛴 코에 단수 표시링 끼우기) → 짧은뜨기 1 → 안쪽이 보이도록 편물 돌리기 → 3-사슬 공간에 [긴뜨기 8] → 겉쪽이 보이도록 편물 돌리기 → 앞서 건너뛰었던 2코 중 2번째 코에 [짧은뜨기 1]】을 7번 반복 → 사슬 3 → 첫 번째 꽃잎의 뒤쪽에서 표시링을 끼워 두었던 코에 [짧은뜨기 1] → 편물 돌리기 → 3-사슬 공간에 [긴뜨기 8] → 편물 돌리기 → 첫 번째 짧은뜨기 다리에 [빼뜨기 1] → 첫 번째 짧은뜨기 코에 단 마무리

4단 서드 루프에 짧은뜨기, 사슬뜨기 〈8코+24사슬〉
• 2단의 짧은뜨기 코 서드 루프에 실C를 연결하며 첫 코를 스탠딩 스티치로 뜬다. • 단의 끝에서는 첫 코에 빼뜨기하여 연결한다.

5단 긴뜨기 〈32코〉
• 다음 사슬 공간에 [빼뜨기 1+기둥코 사슬 2(=긴뜨기 1)+긴뜨기 3]으로 뜨기 시작한다. • 단의 끝에서는 2번째 사슬에 빼뜨기하여 연결한다.

1-3단

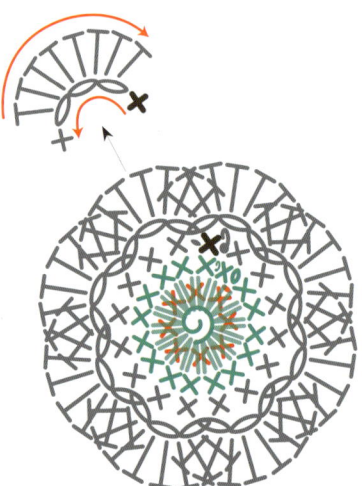

୨ 단 마무리(p.19 참조)   ✗ 겹짧은뜨기

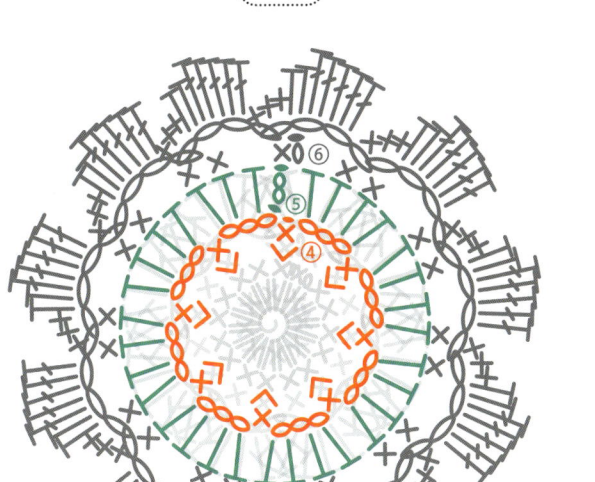

(4-6단)

▽ 서드 루프에 뜨기(p.15 참조)

(7-11단)

6단 짧은뜨기, 사슬뜨기, 긴뜨기, 한길긴뜨기 〈11개의 꽃잎〉

- [사슬 1+짧은뜨기 1] → [사슬 4] → 2코 건너뛰기 → [짧은뜨기 1] → 안쪽이 보이도록 편물 돌리기 → 4-사슬 공간에 [짧은뜨기 3+긴뜨기 2+한길긴뜨기 5] → 겉쪽이 보이도록 편물 돌리기 → 앞서 건너뛰었던 2코 중 2번째 코에 [짧은뜨기 1] → 【사슬 4 → 3코 건너뛰기 → 짧은뜨기 1 → 안쪽이 보이도록 편물 돌리기 → 4-사슬 공간에 [짧은뜨기 3+긴뜨기 2+한길긴뜨기 5] → 겉쪽이 보이도록 편물 돌리기 → 앞서 건너뛰었던 3코 중 2번째 코에 [짧은뜨기 1]】을 9번 반복 → 사슬 4 → 2코 건너뛰기→ 첫 번째 짧은뜨기 코에 빼뜨기 → 안쪽이 보이도록 편물 돌리기 → 4-사슬 공간에 [짧은뜨기 3+긴뜨기 2+한길긴뜨기 5] → 겉쪽이 보이도록 편물 돌리기 → 첫 번째 짧은뜨기 코에 [빼뜨기 1]

Note. 손으로 잘 만져서 꽃잎 모양을 잡아준다.

7단 빼뜨기, 사슬뜨기 〈11코+44사슬〉

- 5단의 다음 코에 [빼뜨기 1+사슬 4]로 뜨기 시작한다. • 빼뜨기는 꽃잎 뒤에서 6단에서 뜨지 않고 건너뛴 5단의 남아 있는 긴뜨기 코에 뜬다. • 첫 번째 빼뜨기 다음 첫 번째 사슬에 단 마무리를 한다.

Note. 꽃잎을 아래로 접어 내리고 뜨면 편리하다.

8단 긴뜨기 〈44코〉

- 사슬 공간에 실D를 연결하며 첫 코를 스탠딩 스티치로 뜬다. • 단의 끝에서는 첫 코에 빼뜨기하여 연결한다.

9단 한길긴뜨기, 긴뜨기, 짧은뜨기, 사슬뜨기 〈52코+8사슬〉

- [기둥코 사슬 3(=한길긴뜨기 1)+한길긴뜨기 1]로 뜨기 시작한다. • 두 번째 코, 즉 기둥코가 아닌 첫 번째 실제 한길긴뜨기 코에 단 마무리를 한다.

10단 한길긴뜨기, 사슬뜨기, 긴뜨기 〈64코+8사슬〉

- 코너의 사슬 공간에 실B를 연결하며 첫 코를 스탠딩 스티치로 뜬다. • 두 번째 코에 단 마무리를 한다.

11단 짧은뜨기, 사슬뜨기 〈76코+4사슬〉

- 코너의 사슬 공간에 실E를 연결하며 첫 코를 스탠딩 스티치로 뜬다. • 두 번째 코에 단 마무리를 한다.

1-5단

ᕡ 단 마무리(p.19 참조)

81 연금술사의 정원 사각 모티브

CatsWhiskers Crochet (Christine Bateman) — United Kingdom
ChrisLudlow   @ludlowsophie

Level 고급
Colors A-연두색, B-파스텔 핑크, C-크림색, D-올드 핑크, E-자줏빛 보라, F-보라색

이 모티브는 9단까지 뜨면 80코 사각 모티브가 되고, 13단까지 뜨면 112코 사각 모티브가 된다.

INSTRUCTIONS

1단   두길긴뜨기, 사슬뜨기, 한길긴뜨기 〈16코+8사슬〉
• 실A로 매직 링을 만들고, [사슬 6(=두길긴뜨기 기둥코 사슬 4+사슬 2)]으로 뜨기 시작한다.   • 4번째 사슬에 단 마무리를 한다.

2단   짧은뜨기, 사슬뜨기 〈20코+8사슬〉
• 사슬 공간에 실B를 연결하며 첫 코를 스탠딩 스티치로 뜬다.   • 첫 번째 짧은뜨기 다음 첫 번째 사슬에 단 마무리를 한다.

3단   짧은뜨기, 긴뜨기, 한길긴뜨기, 사슬뜨기 〈28코+8사슬〉
• 사슬 공간에 실C를 연결하며 첫 코를 스탠딩 스티치로 뜬다.   • 사슬 공간에 뜨는 짧은뜨기마다 단수 표시링을 끼워 둔다.   • 두 번째 코에 단 마무리를 한다.

4단   한길긴뜨기, 사슬뜨기, 긴뜨기, 앞걸어 두길긴뜨기 〈40코+12사슬〉
• 2-사슬 공간에 실B를 연결하며 첫 코를 스탠딩 스티치로 뜬다.   • 앞걸어 두길긴뜨기는 1단의 두길긴뜨기 코에 뜬다.   • 앞걸어 두길긴뜨기 사이에 뜬 사슬에 단수 표시링을 끼워 둔다.   • 두 번째 코에 단 마무리를 한다.

5단   짧은뜨기, 사슬뜨기, 긴뜨기, 앞걸어 한길긴뜨기와 긴뜨기 교차뜨기 〈48코+8사슬〉
• 코너의 사슬 공간에 실D를 연결하며 첫 코를 스탠딩 스티치로 뜬다.   • 앞걸어 한길긴뜨기와 긴뜨기 교차뜨기를 할 때, 긴뜨기를 앞걸어 한길긴뜨기 뒤에 뜬다는 점에 주의한다.   • 첫 번째 짧은뜨기 다음 첫 번째 사슬에 단 마무리를 한다.

6단   뒤걸어 짧은뜨기, 긴 한길긴뜨기, 짧은뜨기, 사슬뜨기 〈56코+8사슬〉
• 코너의 사슬 다음 첫 번째 코에 실E를 연결하며 첫 코를 스탠딩 스티치로 뜬다.   • 긴 한길긴뜨기는 3단의 표시링을 끼워 두었던 코에 뜬다.   • 긴 한길긴뜨기 뒤로 가려지는 코도 건너뛰지 않고 [짧은뜨기 1]을 뜬다는 점에 주의한다.   • 두 번째 코에 단 마무리를 한다.

Note. 긴 한길긴뜨기 뜨는 법은 p.13 참조

7단 서드 루프에 긴뜨기, 짧은뜨기, 사슬뜨기 〈40코+16사슬〉

• 코너의 사슬 다음 첫 번째 코의 서드 루프에 실F를 연결하며 첫 코를 스탠딩 스티치로 뜬다. • 두 번째 코에 단 마무리를 한다.

8단 두길 4코 구슬뜨기, 사슬뜨기, 한길긴뜨기, 긴뜨기, 긴 두길긴뜨기, 짧은뜨기 〈56코+8사슬〉

• 코너의 사슬 공간에 실A를 연결하며 첫 코를 스탠딩 스티치로 뜬다. • 긴 두길긴뜨기는 4단의 표시링을 끼워 두었던 코에 뜬다. • 긴 두길긴뜨기 뒤로 가려지는 코도 건너뛰지 않고 [짧은뜨기 1]을 뜬다는 점에 주의한다. • 구슬뜨기 다음 첫 번째 사슬에 단 마무리를 한다.

Note. 긴 두길긴뜨기 뜨는 법은 p.14쪽 참조

Note. 8단에서 코너 부분이 오므라들 수 있지만, 다음 단을 뜨면 평평해지면서 모양이 잡힌다.

9단 한길긴뜨기, 사슬뜨기, 앞걸어 긴뜨기, 짧은뜨기 〈72코+8사슬〉

• 코너의 사슬 공간에 실C를 연결하며 첫 코를 스탠딩 스티치로 뜬다. • 두 번째 코에 단 마무리를 한다.

Note. 9단까지 뜨면 80코 사각 모티브가 끝나고, 10-13단까지 이어서 뜨면 112코 모티브가 된다.

6-9단

긴 한길긴뜨기 서드 루프에 뜨기(p.15 참조) 긴 두길긴뜨기

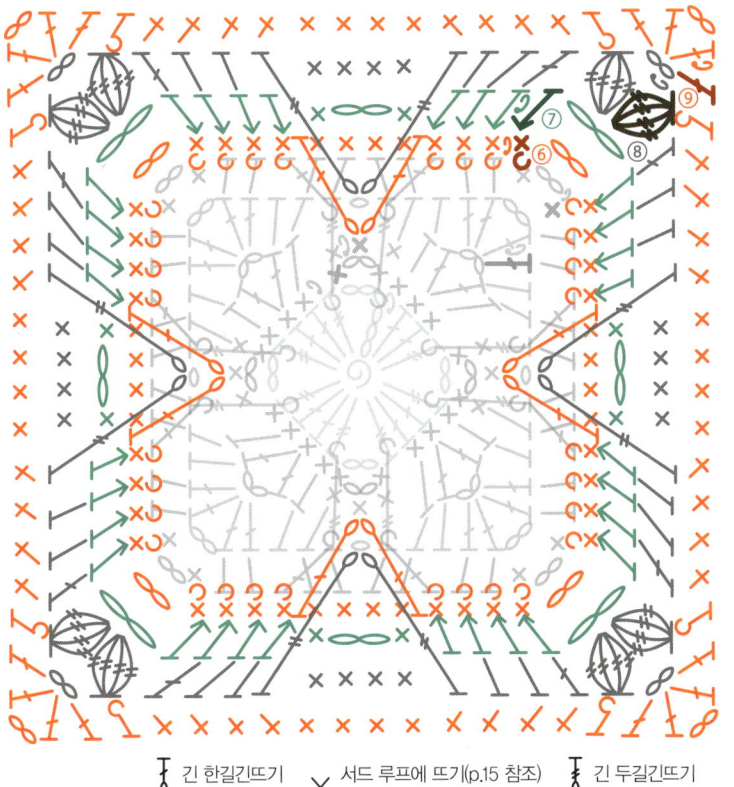

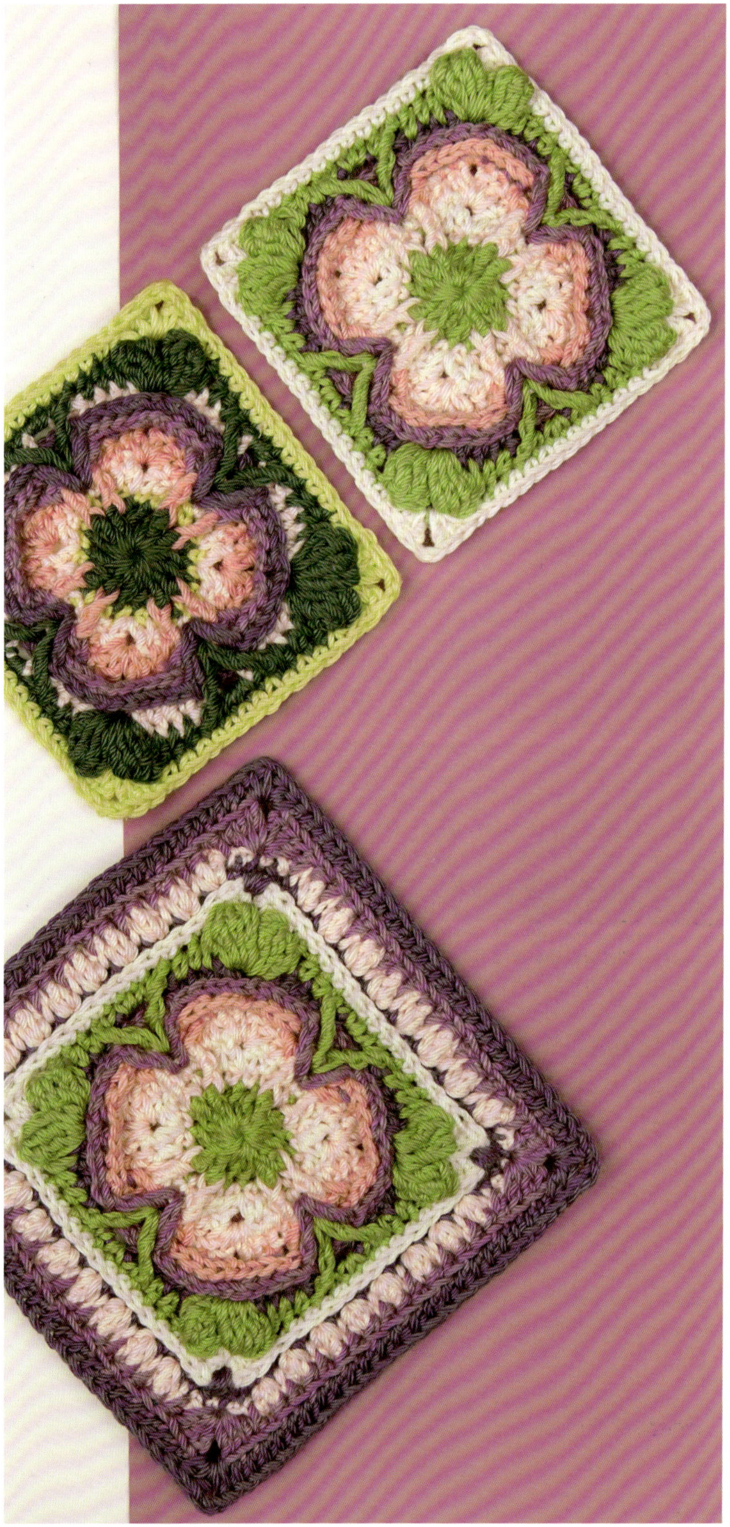

10단 짧은뜨기, 사슬뜨기, 서드 루프에 짧은뜨기 〈80코+8사슬〉
- 코너의 사슬 공간에 실F를 연결하며 첫 코를 스탠딩 스티치로 뜬다.
- 첫 번째 짧은뜨기 다음 첫 번째 사슬에 단 마무리를 한다.

11단 짧은뜨기, 빼뜨기, 한길긴뜨기 〈144코〉
- 코너의 사슬 공간에 실B를 연결하며 첫 코를 스탠딩 스티치로 뜬다.
- 두 번째 코에 단 마무리를 한다.

Note. 11단을 뜨고 났을 때는 편물이 다소 울 수 있지만, 다음 단을 뜨고 나면 다시 펴지며 모양이 제대로 잡힌다.

12단 한길긴뜨기, 사슬뜨기, 앞걸어 짧은뜨기 〈92코+8사슬〉
- 코너의 짧은뜨기 코에 실E를 연결하며 첫 코를 스탠딩 스티치로 뜬다. • 두 번째 코에 단 마무리를 한다.

13단 긴뜨기, 사슬뜨기, 뒤쪽 반 코 긴뜨기 〈104코+8사슬〉
- 코너의 사슬 공간에 실F를 연결하며 첫 코를 스탠딩 스티치로 뜬다.
- 두 번째 코에 단 마무리를 한다.

▽ 서드 루프에 뜨기(p.15 참조)

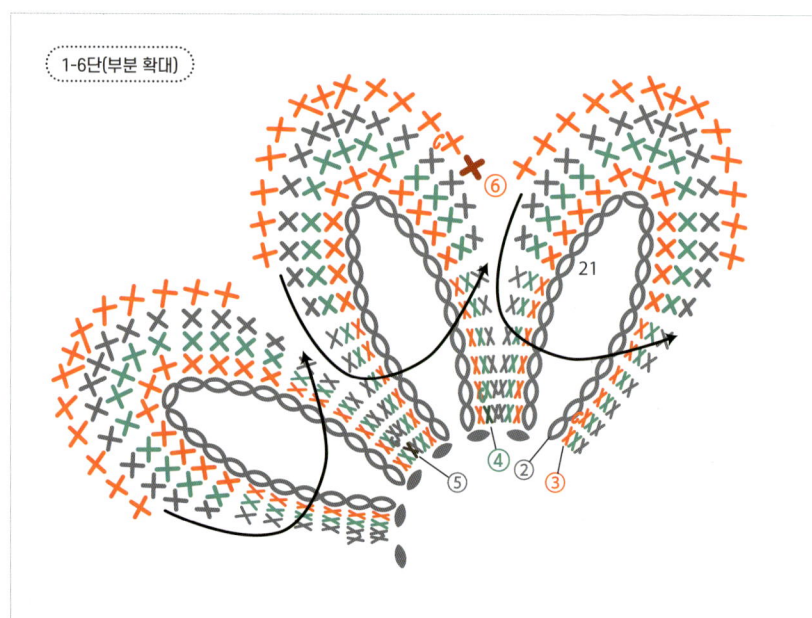

82 풍차 사각 모티브 ⑪

Madelenón (Soledad Iglesias Silva) — Argentina
 www.madelenon.com @handmadelenon madelenonface

Level 고급
Colors A-파스텔 핑크, B-올드 핑크, C-진한 분홍

INSTRUCTIONS

1단 한길긴뜨기 〈16코〉
- 실A로 매직 링을 만들고, [기둥코 사슬 3(=한길긴뜨기 1)]으로 뜨기 시작한다. • 단의 끝에서는 3번째 사슬에 빼뜨기하여 연결한다.

2단 사슬뜨기, 빼뜨기 〈8개의 꽃잎〉
- [사슬 21] → [다음 코에 빼뜨기 1]×2로 뜨기 시작한다. 총 8번을 반복해 뜬다.

3단 짧은뜨기 〈8개의 꽃잎〉
- 다음 사슬에 [짧은뜨기 1]로 뜨기 시작한다. • 꽃잎별로 10개 사슬에 각각 [짧은뜨기 1], 꽃잎 끝의 사슬 1개에 [짧은뜨기 3], 다시 10개 사슬에 각각 [짧은뜨기 1]을 뜬다.
- 두 번째 코에 단 마무리를 한다.

4-5단 짧은뜨기 〈8개의 꽃잎〉
- 꽃잎의 첫 번째 짧은뜨기 코에 각각 실B(4단), 실C(5단)를 연결하며 첫 코를 스탠딩 스티치로 뜬다. • 전단의 각 코마다 [짧은뜨기 1]을 뜨고, 꽃잎 끝의 코에만 [짧은뜨기 3]을 뜬다. • 두 번째 코에 단 마무리를 한다. • 5단을 뜬 후에 각각의 꽃잎을 비틀어 접어 꽃잎의 뾰족한 끝쪽은 편물의 안쪽이 보이도록 한다.

6단 짧은뜨기 〈8개의 꽃잎〉
- 접어놓은 꽃잎의 끝 중심에서 거꾸로 5코를 세어서 그곳에 실A를 연결하며 첫 코를 스탠딩 스티치로 뜬다. 뒤틀린 꽃잎이 한 줄에 있는 것처럼 연결해 떠 나간다. • 두 번째 코에 단 마무리를 한다.

7단 짧은뜨기, 긴뜨기, 한길긴뜨기, 빼뜨기, 세길긴뜨기, 사슬뜨기 〈88코+12사슬〉
- 꽃잎 끝의 3-짧은뜨기 중 가운데 코에 실B를 연결하며 첫 코를 스탠딩 스티치로 뜬다. • 세길긴뜨기는 두 꽃잎 사이(6단의 짧은뜨기 사이)에 뜬다. • 두 번째 코에 단 마무리를 한다.

8단 긴뜨기, 사슬뜨기, 짧은뜨기 〈104코+8사슬〉
- 코너의 사슬 공간에 실C를 연결하며 첫 코를 스탠딩 스티치로 뜬다. • 두 번째 코에 단 마무리를 한다.

 단 마무리(p.19 참조)

83 스타 스티치 사각 모티브 🟠112

Vivid Kreations (Mikaela Bates) — Australia
🔵 www.vividkreations.com.au 📷 @vividkreations 📘 VK.VividKreations

Level 고급
Colors A-크림색, B-연한 회청색, C-남색, D-바다색, E-라벤더색, F-와인색, G-진한 분홍, H-연어색

INSTRUCTIONS

Note. 이 패턴은 두 가지 사이즈 바늘로 뜬다. (10단에서 한 사이즈 큰 것으로 뜨기)

1단 짧은뜨기, 한길긴뜨기, 사슬뜨기 〈15코+10사슬〉
- 실A로 매직 링을 만들어 뜬다. • 두 번째 코에 단 마무리를 한다.

2단 뒤쪽 반 코 한길긴뜨기, 사슬뜨기, 짧은뜨기 〈10코+20사슬〉
- 짧은뜨기 코에 실B를 연결하며 첫 코를 스탠딩 스티치로 뜬다. • 첫 번째 뒤쪽 반 코 한길긴뜨기 다음 첫 번째 사슬에 단 마무리를 한다.

3단 앞걸어 한길긴뜨기, 긴뜨기 〈40코〉
- 뒤쪽 반 코 한길긴뜨기 코에 실B를 연결하며 첫 코를 스탠딩 스티치로 뜨되, 그 다음에 뜨는 긴뜨기는 실C로 바꿔 뜬다는 점을 고려하며 뜬다. • 전단의 한길긴뜨기와 짧은뜨기에 뜨는 앞걸어 한길긴뜨기는 실B로, 사슬 공간에 뜨는 긴뜨기는 실C로 뜬다.
- 단의 끝에서는 마지막 긴뜨기 마지막 단계에서 실B로 바꾸고, 첫 코에 빼뜨기하여 연결한다.

Note. 단의 중간에서 실 바꿔 뜨는 법은 p.18 참조

4단 앞걸어 한길긴뜨기, 긴뜨기 〈50코〉
- [사슬 1+앞걸어 한길긴뜨기 1](실B)로 뜨기 시작한다. • 전단과 마찬가지로, 앞걸어 한길긴뜨기는 실B로, 긴뜨기는 실C로 뜬다. • 긴뜨기 다음에 뜨는 앞걸어 한길긴뜨기는 긴뜨기와 같은 코(각각 머리 사슬과 다리)에 뜨는 점에 주의한다. 따라서 마지막 긴뜨기는 처음에 앞걸어 한길긴뜨기를 떴던 코에 뜬다. • 두 번째 코에 단 마무리를 한다.

5단 짧은뜨기 〈50코〉
- 앞걸어 한길긴뜨기 코에 실D를 연결하고 첫 코를 스탠딩 스티치로 뜬다. • 단의 끝에서는 첫 코에 빼뜨기하여 연결한다.

6단 뒤쪽 반 코 짧은뜨기 〈56코〉
- [뒤쪽 반 코 짧은뜨기 1]로 뜨기 시작한다. • 두 번째 코에 단 마무리를 한다.

1-6단

🔚 단 마무리(p.19 참조)

7단 뒤쪽 반 코 긴뜨기/한길긴뜨기, 사슬뜨기, 변형 두길 2코 모아뜨기, 뒤쪽 반 코 짧은뜨기 〈52코+16사슬〉

• 5단의 앞걸어 한길긴뜨기 위에 있는 6단의 짧은뜨기 코에 실E를 연결하며 첫 코를 스탠딩 스티치로 뜬다. • 단의 끝에서는 첫 코에 빼뜨기하여 연결한다.

Note. 변형 두길 2코 모아뜨기: 바늘에 실을 2번 감아 바늘을 첫 번째 코에 넣은 다음 실을 걸어 뺀다(바늘에 걸린 고리 4개). 바늘에 실을 감아 바늘에 걸린 고리 2개를 뺀다(고리 3개). 다시 바늘에 실을 감아 다음 코에 바늘을 넣고 실을 걸어 뺀다(고리 5개). 바늘에 실을 감아 바늘에 걸린 고리 2개를 빼는 작업을 총 4번 반복한다.

8단 긴뜨기, 한길긴뜨기, 사슬뜨기, 앞걸어 한길긴뜨기 〈72코+8사슬〉

• [기둥코 사슬 2(=긴뜨기 1)로 뜨기 시작한다. • 두 번째 코, 즉 기둥코가 아닌 첫 번째 실제 긴뜨기 코에 단 마무리를 한다.

9단 짧은뜨기, 사슬뜨기, 뒤쪽 반 코 짧은뜨기 〈84코+8사슬〉

• 코너의 첫 번째 사슬에 실F를 연결하며 첫 코를 스탠딩 스티치로 뜬다. • 두 번째 코에 단 마무리를 한다.

10단 뒤쪽 반 코 한길긴뜨기, 스타 스티치, 한길긴뜨기, 사슬뜨기 〈60코+8사슬(스타 스티치는 1코로 계산)〉

• 한 사이즈 큰 바늘을 이용해 뜬다. • 코너의 두 번째 짧은뜨기 머리 사슬 뒤쪽 반 코에 실G를 연결하며 첫 코를 스탠딩 스티치로 뜬다. • 사슬 공간에 뜨는 한길긴뜨기는 해당 단의 다른 뜨개와 높이가 맞도록 약간 길게 뜬다. • 두 번째 코에 단 마무리를 한다.

Note. 첫 번째 스타 스티치: **1.** 방금 뜬 한길긴뜨기의 머리 사슬 아래 사선으로 지나가는 줄에 바늘을 넣고 실을 걸어 뺀다(바늘에 걸린 고리 2개). **2.** 한길긴뜨기의 아래 왼쪽에 보이는 세로줄 2가닥에 바늘을 넣고 실을 걸어 뺀다(바늘에 걸린 고리 3개). **3.** 한길긴뜨기를 뜬 코와 같은 곳(전단의 짧은뜨기 뒤쪽 반 코)에 바늘을 넣고 실을 걸어 뺀다(바늘에 걸린 고리 4개). **4.** 그다음 짧은뜨기의 뒤쪽 반 코에 바늘을 넣고 실을 걸어 길게 뺀다(바늘에 걸린 고리 5개). **5.** 그다음 짧은뜨기의 뒤쪽 반 코에 바늘을 넣고 실을 걸어 길게 뺀다(바늘에 걸린 고리 6개). **6.** 바늘에 실을 감아 바늘에 걸린 고리 6개를 모두 빼낸다. **7.** 사슬 1을 뜬다.

Note. 스타 스티치: **1.** 앞에서 뜬 스타 스티치 마지막에 뜬 사슬 아래 공간에 바늘을 넣고 실을 걸어 뺀다(바늘에 걸린 고리 2개). **2.** 이전 스타 스티치에서 다리 부분에 있는 세로줄 2가닥에 바늘을 넣고 실을 걸어 뺀다(바늘에 걸린 고리 3개). **3.** 이전 스타 스티치에서 마지막에 떴던 짧은뜨기 머리 사슬 뒤쪽 반 코에 바늘을 넣고 실을 걸어 뺀다(바늘에 걸린 고리 4개). **4.** 다음 짧은뜨기 머리 사슬 뒤쪽 반 코에 바늘을 넣고 실을 걸어 길게 뺀다(바늘 위에 고리 5개). **5.** 그다음 짧은뜨기 머리 사슬 뒤쪽 반 코에 바늘을 넣고 실을 걸어 길게 뺀다(바늘에 걸린 고리 6개). **6.** 바늘에 실을 감아 바늘에 걸린 고리 6개를 모두 빼낸다. **7.** 사슬 1을 뜬다.

11단 뒤쪽 반 코 짧은뜨기, 짧은뜨기, 앞걸어 짧은뜨기, 짧은뜨기, 사슬뜨기 〈104코+8사슬〉

• 원래 뜨던 바늘로 바꾸고 코너 다음 첫 번째 한길긴뜨기 뒤쪽 반 코에 실H를 연결하며 첫 코를 스탠딩 스티치로 뜬다. • 뒤쪽 반 코에 뜨기와 머리 사슬에 뜨기가 번갈아 나타나므로 도안을 주의 깊게 보면서 뜬다. • 두 번째 코에 단 마무리를 한다.

7-11단

⸜ 변형 두길 2코 모아뜨기(지문 설명 참조)   ⚹ 스타 스티치(지문 설명 참조)

84 로제트 사각 모티브 112

Spincushions (Shelley Husband) — Australia
 www.spincushions.com @spincushions Spincushions

Level 고급
Colors A-밝은 파랑, B-터키블루, C-아쿠아블루, D-크림색

INSTRUCTIONS

1단 한길긴뜨기 〈12코〉
• 실A로 매직 링을 만들고, [기둥코 사슬 3(=한길긴뜨기 1)]으로 뜨기 시작한다. •단의 끝에서는 3번째 사슬에 빼뜨기하여 연결한다.

2단 한길긴뜨기 〈24코〉
• [기둥코 사슬 3(=한길긴뜨기 1)+한길긴뜨기 1]로 뜨기 시작한다. •단의 끝에서는 3번째 사슬에 빼뜨기하여 연결한다.

3단 앞걸어 한길긴뜨기, 한길긴뜨기 〈24코〉
• [기둥코 사슬 3(=한길긴뜨기 1)]으로 뜨기 시작한다. •두 번째 코, 즉 기둥코가 아닌 첫 번째 실제 앞걸어 한길긴뜨기 코에 단 마무리를 한다.
Note. 3단을 뜨고 나면 의도적으로 오그라들게 했다는 것을 알 수 있다.

4단 뒤걸어 짧은뜨기, 한길긴뜨기 〈30코〉
• 한길긴뜨기 코(앞걸어뜨기 코 아님)에 실B를 연결하며 첫 코를 스탠딩 스티치로 뜬다.
• 뒤걸어 짧은뜨기는 3단에 뜨고, 한길긴뜨기는 3단의 앞걸어 한길긴뜨기 뒤에서 2단의 뜨지 않고 남아 있는 코에 뜬다. •단의 끝에서는 첫 코에 빼뜨기하여 연결한다.

5단 한길긴뜨기, 사슬뜨기, 빼뜨기 〈42코+24사슬〉
• [기둥코 사슬 3(=한길긴뜨기 1)]으로 뜨기 시작한다. •단의 끝에서는 3번째 사슬에 빼뜨기하여 연결한다.

6단 한길 2코 모아뜨기, 사슬뜨기, 짧은뜨기, 한길긴뜨기 〈24코+48사슬〉
• [기둥코 사슬 3(=한길긴뜨기 1)]으로 뜨기 시작한다. •짧은뜨기는 4단의 한길긴뜨기 사이에 뜬다. •단의 끝에서는 3번째 사슬에 빼뜨기하여 연결한다.

7단 한길 5코 팝콘뜨기, 사슬뜨기 〈6개의 팝콘뜨기+60사슬〉
• 팝콘뜨기와 사슬뜨기를 반복하여 뜨되, [사슬 10]은 조금 느슨하게 뜬다. •첫 번째 팝콘뜨기 다음 첫 번째 사슬에 단 마무리를 한다.
Note. 첫 번째 한길 5코 팝콘뜨기=기둥코 사슬 3(=한길긴뜨기 1)+한길긴뜨기 4+바늘을 뺐다가 기둥코의 3번째 사슬에 바늘을 넣고 바늘 끝에 마지막 고리를 걸어 빼낸 다음, [사슬 1]로 마무리한다(마지막 사슬은 별도의 코로 세지 않음).

8단 짧은뜨기 〈84코〉
- 팝콘뜨기 코에 실C를 연결하고 첫 코를 스탠딩 스티치로 뜬다. • 단의 끝에서는 첫 코에 빼뜨기하여 연결한다.

9단 한길긴뜨기, 짧은뜨기 〈76코〉
- [기둥코 사슬 3(=한길긴뜨기 1)+한길긴뜨기 4]로 뜨기 시작한다. • 두 번째 코, 즉 기둥코가 아닌 첫 번째 실제 한길긴뜨기 코에 단 마무리를 한다.

10단 한길긴뜨기, 사슬뜨기, 긴뜨기, 짧은뜨기 〈104코+8사슬〉
- 코너의 5-한길긴뜨기 중 가운데 코에 실D를 연결하고 첫 코를 스탠딩 스티치로 뜬다. • 두 번째 코에 단 마무리를 한다.

7-10단

85 붉은 8장 꽃잎 사각 모티브 ⑫

A Yarn of Serendipity (Pam Knighton-Haener) — USA
 PKnightonHaener www.pknightonhaener.wordpress.com
 A Yarn of Serendipity

Level 고급
Colors A-레몬색, B-라즈베리색, C-올리브색, D-해바라기색, E-크림색

INSTRUCTIONS

1단 한길긴뜨기, 사슬뜨기 〈8코+16사슬〉
• 실A로 매직 링을 만들고, [사슬 5(=한길긴뜨기 기둥코 사슬 3+사슬 2)]로 뜨기 시작한다. • 4번째 사슬에 단 마무리를 한다.

2단 짧은뜨기, 사슬뜨기 〈16코+32사슬〉
• 2-사슬 공간에 실B를 연결하며 첫 코를 스탠딩 스티치로 뜬다. • 단의 끝에서는 첫 코에 빼뜨기하여 연결한다.

3단 짧은뜨기, 긴뜨기, 한길긴뜨기, 두길긴뜨기, 3-사슬 피코, 빼뜨기 〈112코/8개의 꽃잎〉
• 다음 사슬 공간에 [빼뜨기 1+기둥코 사슬 1(=짧은뜨기 1)]로 뜨기 시작한다. • 꽃잎 끝에 뜨는 빼뜨기는 전단의 뜨개 사이에 뜨며, 빼뜨기 코에는 단수 표시링을 끼워 둔다. • 첫 번째 긴뜨기 코에 단 마무리를 한다.

4단 네길긴뜨기, 사슬뜨기, 짧은뜨기 〈24코+72사슬〉
• 3단의 꽃잎 사이 빼뜨기 코(표시링을 끼워 둔 곳)에 실C를 연결하며 첫 코를 스탠딩 스티치로 뜬다. • 네길긴뜨기는 표시링을 끼워 둔 3단의 빼뜨기에 표시링을 제거하며 뜬다. • 첫 번째 네길긴뜨기 다음 첫 번째 사슬에 단 마무리를 한다.

5단 짧은뜨기, 사슬뜨기, 한길 4코 팝콘뜨기 〈20코+72사슬〉
• 1-사슬 공간에 실D를 연결하며 첫 코를 스탠딩 스티치로 뜬다. • 첫 번째 짧은뜨기 다음 첫 번째 사슬에 단 마무리를 한다.

6단 한길긴뜨기, 사슬뜨기, 한길 2코 구슬뜨기, 길게 당겨 한길긴뜨기, 앞걸어 긴뜨기, 긴뜨기, 길게 당겨 긴뜨기, 짧은뜨기, 앞걸어 짧은뜨기 〈76코+16사슬〉
• 2-사슬 공간에 실E를 연결하며 첫 코를 스탠딩 스티치로 뜬다. • 긴 한길긴뜨기는 5단과 4단의 사슬을 감싸며 4단의 사슬 공간에 뜬다. • 단의 끝에서는 첫 코에 빼뜨기하여 연결한다.

Note. 길게 당겨 한길긴뜨기와 길게 당겨 긴뜨기는 코에 바늘을 넣고 실을 걸어 뺄 때 보통의 한길긴뜨기(긴뜨기)보다 좀 더 길게 당겨 빼는 것이다. p.17 참조

7단 긴뜨기, 사슬뜨기 〈100코+8사슬〉

- [다음 코에 빼뜨기 1]×2 → 다음 사슬 공간에 [빼뜨기 1+기둥코 사슬 2(=긴뜨기 1)+⋯]로 뜨기 시작한다. • 두 번째 코, 즉 기둥코가 아닌 첫 번째 실제 긴뜨기 코에 단 마무리를 한다.

8단 짧은뜨기, 사슬뜨기, 긴뜨기, 긴뜨기 백스티치 〈104코+8사슬〉

- 코너의 2-사슬 공간에 실A를 연결하며 첫 코를 스탠딩 스티치로 뜬다. • 첫 번째 짧은뜨기 다음 첫 번째 사슬에 단 마무리를 한다.

Note. 긴뜨기 백스티치: 편물을 앞쪽으로 접어 내리고 바늘에 실을 감은 다음 바늘을 ∧ 모양의 끝쪽에 넣었다가 코의 기초 부분으로 빼서 긴뜨기를 완성한다.

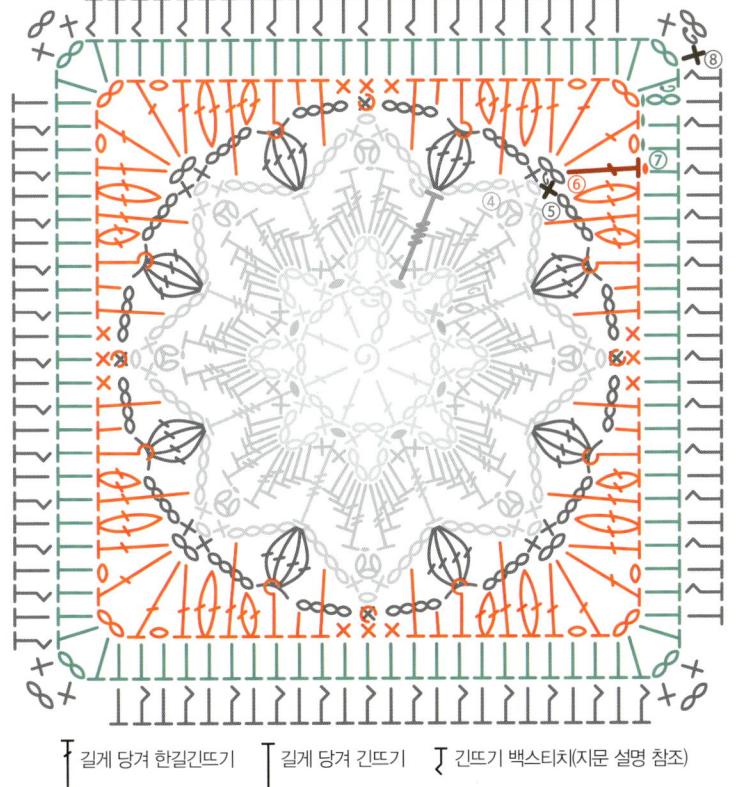

5-8단

길게 당겨 한길긴뜨기   길게 당겨 긴뜨기   긴뜨기 백스티치(지문 설명 참조)

86 잭필드 타일 사각 모티브 ⑧⓪ ①①②

CatsWhiskers Crochet (Christine Bateman) — United Kingdom
Ⓕ ChrisLudlow　Ⓘ @ludlowsophie

Level 고급
Colors A-피스타치오색, B-연두색, C-어두운 초록, D-크림색, E-겨자색, F-밤색

이 모티브는 9단까지 뜨면 80코 사각 모티브가 되고, 14단까지 뜨면 112코 사각 모티브가 된다. 단, 80코 모티브와 112코 모티브의 9단 뜨기 방법이 달라지므로, 원하는 크기의 모티브를 정한 후 해당하는 도안이나 설명을 따른다. 또한, 80코 모티브는 다른 80코 모티브보다 다소 작게 떠지므로 다른 80코 모티브와 연결하려면 바늘 사이즈를 조금 큰 것으로 선택하는 것이 좋다.

INSTRUCTIONS

1단　짧은뜨기 〈8코〉
- 실A로 매직 링을 만들어 뜬다.　• 두 번째 코에 단 마무리를 한다.

2단　짧은뜨기 〈16코〉
- 임의의 코에 실B를 연결하며 첫 코를 스탠딩 스티치로 뜬다.　• 두 번째 코에 단 마무리를 한다.

3단　뒤쪽 반 코 한길긴뜨기, 사슬뜨기 〈24코+8사슬〉
- 임의의 코에 실C를 연결하며 첫 코를 스탠딩 스티치로 뜬다.　• 두 번째 코에 단 마무리를 한다.

4단　짧은뜨기, 뒤쪽 반 코 긴 한길긴뜨기 〈32코〉
- 3-한길긴뜨기 중 첫 번째 코에 실D를 연결하며 첫 코를 스탠딩 스티치로 뜬다.　• 뒤쪽 반 코 긴 한길긴뜨기는 3단 앞에서 2단의 건너뛴 코에 뜬다. 긴 한길긴뜨기로 가려지는 사슬 공간은 건너뛴다.　• 두 번째 코에 단 마무리를 한다.

Note. 긴 한길긴뜨기 뜨는 법은 p.13 참조

5단　짧은뜨기, 한길긴뜨기, 사슬뜨기 〈40코+8사슬〉
- 긴 한길긴뜨기 다음 첫 번째 코에 실E를 연결하며 첫 코를 스탠딩 스티치로 뜬다.　• 두 번째 코에 단 마무리를 한다.

6단　한길긴뜨기, 두길긴뜨기, 사슬뜨기, 서드 루프에 긴뜨기/짧은뜨기 〈52코+8사슬〉
- 사슬 공간에 실F를 연결하며 첫 코를 스탠딩 스티치로 뜬다.　• 두 서드 루프에 긴뜨기 사이에 뜨는 한길긴뜨기는 5단 앞에서 4단의 긴 한길긴뜨기 코에 뜬다.　• 두 번째 코에 단 마무리를 한다.

Note. 6단과 8단에서는 서드 루프에 뜨는 경우가 많다. 서드 루프대신 뒤쪽 반 코에 떠도 되지만, 서드 루프에 뜨는 것이 더 뚜렷하게 무늬가 나타나므로 서드 루프에 뜨는 것을 권한다.

7단 긴뜨기, 사슬뜨기, 짧은뜨기, 앞걸어 짧은뜨기 〈60코+8사슬〉
• 코너의 사슬 공간에 실D를 연결하며 첫 코를 스탠딩 스티치로 뜬다. • 첫 번째 긴뜨기 다음 첫 번째 사슬에 단 마무리를 한다.

8단 한길긴뜨기, 사슬뜨기, 서드 루프에 긴뜨기/짧은뜨기, 뒤걸어 짧은뜨기 〈60코+16사슬〉
• 앞걸어 짧은뜨기 코에 실A를 연결하며 첫 코를 스탠딩 스티치로 뜬다. • 7단의 뾰족한 코너에 해당하는 부분에서는 편물 뒤에서 뜬다. • 두 번째 코에 단 마무리를 한다.
Note. 5-한길긴뜨기 사이에 뜨는 [사슬 2] 부분이 이제 사각형의 코너가 되었다.

Note. 9단을 뜨는 방법은 2가지가 있다. 첫 번째 방법으로 뜨면 80코 모티브의 9단(마지막 단)이 되고, 두 번째 방법으로 뜨면 112코 모티브의 9단이 된다.

9단(80코 모티브) 한길긴뜨기, 사슬뜨기, 짧은뜨기 〈72코+8사슬〉
• 코너의 사슬 공간에 실C를 연결하며 첫 코를 스탠딩 스티치로 뜬다. • 짧은뜨기는 7단의 2-사슬 공간에 뜨고, 8단의 뒤걸어 짧은뜨기 코는 뜨지 않고 건너뛴다.

9단 (112코 모티브) 짧은뜨기, 사슬뜨기 〈68코+8사슬〉
- 코너의 사슬 공간에 실C를 연결하며 첫 코를 스탠딩 스티치로 뜬다. • 첫 번째 짧은뜨기 다음 첫 번째 사슬에 단 마무리를 한다.

10단 한길긴뜨기, 사슬뜨기, 짧은뜨기 〈76코+8사슬〉
- 코너의 사슬 공간에 실D를 연결하며 첫 코를 스탠딩 스티치로 뜬다. • 짧은뜨기는 2-사슬 공간에 뜬다. • 두 번째 코에 단 마무리를 한다.

11단 짧은뜨기, 사슬뜨기, 한길긴뜨기 〈84코+8사슬〉
- 코너의 사슬 공간에 실F를 연결하며 첫 코를 스탠딩 스티치로 뜬다. • 10단의 코는 건너뛰고 9단의 뜨지 않고 남아 있는 코에 뜨는 한길긴뜨기 부분을 잘 확인하며 뜬다. • 첫 번째 짧은뜨기 다음 첫 번째 사슬에 단 마무리를 한다.

12단 짧은뜨기, 뒤쪽 반 코 짧은뜨기, 앞걸어 짧은뜨기 〈88코〉
- 코너의 사슬 공간에 실E를 연결하며 첫 코를 스탠딩 스티치로 뜬다. • 두 번째 코에 단 마무리를 한다.

13단 뒤쪽 반 코 짧은뜨기, 사슬뜨기 〈84코+8사슬〉
- 코너의 짧은뜨기 다음 첫 번째 코에 실C를 연결하고 첫 코를 스탠딩 스티치로 뜬다. • 두 번째코에 단 마무리를 한다.

14단 뒤쪽 반 코 짧은뜨기, 한길긴뜨기, 사슬뜨기 〈104코+8사슬〉
- 코너를 지나 두 번째 코에 실B를 연결하며 첫 코를 스탠딩 스티치로 뜬다.
- 코너에 뜨는 [한길긴뜨기 3+사슬 2+한길긴뜨기 3]은 13단의 사슬을 감싸며 12단의 짧은뜨기 코에 뜬다. • 두 번째 코에 단 마무리를 한다.

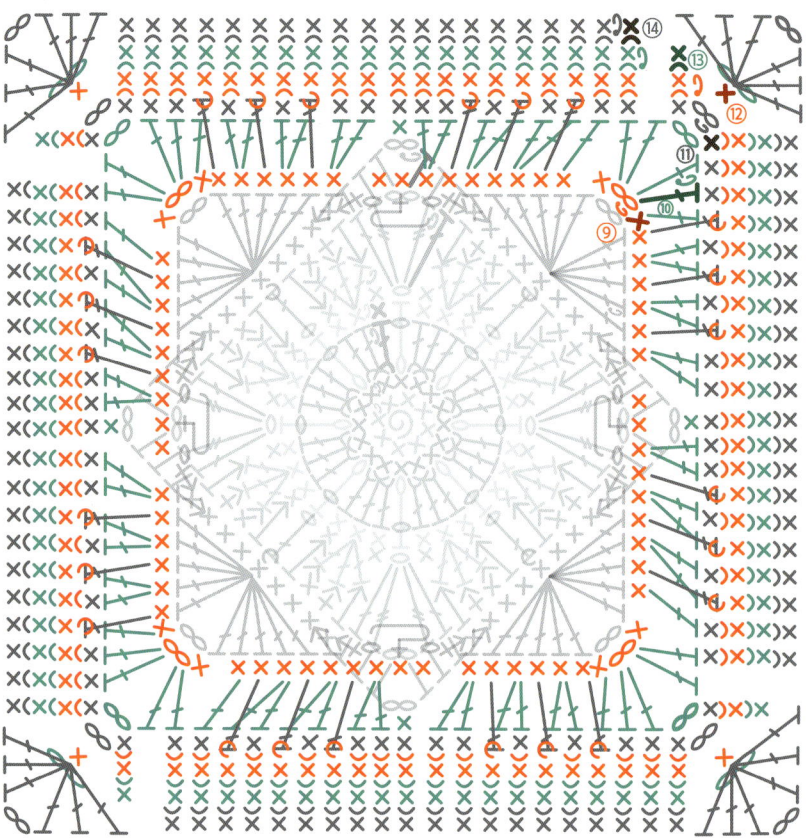

9-14단(112코 모티브)

87 비오는 날 물웅덩이 사각 모티브

Yarn Blossom Boutique (Melissa Bradley) — USA
@yarnblossomboutique yarnblossomboutique

Level 중급
Colors A-탁한 파랑, B-크림색, C-옥색

INSTRUCTIONS

1단 한길긴뜨기, 사슬뜨기 〈8코+8사슬〉
• 실A로 매직 링을 만들고, [사슬 4(=한길긴뜨기 기둥코 사슬 3+사슬 1)]로 뜨기 시작한다. • 단의 끝에서는 3번째 사슬에 빼뜨기하여 연결한다.

2단 긴뜨기 〈24코〉
• 다음 사슬 공간에 [기둥코 사슬 2(=긴뜨기 1)+긴뜨기 2]로 뜨기 시작한다. • 두 번째 코, 즉 기둥코가 아닌 첫 번째 실제 긴뜨기 코에 단 마무리를 한다.

3단 한길긴뜨기, 앞걸어 두길긴뜨기 〈32코〉
• 3-긴뜨기 중 첫 번째 코에 실B를 연결하며 첫 코를 스탠딩 스티치로 뜬다. • 앞걸어 두길긴뜨기는 1단의 한길긴뜨기 코에 뜬다. • 두 번째 코에 단 마무리를 한다.

4단 짧은뜨기, 앞걸어 두길긴뜨기, 사슬뜨기 〈24코+16사슬〉
• 3-긴뜨기 중 두 번째 코에 실C를 연결하며 첫 코를 스탠딩 스티치로 뜬다. • 단의 끝에서는 첫 코에 빼뜨기하여 연결한다.

5단 짧은뜨기, 한길긴뜨기 〈48코〉
• [짧은뜨기 1]로 뜨기 시작한다. • 두 번째 코에 단 마무리를 한다.

6단 짧은뜨기, 사슬뜨기, 앞걸어 한길긴뜨기 〈16코+48사슬〉
• 5-한길긴뜨기 중 3번째 코에 실B를 연결하며 첫 코를 스탠딩 스티치로 뜬다. • 앞걸어 한길긴뜨기는 4단의 두길긴뜨기 2개를 주워 뜬다. • 첫 번째 짧은뜨기 다음 첫 번째 사슬에 단 마무리를 한다.

7단 짧은뜨기, 긴뜨기, 한길긴뜨기, 앞걸어 두길긴뜨기 〈60코+4사슬〉
• 앞걸어 한길긴뜨기 다음 사슬 공간에 실A를 연결하며 첫 코를 스탠딩 스티치로 뜬다.
• 두 번째 코에 단 마무리를 한다.

8단 한길긴뜨기, 사슬뜨기 〈72코+8사슬〉
• 코너의 앞걸어 두길긴뜨기 다음 한길긴뜨기 코에 실B를 연결하며 첫 코를 스탠딩 스티치로 뜬다. • 두 번째 코에 단 마무리를 한다.

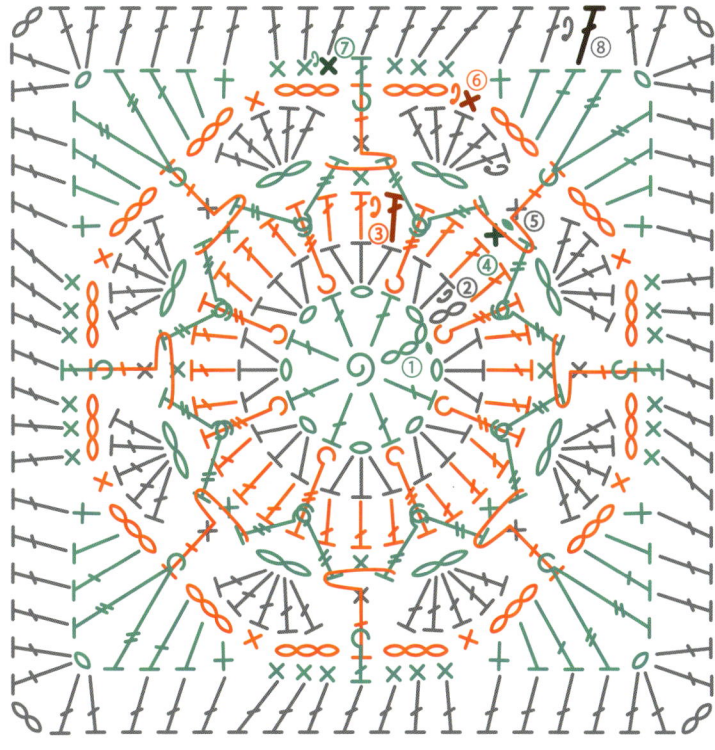

9 단 마무리(p.19 참조)

88 꽃 위의 꽃 사각 모티브 112

Crochetedbytess (Therese Eghult) — Sweden
 www.sistersinstitch.com

Level 고급
Colors A-레몬색, B-파스텔 핑크, C-작약 핑크, D-라즈베리색, E-크림색, F-라벤더색

INSTRUCTIONS

1단 짧은뜨기 〈8코〉
- 실A로 매직 링을 만들어 뜬다.

2단 빼뜨기, 사슬뜨기 〈16코+32사슬〉
- 1단의 첫 코에 [빼뜨기 1+사슬 4+빼뜨기 1]로 뜨기 시작한다. • 첫 번째 빼뜨기 다음 첫 번째 사슬에 단 마무리를 한다.

3단 한길긴뜨기, 사슬뜨기, 앞걸어 짧은뜨기 〈56코+8사슬〉
- 사슬 공간에 실B를 연결하며 첫 코를 스탠딩 스티치로 뜬다. • 앞걸어 짧은뜨기는 빼뜨기 코 2개를 감싸며 뜬다. • 두 번째 코에 단 마무리를 한다.

4단 빼뜨기, 사슬뜨기 〈8코+24사슬〉
- 편물의 겉이 보이도록 잡고, 편물 뒤쪽에서 꽃잎의 아래쪽에 있는 가로줄에 바늘을 넣어 실C를 연결하며 첫 코를 스탠딩 스티치로 뜬다. • 단의 끝에서는 첫 코(빼뜨기)에 빼뜨기하여 연결한다.

Note. 편물을 뒤집어보면 앞걸어 짧은뜨기에 의해 생긴 가로줄을 확인할 수 있다. 빼뜨기는 모두 이 줄에 바늘을 넣어 뜬다.

5단 짧은뜨기 〈40코〉
- 다음 사슬 공간에 [빼뜨기 1+사슬 1+짧은뜨기 5]로 뜨기 시작한다. • 각 사슬 공간에 [짧은뜨기 5]를 뜬다.

6단 빼뜨기, 한길 2코 구슬뜨기, 사슬뜨기 〈56코+32사슬〉
- 5단의 첫 번째 짧은뜨기 코에 [빼뜨기 1+한길 2코 구슬뜨기 1]로 뜨기 시작한다. • 두 개의 [사슬 2] 사이에 뜨는 [빼뜨기 1]은 3단의 1-사슬 공간에 뜬다. • 두 번째 코에 단 마무리를 한다.

7단 긴뜨기, 3-사슬 피코, 빼뜨기, 길게 당겨 빼뜨기 〈104코+8피코〉
- 첫 번째 2-사슬 공간에 실D를 연결하며 첫 코를 스탠딩 스티치로 뜬다. • 길게 당겨 빼뜨기는 5단의 5-짧은뜨기 사이에 뜬다. • 두 번째 코에 단 마무리를 한다.

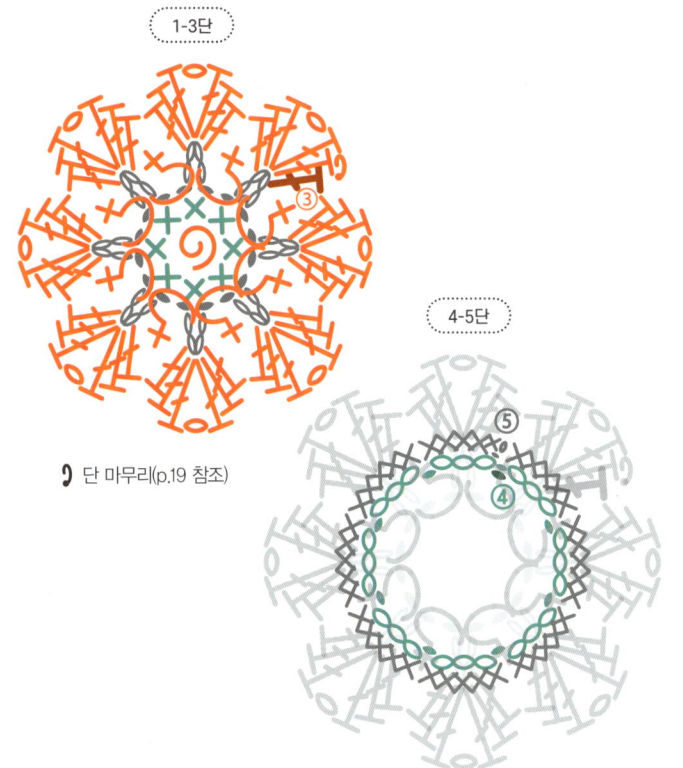

8단 짧은뜨기, 사슬뜨기 ⟨12코+52사슬⟩
- 7단의 피코 사슬 공간에 실E를 연결하며 첫 코를 스탠딩 스티치로 뜬다. • 단의 끝에서는 첫 코에 빼뜨기하여 연결한다.

9단 짧은뜨기, 사슬뜨기 ⟨100코+8사슬⟩
- [짧은뜨기 1]로 뜨기 시작한다. • 두 번째 코에 단 마무리를 한다.

10단 짧은뜨기, 사슬뜨기, 두길긴뜨기 ⟨32코+56사슬⟩
- 2-사슬 공간에 실F를 연결하며 첫 코를 스탠딩 스티치로 뜬다. • 코너 앞 [사슬 5] 다음에 뜨는 짧은뜨기는 9단의 10-짧은뜨기 중 5번째 코에 뜬다. • 단의 끝에서는 첫 코에 빼뜨기하여 연결한다.

11단 짧은뜨기, 긴뜨기, 사슬뜨기 ⟨100코+4사슬⟩
- 다음 사슬 공간에 [짧은뜨기 5]로 뜨기 시작한다. • 두 번째 코에 단 마무리를 한다.

Note. 도안에서 뜨개 사이에 뜨는 긴뜨기 위치를 잘 확인하고 뜬다.
예: 사슬 공간에 [짧은뜨기 5] → 짧은뜨기 코에 [긴뜨기 1] → 짧은뜨기와 두길긴뜨기 사이에 [긴뜨기 1]

12단 짧은뜨기, 긴뜨기, 사슬뜨기 ⟨108코+4사슬⟩
- 코너의 사슬 공간에 실E를 연결하며 첫 코를 스탠딩 스티치로 뜬다. • 두 번째 코에 단 마무리를 한다.

6-7단

길게 당겨 빼뜨기

8-12단

89 그러데이션 로즈 사각 모티브 ⑧

Crochet Road (Joy Clements) — Australia
@crochetroad   Crochet Road   Crochet Road

Level 고급
Colors A-레몬색, B-빈티지 핑크, C-올드 핑크, D-진주색, E-풋사과색, F-크림색

INSTRUCTIONS

1단 긴뜨기 〈16코〉
- 실A로 매직 링을 만들고, [기둥코 사슬 2(=긴뜨기 1)]로 뜨기 시작한다. • 단의 끝에서는 2번째 사슬에 빼뜨기하여 연결한다.

2단 사슬뜨기, 짧은뜨기 〈8코+24사슬〉
- [사슬 3]으로 뜨기 시작하고, 단의 끝에서는 첫 번째 사슬에 빼뜨기하여 연결한다. • 나중에 쉽게 구별할 수 있도록 이 단에 단수 표시링을 끼워 둔다.

3단 빼뜨기, 앞쪽 반 코 한길긴뜨기 〈4개의 꽃잎〉
- [사슬 1+1단의 긴뜨기 코에 빼뜨기 1]로 뜨기 시작한다. • 2단의 사슬 줄 앞에서 1단의 건너뛴 코에 뜨게 된다. • 첫 번째 빼뜨기 코에 단 마무리를 한다.

4단 빼뜨기, 한길긴뜨기 〈4개의 꽃잎〉
- 3단의 5-한길긴뜨기 중 가운데 한길긴뜨기 뒤에 위치한 2단의 3-사슬 공간에 실B를 연결하며 첫 코를 스탠딩 스티치로 뜬다. • 이 단은 모두 3단의 뒤에서 2단의 3-사슬 공간에 뜨게 된다. • 첫 번째 빼뜨기 코에 단 마무리를 한다.

5단 뒤걸어 짧은뜨기, 사슬뜨기 〈8코+24사슬〉
- 2단의 짧은뜨기 다리에 실C를 연결하며 첫 코를 스탠딩 스티치로 뜬다. • 이 단은 모두 4단에서 만들어진 꽃잎 뒤에서 2단의 짧은뜨기 코에 뜬다. • 단의 끝에서는 첫 코에 빼뜨기하여 연결한다.

6단 빼뜨기, 한길긴뜨기 〈4개의 꽃잎〉
- 다음 사슬 공간에 [빼뜨기 1]로 뜨기 시작한다. • 단의 끝에서는 첫 코(빼뜨기)에 빼뜨기하여 연결한다.

7단 뒤걸어 짧은뜨기, 사슬뜨기 〈8코+24사슬〉
- 다음 코에 [사슬 1+뒤걸어 짧은뜨기 1]로 뜨기 시작한다. • 이 단은 모두 6단의 꽃잎 뒤에서 5단의 코에 뜨게 된다. • 단의 끝에서는 첫 코에 빼뜨기하여 연결한다.

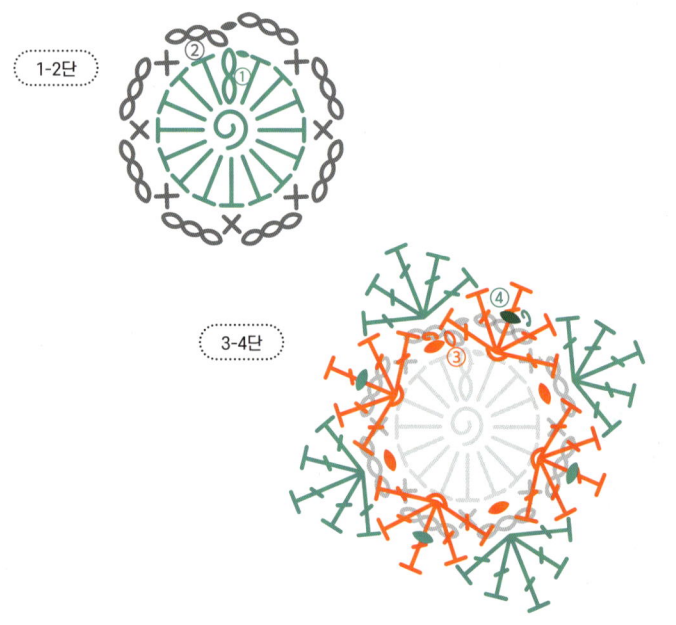

⌒ 단 마무리(p.19 참조)

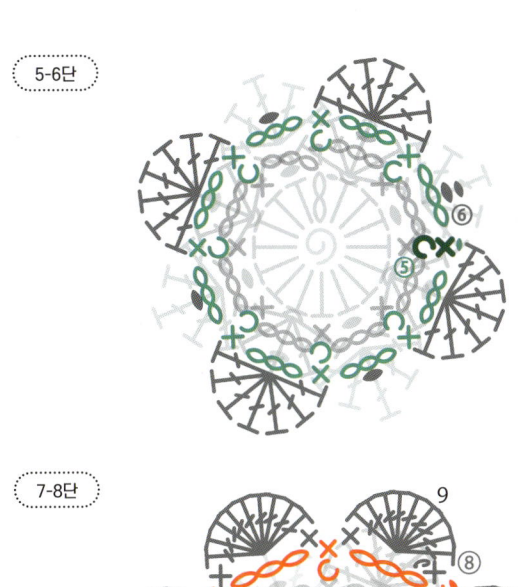

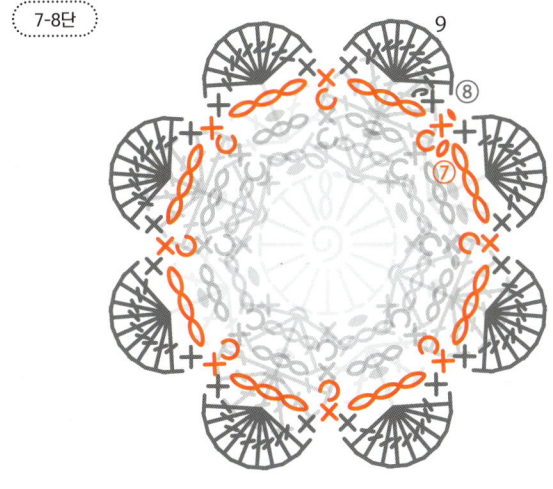

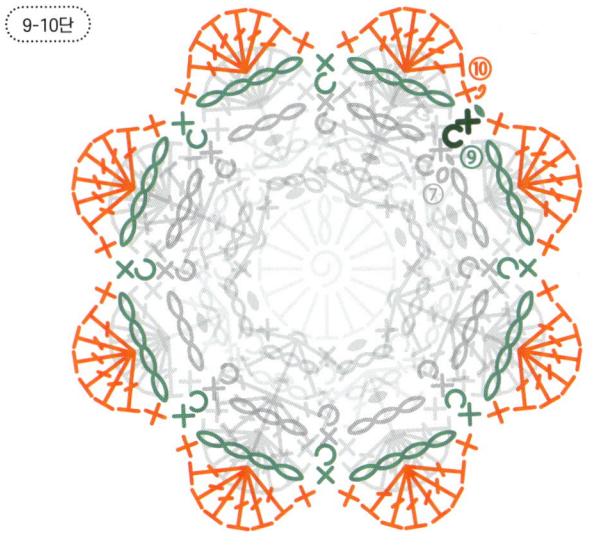

8단 짧은뜨기, 한길긴뜨기 〈8개의 꽃잎〉
- 다음 사슬 공간에 [짧은뜨기 1]로 뜨기 시작한다. • 이 단은 모두 사슬 공간에 뜨게 되며, 좁은 공간에 많은 코를 뜨기 때문에 러플이 만들어진다. • 첫 번째 코에 단 마무리를 한다.

9단 뒤걸어 짧은뜨기, 사슬뜨기 〈8코+32사슬〉
- 7단의 뒤걸어 짧은뜨기 코에 실D를 연결하며 첫 코를 스탠딩 스티치로 뜬다. • 이 단은 모두 8단의 꽃잎 뒤에서 7단의 코에 뜨게 된다. (꽃잎을 앞으로 접어 내리고 뜨면 더 편리하다.) • 단의 끝에서는 첫 코에 빼뜨기하여 연결한다.

10단 짧은뜨기, 한길긴뜨기 〈8개의 꽃잎〉
- 다음 사슬 공간에 [짧은뜨기 1+한길긴뜨기 6+짧은뜨기 1]로 뜨기 시작한다. • 첫 번째 코에 단 마무리를 한다.

11단 뒤걸어 짧은뜨기, 사슬뜨기, 앞쪽 반 코 빼뜨기 〈8개의 4-사슬, 4개의 7-사슬〉

- 9단의 뒤걸어 짧은뜨기 코에 실E를 연결하며 첫 코를 스탠딩 스티치로 뜬다. • 뒤걸어 짧은뜨기는 모두 9단의 뒤걸어 짧은뜨기 코에 뜨게 된다. • 앞쪽 반 코 빼뜨기는 방금 전 뜬 뒤걸어 짧은뜨기의 다리와 머리 사슬 앞쪽 반 코를 함께 주워 뜬다. • 단의 끝에서는 첫 코에 빼뜨기하여 연결한다.

12단 짧은뜨기, 한길긴뜨기, 사슬뜨기 〈4개의 이파리〉

- 다음 사슬 공간에 [짧은뜨기 2]로 뜨기 시작한다. • 두 번째 코에 단 마무리를 한다.

13단 뒤걸어 짧은뜨기, 사슬뜨기 〈8코+40사슬〉

- 11단의 두 이파리 사이 뒤걸어 짧은뜨기 코에 실F를 연결하며 첫 코를 스탠딩 스티치로 뜬다. • 이 단은 모두 12단의 이파리 뒤에서 11단의 코에 뜨게 된다. • 단의 끝에서는 첫 코에 빼뜨기하여 연결한다.

14단 짧은뜨기, 사슬뜨기 〈8코+48사슬〉

- [다음 사슬에 빼뜨기 1]×3 → 사슬 공간에 [짧은뜨기 1]로 뜨기 시작한다. • 단의 끝에서는 첫 번째 짧은뜨기 코에 빼뜨기하여 연결한다.

15단 짧은뜨기 〈60코〉

- [다음 사슬에 빼뜨기 1]×4 → 사슬 공간에 [짧은뜨기 6]으로 뜨기 시작한다. • 7-사슬 공간에는 짧은뜨기 10개, 5-사슬 공간에는 짧은뜨기 5개를 뜨게 된다. • 단의 끝에서는 처음에 뜬 빼뜨기를 감싸며 [짧은뜨기 1]×4를 뜬 다음 첫 코에 빼뜨기하여 연결한다.

16단 긴뜨기, 사슬뜨기 〈64코+8사슬〉

- [기둥코 사슬 2(=긴뜨기 1)]로 뜨기 시작한다. • 단의 끝에서는 2번째 사슬에 [짧은뜨기 1]로 연결한다.

Note. 마지막에 단을 연결하면서 뜬 [짧은뜨기 1]은 콧수에서 사슬 1개로 계산한다.

17단 한길긴뜨기, 뒤쪽 반 코 한길긴뜨기, 사슬뜨기 〈72코+8사슬〉

- [기둥코 사슬 3(=한길긴뜨기 1)]으로 뜨기 시작한다. • 코너 전후로 뜨는 뒤쪽 반 코 한길긴뜨기는 12단에서 만들어진 이파리의 코(각각 9번째와 10번째 한길긴뜨기의 코)를 주워서 뜬다. • 두 번째 코에 단 마무리를 한다.

11-12단

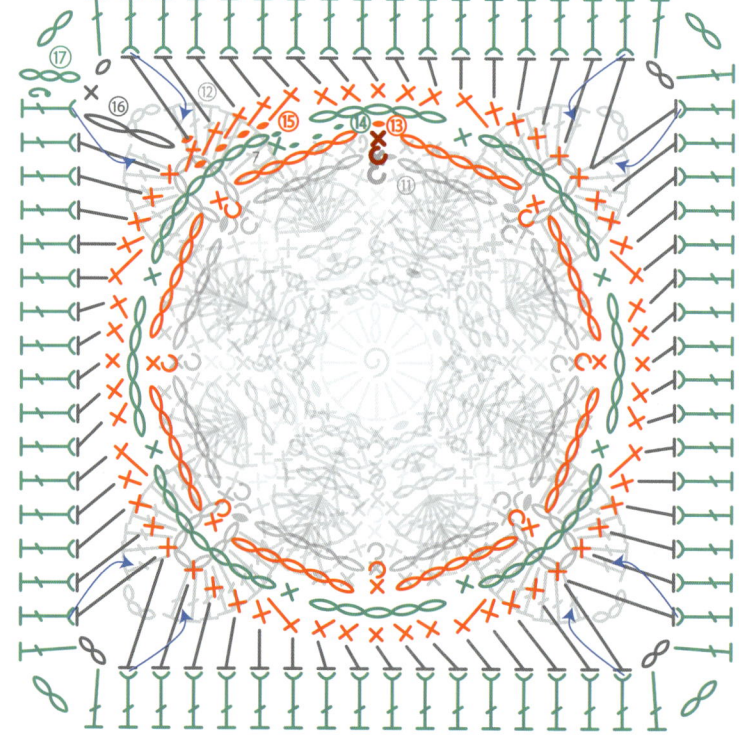

13-17단

90 핑크 하트 꽃잎 사각 모티브 ⓛ¹²

inas.craft (Inas Fadil Basymeleh) — Indonesia

◉ @inas.craft   ⓓ www.inascraft.com

Level 중급
Colors A-크림색, B-파스텔 핑크, C-작약 핑크, D-진주색

INSTRUCTIONS

1단 사슬뜨기, 빼뜨기 〈8개 꽃잎〉
- 실A로 매직 링을 만들고, [사슬 6+빼뜨기 1]을 8번 반복한다. • 두 번째 사슬에 단 마무리를 한다.

2단 짧은뜨기, 사슬뜨기 〈8코+24사슬〉
- 사슬 공간에 실A를 연결하며 첫 코를 스탠딩 스티치로 뜬다. • 첫 번째 짧은뜨기 다음 첫 번째 사슬에 단 마무리를 한다.

3단 한길 5코 팝콘뜨기, 사슬뜨기 〈16코+48사슬〉
- 사슬 공간에 실B를 연결하며 첫 코를 스탠딩 스티치로 뜬다. • 첫 번째 팝콘뜨기 다음 첫 번째 사슬에 단 마무리를 한다.

4단 한길긴뜨기, 사슬뜨기, 빼뜨기, 앞걸어 두길긴뜨기 〈64코+48사슬〉
- 4-사슬 공간에 실C를 연결하며 첫 코를 스탠딩 스티치로 뜬다. • 앞걸어 두길긴뜨기는 2단의 짧은뜨기 코에 뜬다. • 두 번째 코에 단 마무리를 한다.
Note. 4단을 뜨고 나면 중간 부분의 끝이 갈라진 8개의 꽃잎이 만들어진다.

5단 긴뜨기, 사슬뜨기, 한길긴뜨기, 세길긴뜨기 〈40코+48사슬〉
- 갈라진 꽃잎의 오른쪽에 있는 3-사슬의 3번째 사슬에 실D를 연결하며 첫 코를 스탠딩 스티치로 뜬다. • 긴뜨기와 한길긴뜨기는 사슬 공간이 아닌 3-사슬의 3번째 사슬 코에 뜬다는 점에 주의한다. • 첫 번째 긴뜨기 다음 첫 번째 사슬에 단 마무리를 한다.

6단 짧은뜨기, 사슬뜨기 〈88코+8사슬〉
- 코너의 4-사슬 공간에 실B를 연결하며 첫 코를 스탠딩 스티치로 뜬다. • 두 번째 코에 단 마무리를 한다.

7단 한길긴뜨기, 사슬뜨기 〈104코+8사슬〉
- 코너의 사슬 공간에 실C를 연결하며 첫 코를 스탠딩 스티치로 뜬다. • 두 번째 코에 단 마무리를 한다.

9단 마무리(p.19 참조)

(1-3단)

단 마무리(p.19 참조)

91 방울과 팝콘 사각 모티브 112

Crochetedbytess (Therese Eghult) — Sweden
www.sistersinstitch.com

Level 고급
Colors A-레몬색, B-파스텔 핑크, C-작약 핑크, D-크림색, E-빈티지 핑크, F-겨자색

INSTRUCTIONS

1단 짧은뜨기 〈8코〉
- 실A로 매직 링을 만들어 뜬다. • 두 번째 코에 단 마무리를 한다.

2단 뒤걸어 한길긴뜨기, 사슬뜨기, 4-방울뜨기 〈16코+24사슬〉
- 임의의 코에 실B를 연결하며 첫 코를 스탠딩 스티치로 뜬다. • 뒤걸어 한길긴뜨기와 4-방울뜨기를 한 코에 뜨기 때문에(즉, 머리 사슬과 다리 각각을 주워 뜨기 때문에) 다소 뻑뻑하게 느껴질 수 있다. • 첫 번째 뒤걸어 한길긴뜨기 다음 첫 번째 사슬에 단 마무리를 한다.

Note. 한 코에 [4-방울뜨기+사슬 2 → 뒤걸어 한길긴뜨기] 순서로 뜨게 되므로, 뒤걸어 한길긴뜨기를 뜰 때 역방향으로 가서 뜨게 되는 점에 주의한다.

3단 한길 3코 구슬뜨기, 사슬뜨기 〈8코+48사슬〉
- 방울뜨기 코에 실C를 연결하며 첫 코를 스탠딩 스티치로 뜬다. • 첫 번째 구슬뜨기 다음 첫 번째 사슬에 단 마무리를 한다.

4단 앞걸어 V스티치, 앞걸어 짧은뜨기 〈16코〉
- 2단의 뒤걸어뜨기 코에 실D를 연결하며 첫 코를 스탠딩 스티치로 뜬다. • 3단의 6-사슬 앞에서 2단의 뒤걸어 한길긴뜨기 코에 앞걸어 V스티치를 뜨고, 3단의 구슬뜨기 코에 앞걸어 짧은뜨기를 뜬다. • 첫 번째 앞걸어 한길긴뜨기 다음 첫 번째 사슬에 단 마무리를 한다. • 3단의 6-사슬이 앞걸어 짧은뜨기 밑에서 엉키지 않도록 6-사슬을 위쪽으로 부드럽게 당겨준다.

Note. 앞걸어 V스티치=앞걸어 한길긴뜨기 1+사슬 2+앞걸어 한길긴뜨기 1
Note. 여기서는 V스티치 하나를 1코로 세었다.

5단 한길긴뜨기, 사슬뜨기 〈56코+8사슬〉
- 4단 V스티치의 2-사슬과 3단의 6-사슬을 감싸서 실E를 연결하며 첫 코를 스탠딩 스티치로 뜬다. • 이 단에서는 모두 3단의 6-사슬과 4단의 2-사슬을 함께 감싸며 사슬 공간에 뜬다. • 두 번째 코에 단 마무리를 한다.

6단 뒤걸어 긴뜨기, 한길 4코 팝콘뜨기, 사슬뜨기 〈72코+24사슬〉
- 첫 번째 한길긴뜨기 코에 실D를 연결하며 첫 코를 스탠딩 스티치로 뜬다. • 한길 4코 팝콘뜨기는 5단의 사슬 앞에서 4단의 앞걸어 짧은뜨기 코에 뜬다. • 두 번째 코에 단 마무리를 한다.

7단 뒤걸어 긴뜨기, 앞걸어 짧은뜨기, 사슬뜨기 〈72코+8사슬〉
- 첫 번째 뒤걸어 긴뜨기 코에 실F를 연결하며 첫 코를 스탠딩 스티치로 뜬다. • 두 번째 코에 단 마무리를 한다.

8단 뒤걸어 긴뜨기, 길게 당겨 6-방울뜨기 〈64코〉
- 첫 번째 뒤걸어 긴뜨기 코에 실E를 연결하며 첫 코를 스탠딩 스티치로 뜬다. • 길게 당겨 6-방울뜨기는 7단과 5단의 1-사슬을 감싸며 6단의 두 팝콘뜨기 사이 사슬 공간에 뜬다. • 두 번째 코에 단 마무리를 한다.

Note. 6-방울뜨기 다음의 사슬은 방울뜨기를 마무리하는 사슬로, 여기서는 별도의 코로 세지 않았다.

9단 한길긴뜨기, 긴뜨기, 짧은뜨기, 앞걸어 V스티치 〈60코〉
- 첫 번째 뒤걸어 긴뜨기 코에 실D를 연결하며 첫 코를 스탠딩 스티치로 뜬다. • 두 번째 코에 단 마무리를 한다.

Note. 여기서는 V스티치 하나를 1코로 세었다.

10단 한길긴뜨기, 사슬뜨기, 앞걸어 한길긴뜨기, 3-방울뜨기 〈72코+56사슬〉
- 코너의 사슬 공간에 실C를 연결하며 첫 코를 스탠딩 스티치로 뜬다. • 두 번째 코에 단 마무리를 한다.

11단 긴뜨기, 사슬뜨기, 앞걸어 한길긴뜨기 〈108코+4사슬〉
- 코너의 사슬 공간에 실D를 연결하며 첫 코를 스탠딩 스티치로 뜬다. • 코너를 지나 앞걸어 한길긴뜨기 다음/방울뜨기 앞에서 뜨는 긴뜨기는 뜨개 사이에 뜬다. • 두 번째 코에 단 마무리를 한다.

92 아이리스 사각 모티브 112

Designs By Muggins (Margaret MacInnis) — Canada
 mugginsquilts DesignsbyMuggins www.designsbymuggins.com

Level 고급
Colors A-유칼립투스색, B-탁한 파랑, C-올드 핑크, D-진주색, E-진한 회청색

INSTRUCTIONS

1단 한길긴뜨기 〈16코〉
• 실A로 매직 링을 만들고, [기둥코 사슬 3(=한길긴뜨기 1)]으로 뜨기 시작한다. • 단의 끝에서는 첫 코에 빼뜨기하여 연결한다. • 마지막 고리에 단수 표시링을 끼우고 실을 편물 앞쪽으로 빼둔다.

2단 V스티치, 사슬뜨기 〈16코+24사슬〉
• 1단의 마지막 빼뜨기를 한 코의 다음 코에 실B를 연결하며 첫 코를 스탠딩 스티치로 뜬다. • 단의 끝에서는 첫 코에 빼뜨기하여 연결한다.
Note. V스티치=한길긴뜨기 1+사슬 2+한길긴뜨기 1

3단 조개무늬 뜨기, 사슬뜨기, 3-사슬 V스티치 〈24코+28사슬〉
• 다음 사슬 공간에 [빼뜨기 1+기둥코 사슬 3(=한길긴뜨기 1)+한길긴뜨기 1+사슬 2+한길긴뜨기 1]로 뜨기 시작한다. • 두 번째 코, 즉 기둥코가 아닌 첫 번째 실제 한길긴뜨기 코에 단 마무리를 한다.
Note. 조개무늬 뜨기=한길긴뜨기 2+사슬 2+한길긴뜨기 2
Note. 3-사슬 V스티치=한길긴뜨기 1+사슬 3+한길긴뜨기 1

4단 앞쪽 반 코 빼뜨기, 변형 네길긴뜨기 〈48코〉
• 1단에서 표시링을 끼워 두었던 고리에 다시 바늘을 끼우고 [기둥코 사슬 5(=변형 네길긴뜨기 1)]로 뜨기 시작한다. 이때, 마지막 5번째 사슬은 3단의 1-사슬 공간에 바늘을 넣어 사슬을 감싸서 뜬다. • 3단에서 만들어진 조개무늬의 각 코에 앞쪽 반 코 빼뜨기를 하고, 1단의 뜨지 않고 남아 있는 한길긴뜨기 코에 변형 네길긴뜨기를 뜬다. • 첫 번째 빼뜨기 코에 단 마무리를 한다.

Note. 변형 네길긴뜨기: 바늘에 실을 4번 감고, 보통의 네길긴뜨기를 뜨는 방법대로 바늘에 걸린 고리 2개씩을 빼내다가 마지막에 실을 걸어 뺄 때 3단에 있는 1-사슬 공간에 바늘을 넣어 사슬을 감싸며 실을 걸어 뺀다.

1-4단

 단 마무리(p.19 참조)   변형 네길긴뜨기(지문 설명 참조)

5단 두길긴뜨기, 사슬뜨기, 앞걸어 긴뜨기, 4-방울뜨기 〈32코+32사슬〉
- 2단의 2-사슬 공간에 실C를 연결하며 첫 코를 스탠딩 스티치로 뜬다. • 두길긴뜨기는 2단의 2-사슬 공간에 뜨고, 앞걸어 긴뜨기는 4단의 변형 네길긴뜨기 코에 뜨며, 4-방울뜨기는 4단의 빼뜨기를 감싸면서 3단의 사슬 공간에 뜬다. • 두 번째 코에 단 마무리를 한다.

6단 짧은뜨기, 사슬뜨기, 앞걸어 긴뜨기 〈52코+20사슬〉
- 5-두길긴뜨기 앞의 1-사슬 공간에 실E를 연결하며 첫 코를 스탠딩 스티치로 뜬다. • 짧은뜨기는 모두 사슬 공간에 뜬다. • 두 번째 코에 단 마무리를 한다.

7단 두길긴뜨기, 사슬뜨기, V스티치 〈48코+44사슬〉
- 5단의 5-두길긴뜨기 중 첫 번째 코에 실D를 연결하며 첫 코를 스탠딩 스티치로 뜬다. • 두길긴뜨기는 6단의 사슬 줄을 감싸며 5단의 두길긴뜨기 코에 뜨고, V스티치는 5단의 방울뜨기 위에 있는 6단의 앞걸어 긴뜨기 코에 뜬다. • 단의 끝에서는 첫 코에 빼뜨기하여 연결한다.

8단 앞걸어 한길긴뜨기, 긴뜨기, 짧은뜨기 〈104코〉
- [기둥코 사슬 2(=앞걸어 한길긴뜨기 1)]로 뜨기 시작한다. • 두 번째 코, 즉 기둥코가 아닌 첫 번째 실제 앞걸어 한길긴뜨기 코에 단 마무리를 한다.

9단 짧은뜨기, 긴뜨기, 한길 4코 팝콘뜨기 〈96코+8사슬〉
- 코너의 긴뜨기 중 첫 번째 코에 실B를 연결하며 첫 코를 스탠딩 스티치로 뜬다. • 짧은뜨기는 8단의 코에, 긴뜨기는 8단 뒤에서 7단의 두길긴뜨기 코에, 팝콘뜨기는 6단의 앞걸어 긴뜨기 코에 뜬다. • 두 번째 코에 단 마무리를 한다.

10단 짧은뜨기, 긴뜨기, 앞걸어 긴뜨기 〈108코+4사슬〉
- 팝콘뜨기 다음 사슬 공간에 실A를 연결하고 첫 코를 스탠딩 스티치로 뜬다. • 두 번째 코에 단 마무리를 한다.

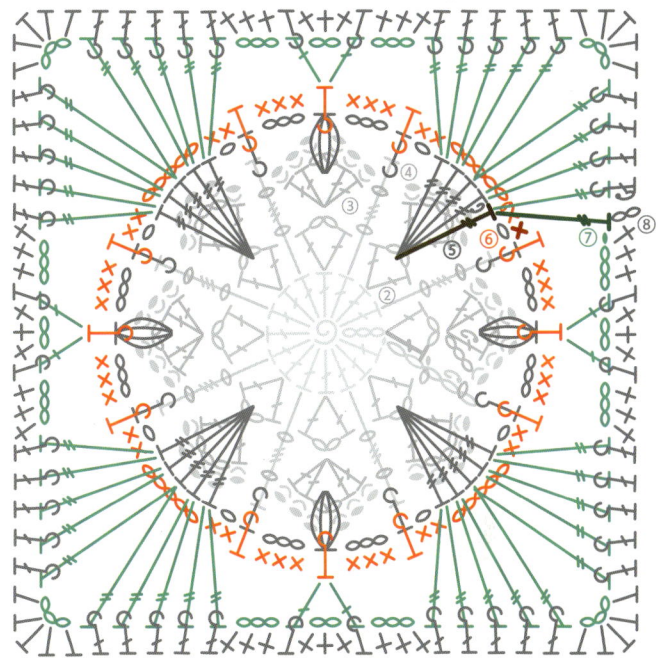

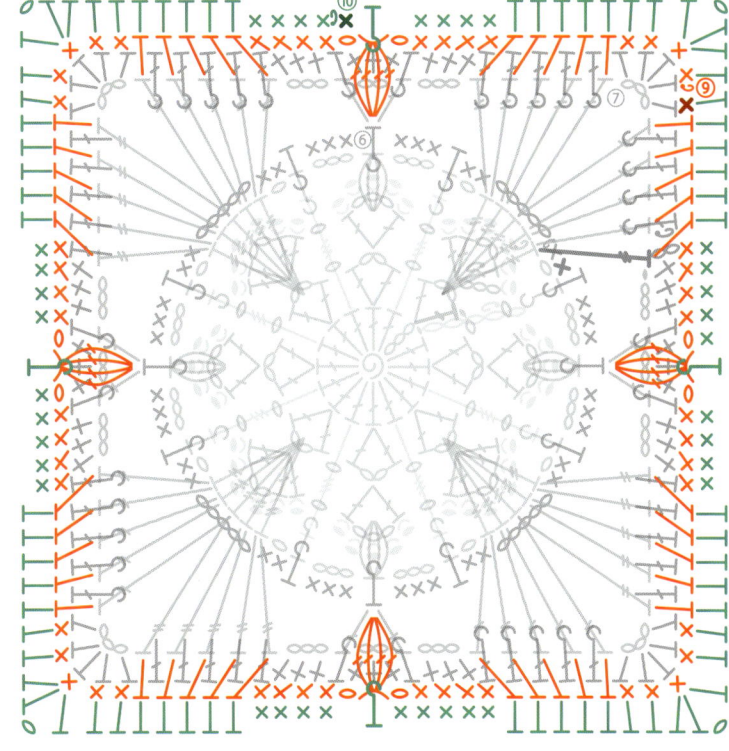

93 물레방아 사각 모티브 ⑫

IrShCrochet (Irana Shintarani) — Indonesia
f IrShCrochet ⓘ iranashintarani

Level 고급
Colors A-남색, B-멜론색, C-해바라기색, D-밤색

INSTRUCTIONS

1단   짧은뜨기 〈8코〉
• 실A로 매직 링을 만들어 뜬다.   • 두 번째 코에 단 마무리를 한다.

2단   뒤쪽 반 코 짧은뜨기 〈16코〉
• 임의의 코에 실B를 연결하며 첫 코를 스탠딩 스티치로 뜬다.   • 두 번째 코에 단 마무리를 한다.

3단   뒤쪽 반 코 짧은뜨기 〈24코〉
• 임의의 코에 실C를 연결하며 첫 코를 스탠딩 스티치로 뜬다.   • 두 번째 코에 단 마무리를 한다.

4단   뒤쪽 반 코 짧은뜨기, 앞쪽 반 코 두길긴뜨기 〈32코〉
• 3단의 코 늘림한 곳 중 첫 번째 짧은뜨기 코에 실A를 연결하며 첫 코를 스탠딩 스티치로 뜬다.   • 뒤쪽 반 코 짧은뜨기는 3단의 각 코에 뜨고, 앞쪽 반 코 두길긴뜨기는 1단의 앞쪽 반 코에 뜬다.   • 두 번째 코에 단 마무리를 한다.
Note. 2단에서 1단의 뒤쪽 반 코를 주워 떴기때문에, 1단에는 앞쪽 반 코가 남아 있다.

5단   뒤쪽 반 코 짧은뜨기 〈40코〉
• 두길긴뜨기 코에 실B를 연결하며 첫 코를 스탠딩 스티치로 뜬다.   • 두 번째 코에 단 마무리를 한다.

6단   뒤쪽 반 코 짧은뜨기, 앞걸어 한길긴뜨기 〈48코〉
• 5단의 코 늘림한 곳 중 첫 번째 짧은뜨기 코에 실A를 연결하며 첫 코를 스탠딩 스티치로 뜬다.   • 뒤쪽 반 코 짧은뜨기는 5단의 각 코에 뜨고, 앞걸어 한길긴뜨기는 4단의 두길긴뜨기 코에 뜬다.   • 두 번째 코에 단 마무리를 한다.
Note. 앞걸어 한길긴뜨기를 뜨고 나면 그 뒤에 위치한 5단의 코가 가려져 보이지 않는데, 이 코를 건너뛰지 않도록 주의하며 뜬다.

7단   뒤쪽 반 코 짧은뜨기, 앞쪽 반 코 두길긴뜨기 〈56코〉
• 앞걸어 한길긴뜨기 코에 실C를 연결하며 첫 코를 스탠딩 스티치로 뜬다.   • 뒤쪽 반 코 짧은뜨기는 6단의 코에 뜨고, 앞쪽 반 코 두길긴뜨기는 4단의 중간 짧은뜨기에 뜨

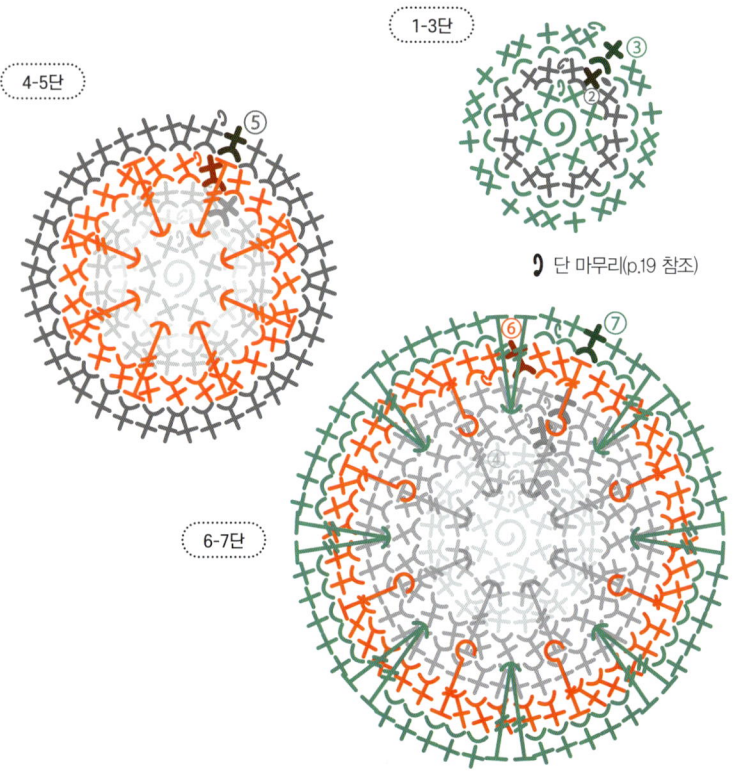

되, 앞쪽 반 코 두길긴뜨기를 뜨고 나면 자연스럽게 가려지는 6단의 3번째 짧은뜨기 코는 뜨지 않고 건너뛴다. •두 번째 코에 단 마무리를 한다.

8단 긴뜨기 3코 모아뜨기, 사슬뜨기, 앞쪽 반 코 짧은뜨기 〈24코+104사슬〉
•6단의 앞걸어 한길긴뜨기 위에 있는 7단의 짧은뜨기 코에 실B를 연결하며 첫 코를 스탠딩 스티치로 뜬다. •앞쪽 반 코 짧은뜨기는 7단의 두길긴뜨기 사이 4단의 짧은뜨기 코에 뜬다. •첫 번째 모아뜨기의 첫 번째 다리는 마지막 모아뜨기의 마지막 다리와 같은 코에 뜨게 된다. •7단의 앞쪽 반 코 두길긴뜨기 코는 뜨지 않고 건너뛴다. •첫 번째 모아뜨기 다음 첫 번째 사슬에 단 마무리를 한다.

9단 짧은뜨기, 한길긴뜨기, 사슬뜨기, 짧은뜨기 2코 모아뜨기 〈48코+32사슬〉
•8단의 1쌍의 모아뜨기 중 앞쪽에 있는 모아뜨기 코에 실D를 연결하며 첫 코를 스탠딩 스티치로 뜬다. •짧은뜨기는 8단의 모아뜨기 코에, [한길긴뜨기 3]은 8단의 3-사슬 앞에서 7단의 중간 짧은뜨기 코(8단에서 모아뜨기할 때 다리 두 개가 떠진 곳)에, 짧은뜨기 2코 모아뜨기는 8단의 사슬 뒤에서 7단의 코(8단에서 뜨지 않고 건너뛴 두길긴뜨기 코)에 뜬다. •두 번째 코에 단 마무리를 한다.

10단 짧은뜨기, 사슬뜨기, 한길 5코 모아뜨기, 〈16코+80사슬〉
•짧은뜨기 2코 모아뜨기 코에 실C를 연결하며 첫 코를 스탠딩 스티치로 뜬다. •첫 번째 짧은뜨기 다음 첫 번째 사슬에 단 마무리를 한다.

11단 짧은뜨기, 짧은뜨기 2코 모아뜨기, 사슬뜨기 〈88코+8사슬〉
•첫 번째 5-사슬 공간에 실B를 연결하며 첫 코를 스탠딩 스티치로 뜬다. •두 번째 코에 단 마무리를 한다.

12단 짧은뜨기, 한길긴뜨기, 사슬뜨기, 한길 3코 구슬뜨기, 두길 3코 구슬뜨기 〈72코+24사슬〉
•1-사슬 공간에 실A를 연결하며 첫 코를 스탠딩 스티치로 뜬다. •두 번째 코에 단 마무리를 한다.

Note. 12단을 뜨면 사각형의 형태가 만들어진다.

13단 한길긴뜨기, 앞걸어 한길긴뜨기, 긴뜨기, 짧은뜨기, 사슬뜨기 〈100코+8사슬〉
•코너의 두 번째 2-사슬 공간에 실D를 연결하며 첫 코를 스탠딩 스티치로 뜬다. •두 번째 코에 단 마무리를 한다.

14단 짧은뜨기, 사슬뜨기 〈108코+4사슬〉
•코너의 2-사슬 공간에 실A를 연결하며 첫 코를 스탠딩 스티치로 뜬다. •첫 번째 짧은뜨기 다음 첫 번째 사슬에 단 마무리를 한다.

8-10단

11-14단

94 작은 선물 사각 모티브 112

Crochetedbytess (Therese Eghult) — Sweden
 www.sistersinstitch.com

Level 고급
Colors A-겨자색, B-진주색, C-크림색, D-점토색, E-파스텔 핑크, F-자작나무색, G-빈티지 핑크

INSTRUCTIONS

1단 짧은뜨기 〈10코〉
• 실A로 매직 링을 만들어 뜬다. • 단의 끝에서는 첫 코에 빼뜨기하여 연결한다.
Note. 매직 링의 꼬리실은 단단히 조이지 말고 느슨하게 당겨 둔다.

2단 길게 당겨 짧은뜨기 〈16코〉
• 원형 고리 가운데에 바늘을 넣어 전단을 감싸며 뜬다. • 매직 링의 꼬리실을 당겨 고리를 조인다. • 두 번째 코에 단 마무리를 한다.

3단 짧은뜨기, 사슬뜨기 〈16코+16사슬〉
• 임의의 코에 실B를 연결하며 첫 코를 스탠딩 스티치로 뜬다. • 첫 번째 짧은뜨기 다음 첫 번째 사슬에 단 마무리를 한다.

4단 한길긴뜨기, 사슬뜨기, 빼뜨기 〈8개의 꽃잎〉
• 사슬 공간에 실B를 연결하며 첫 코를 스탠딩 스티치로 뜬다. • 빼뜨기는 두 개의 짧은뜨기 사이에 뜬다. • 두 번째 코에 단 마무리를 한다.

5단 짧은뜨기, 사슬뜨기 〈8개의 사슬 줄〉
• 사슬 공간에 실C를 연결하며 첫 코를 스탠딩 스티치로 뜬다. • 단의 끝에서는 첫 코에 빼뜨기하여 연결한다.

6단 짧은뜨기, 짧은뜨기 2코 모아뜨기 〈48코〉
• 다음 사슬 공간에 [빼뜨기 1+짧은뜨기 5]로 뜨기 시작한다. • 짧은뜨기 2코 모아뜨기는 양쪽에 있는 사슬 공간에 바늘을 넣어 뜬다. • 두 번째 짧은뜨기 코에 단 마무리를 한다.

7단 짧은뜨기, 사슬뜨기, 두길긴뜨기 〈48코+4사슬〉
• 모아뜨기 코에 실D를 연결하며 첫 코를 스탠딩 스티치로 뜬다. • 첫 번째 짧은뜨기 다음 첫 번째 사슬에 단 마무리를 한다.

Note. 7단의 두길긴뜨기를 뜰 때 자신이 손땀이 작은 편이라면 평소보다 좀 더 느슨하게 뜬다는 생각으로 뜨거나, 10개의 두길긴뜨기 중 첫 코와 마지막 코는 두길긴뜨기대신 세길긴뜨기로 뜨도록 한다.

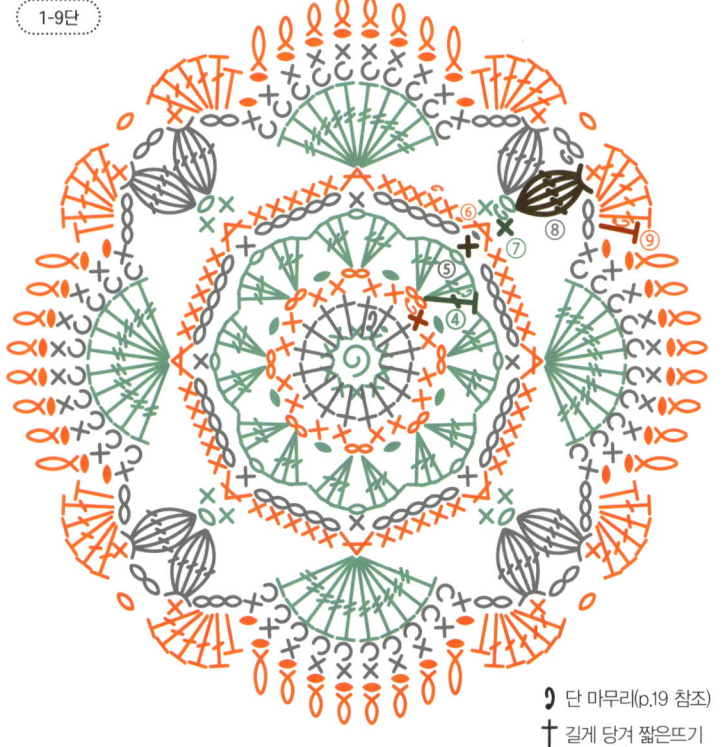

1-9단

⑨ 단 마무리(p.19 참조)
† 길게 당겨 짧은뜨기

8단 한길 5코 팝콘뜨기, 사슬뜨기, 뒤걸어 짧은뜨기 〈48코+20사슬〉
• 사슬 공간에 실E를 연결하며 첫 코를 스탠딩 스티치로 뜬다. • 단의 끝에서는 첫 번째 팝콘뜨기 다음 첫 번째 사슬에 단 마무리를 한다.

9단 긴뜨기, 한길긴뜨기, 짧은뜨기, 사슬뜨기, 빼뜨기, 브룸 스티치 〈96코+4사슬〉
• 첫 번째 팝콘뜨기 앞의 사슬 공간에 실F를 연결하며 첫 코를 스탠딩 스티치로 뜬다.
• 두 번째 코에 단 마무리를 한다.

10단 길게 당겨 한길긴뜨기, 사슬뜨기, 뒤걸어 짧은뜨기, 짧은뜨기 〈96코+8사슬〉
• 8단의 코너에 있는 팝콘뜨기 사이 사슬 공간에 실C를 연결하며 9단의 1-사슬을 감싸서 첫 코를 스탠딩 스티치로 뜬다. • 두 번째 코에 단 마무리를 한다.

11단 긴뜨기, 사슬뜨기, 앞걸어 긴뜨기, 짧은뜨기 〈104코+8사슬〉
• 사슬 공간에 실C를 연결하며 첫 코를 스탠딩 스티치로 뜬다. • 첫 번째 긴뜨기 다음 첫 번째 사슬에 단 마무리를 한다.

12단 짧은뜨기, 긴뜨기 〈112코〉
• 사슬 공간에 실G를 연결하며 첫 코를 스탠딩스티치로 뜬다. • 두 번째 코에 단 마무리를 한다.

브룸 스티치(p.17 참조)   길게 당겨 한길긴뜨기

95 팔각 테두리 사각 모티브 ⓘ

IrShCrochet (Irana Shintarani) — Indonesia
IrShCrochet   iranashintarani

Level 고급
Colors A-갈색, B-연두색, C-겨자색, D-연한 황갈색

INSTRUCTIONS

1단   짧은뜨기 〈8코〉
- 실A로 매직 링을 만들어 뜬다. • 두 번째 코에 단 마무리를 한다.

2단   뒤쪽 반 코 짧은뜨기 〈16코〉
- 임의의 코에 실B를 연결하며 첫 코를 스탠딩 스티치로 뜬다. • 단의 끝에서는 첫 코에 빼뜨기하여 연결한다.

3단   짧은뜨기 〈24코〉
- [사슬 1+짧은뜨기 1]로 뜨기 시작한다. • 두 번째 코에 단 마무리를 한다.

4단   뒤쪽 반 코 짧은뜨기, 앞쪽 반 코 두길 3코 구슬뜨기 〈32코〉
- 임의의 코에 실C를 연결하며 첫 코를 스탠딩 스티치로 뜬다. • 앞쪽 반 코 두길 3코 구슬뜨기는 1단의 남아 있는 앞쪽 반 코에 뜨고, 구슬뜨기 뒤에 숨어 있는 코도 건너뛰지 않도록 주의한다. • 두 번째 코에 단 마무리를 한다.

5단   뒤쪽 반 코 짧은뜨기, 앞걸어 짧은뜨기 〈40코〉
- 구슬뜨기 다음 첫 번째 짧은뜨기 코에 실B를 연결하며 첫 코를 스탠딩 스티치로 뜬다. • 앞걸어 짧은뜨기는 구슬뜨기 코에 뜬다. • 두 번째 코에 단 마무리를 한다.

6단   뒤쪽 반 코 짧은뜨기 〈48코〉
- 앞걸어 짧은뜨기 코에 실A를 연결하며 첫 코를 스탠딩 스티치로 뜬다. • 두 번째 코에 단 마무리를 한다.

7단   짧은뜨기, 앞쪽 반 코 두길 3코 구슬뜨기, 사슬뜨기 〈32코+24사슬〉
- 코 늘림한 곳 중 2번째 코에 실D를 연결하며 첫 코를 스탠딩 스티치로 뜬다. • 짧은뜨기는 6단의 코 늘림 한 곳에 뜨고, 두길 3코 구슬뜨기는 4단의 짧은뜨기 코에 뜬다. (코 늘림한 곳을 제외한 나머지 6단의 코는 건너뛴다.) • 두 번째 코에 단 마무리를 한다.

8단   짧은뜨기, 한길긴뜨기 〈64코〉
- 3-사슬 다음 구슬뜨기 코에 실B를 연결하며 첫 코를 스탠딩 스티치로 뜬다. • 한길긴뜨기는 7단의 3-사슬 뒤에서 6단의 뜨지 않고 남아 있는 코에 뜬다. • 두 번째 코에 단 마무리를 한다.

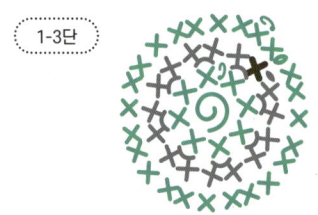

1-3단

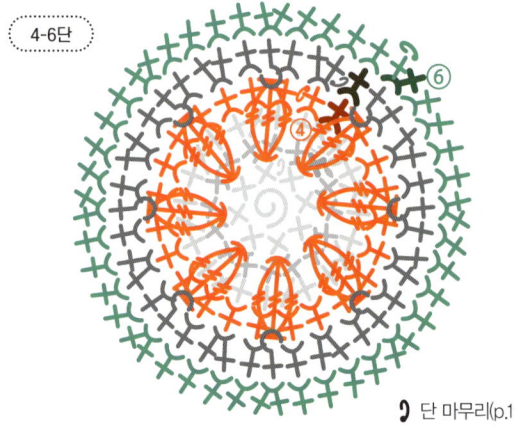

4-6단

단 마무리(p.19 참조)

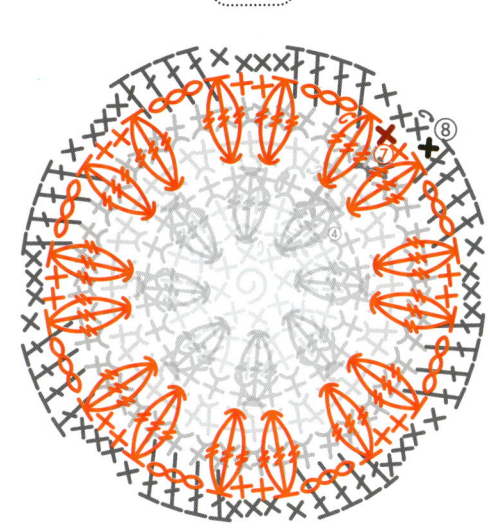

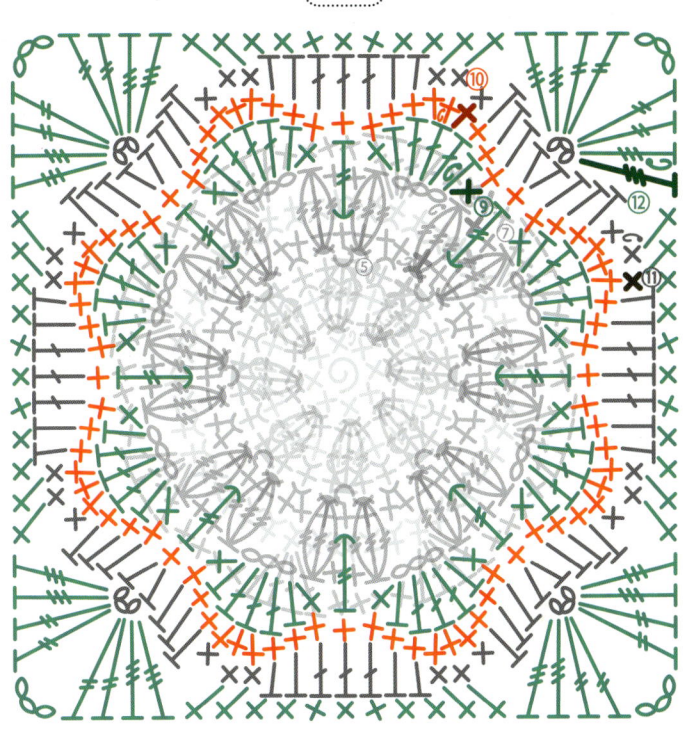

9단 짧은뜨기, 긴뜨기, 한길긴뜨기, 앞쪽 반 코 두길긴뜨기 〈64코〉
- 7단의 3-사슬 공간에 실A를 연결하며 첫 코를 스탠딩 스티치로 뜬다. • 앞쪽 반 코 두길긴뜨기는 5단의 앞걸어 짧은뜨기 코에 뜬다. • 두 번째 코에 단 마무리를 한다.

10단 짧은뜨기 〈80코〉
- 3-한길긴뜨기 중 2번째 코에 실C를 연결하며 첫 코를 스탠딩 스티치로 뜬다. • 두 번째 코에 단 마무리를 한다.

11단 짧은뜨기, 긴뜨기, 사슬뜨기, 한길긴뜨기 〈84코+12사슬〉
- 3-짧은뜨기 중 첫 번째 코에 실B를 연결하며 첫 코를 스탠딩 스티치로 뜬다. • 두 번째 코에 단 마무리를 한다.

12단 세길긴뜨기, 사슬뜨기, 짧은뜨기 〈76코+12사슬〉
- 3-사슬 공간에 실D를 연결하며 첫 코를 스탠딩 스티치로 뜬다. • 두 번째 코에 단 마무리를 한다.

13단 두길긴뜨기, 사슬뜨기, 짧은뜨기, 앞걸어 세길긴뜨기 〈100코+8사슬〉
- 11단의 3-사슬 공간에 실C를 연결하며 첫 코를 스탠딩 스티치로 뜬다. • 코너의 [두길긴뜨기 3+사슬 2+두길긴뜨기 3]은 11단의 3-사슬 공간(12단의 두길긴뜨기 사이 가운데 부분)에 뜬다. • 앞걸어 세길긴뜨기는 10단의 짧은뜨기 코(9단의 두길긴뜨기 위)에 뜨되, 나중에 뜨는 앞걸어 세길긴뜨기는 먼저 뜬 앞걸어 세길긴뜨기 뒤쪽으로 바늘을 넣어 뜬다. • 두 번째 코에 단 마무리를 한다.

14단 짧은뜨기, 사슬뜨기 〈108코+4사슬〉
- 코너의 사슬 공간에 실A를 연결하며 첫 코를 스탠딩 스티치로 뜬다. • 첫 번째 짧은뜨기 다음 첫 번째 사슬에 단 마무리를 한다.

96 꽃 왕관 사각 모티브 112

inas.craft (Inas Fadil Basymeleh) — Indonesia
@inas.craft www.inascraft.com

Level 고급
Colors A-크림색, B-작약 핑크, C-파스텔 핑크, D-진주색

INSTRUCTIONS

1단 짧은뜨기 〈8코〉
- 실A로 매직 링을 만들어 뜬다. • 두 번째 코에 단 마무리를 한다.

2단 한길 3코 팝콘뜨기, 사슬뜨기 〈8코+24사슬〉
- 임의의 코에 실B를 연결하며 첫 코를 스탠딩 스티치로 뜬다. • 첫 번째 팝콘뜨기 다음 첫 번째 사슬에 단 마무리를 한다.

3단 짧은뜨기, 사슬뜨기, 한길긴뜨기 〈40코+16사슬〉
- 3-사슬 공간애 실A를 연결하며 첫 코를 스탠딩 스티치로 뜬다. • 첫 번째 짧은뜨기 다음 첫 번째 사슬에 단 마무리를 한다.

4단 짧은뜨기, 한길긴뜨기, 앞걸어 두길긴뜨기 〈48코〉
- 2-사슬 다음 첫 번째 한길긴뜨기 코에 실C를 연결하며 첫 코를 스탠딩 스티치로 뜬다. • 짧은뜨기는 2-사슬 다음 첫 번째 한길긴뜨기 코에, 한길긴뜨기는 짧은뜨기 코에, 앞걸어 두길긴뜨기는 2단의 팝콘뜨기 코에 뜬다. • 두 번째 코에 단 마무리를 한다.

5단 앞걸어 긴뜨기, 사슬뜨기 〈16코+32사슬〉
- 앞걸어 두길긴뜨기 코에 실D를 연결하며 첫 코를 스탠딩 스티치로 뜬다. • 앞걸어 두길긴뜨기 코와 짧은뜨기 코에 앞걸어 긴뜨기를 뜨게 된다. • 앞걸어 긴뜨기 다음 첫 번째 사슬에 단 마무리를 한다.

6단 짧은뜨기, 사슬뜨기, 앞걸어 한길 2코 모아뜨기 〈32코+40사슬〉
- 앞걸어 긴뜨기 앞 사슬 공간에 실A를 연결하며 첫 코를 스탠딩 스티치로 뜬다. • 첫 번째 짧은뜨기 다음 첫 번째 사슬에 단 마무리를 한다.

7단 한길긴뜨기, 사슬뜨기, 앞걸어 두길긴뜨기/한길긴뜨기, 긴뜨기 〈72코+8사슬〉
- 1-사슬 공간에 실B를 연결하며 첫 코를 스탠딩 스티치로 뜬다. • 앞걸어 두길긴뜨기는 5단의 앞걸어 긴뜨기 코에 뜨고, 앞걸어 한길긴뜨기는 6단의 모아뜨기 코 2개를 한꺼번에 주워서 뜬다. • 직선 구간의 앞걸어 두길긴뜨기 사이(앞걸어 두길긴뜨기 포함)는 실D로 바꿔 뜬다. • 단의 끝에서는 첫 코에 빼뜨기하여 연결한다.

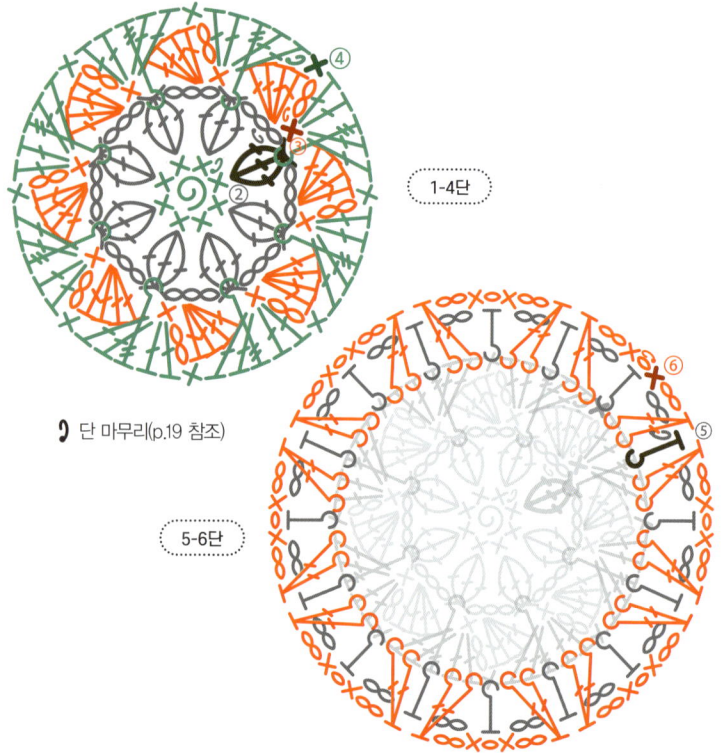

♪ 단 마무리(p.19 참조)

1-4단

5-6단

8단 한길긴뜨기, 사슬뜨기, 앞걸어 한길긴뜨기, 짧은뜨기 〈80코+16사슬〉

- [기둥코 사슬 3(=한길긴뜨기 1)]으로 뜨기 시작한다. • 직선 구간의 앞걸어 한길긴뜨기 사이(앞걸어 한길긴뜨기 포함)는 실D로 뜬다. • 두 번째 코, 즉 기둥코가 아닌 첫 번째 실제 한길긴뜨기 코에 단 마무리를 한다.

9단 한길긴뜨기, 사슬뜨기, 앞걸어 두길긴뜨기 〈104코+8사슬〉

- 코너의 사슬 공간에 실A를 연결하며 첫 코를 스탠딩 스티치로 뜬다. • 직선 구간의 가운데 부분에서 뜨는 앞걸어 두길긴뜨기는 7단의 뜨지 않고 남아 있는 한길긴뜨기 중 4번째 코에 먼저, 3번째 코에 다음에 뜬다는 점에 주의한다. • 두 번째 코에 단 마무리를 한다.

> 이 모티브는 비슷한 핑크 계열을 사용하고 무늬가 서로 어울리는 '핑크 하트 꽃잎 사각 모티브(p.183)'와 매치하면 잘 어울린다.

7-9단 · 실D로 뜨기

97 겹꽃 사각 모티브 ⑫

Crochetedbytess (Therese Eghult) — Sweden
🌐 www.sistersinstitch.com

Level 최고급
Colors A-바닐라색, B-파스텔 핑크, C-작약 핑크, D-빈티지 핑크, E-연두색, F-피스타치오색

INSTRUCTIONS

1단 짧은뜨기 〈8코〉
- 실A로 매직 링을 만들어 뜬다. • 단의 끝에서는 첫 코에 앞쪽 반 코 빼뜨기하여 연결한다.

Note. 단을 연결하면서 뜬 빼뜨기는 2단의 첫 번째 코가 된다.

2단 사슬뜨기, 앞쪽 반 코 빼뜨기 〈28코+20사슬〉
- [사슬 2]로 뜨기 시작한다. • 단의 끝에서는 1단의 마지막 빼뜨기 코에 빼뜨기하여 연결한다.

3단 뒤쪽 반 코 짧은뜨기 〈16코〉
- [사슬 1+뒤쪽 반 코 짧은뜨기 2]로 뜨기 시작한다. • 1단의 남아 있는 뒤쪽 반 코에 각각 [짧은뜨기 2]를 뜬다. • 단의 끝에서는 첫 코에 앞쪽 반 코 빼뜨기하여 연결한다.

Note. 3단의 마지막 빼뜨기는 4단의 첫 번째 코가 된다.

4단 사슬뜨기, 앞쪽 반 코 빼뜨기 〈80코+64사슬/16꼭지〉
- [사슬 4]로 뜨기 시작한다. • 단의 끝에서는 3단의 마지막 빼뜨기 코에 빼뜨기하여 연결한다.

5단 뒤쪽 반 코 짧은뜨기 〈24코〉
- [사슬 1+뒤쪽 반 코 짧은뜨기 1]로 뜨기 시작한다. • 모두 3단의 남아 있는 뒤쪽 반 코에 뜬다. • 단의 끝에서는 첫 코에 앞쪽 반 코 빼뜨기하여 연결한다.

Note. 【뒤쪽 반 코 짧은뜨기 1 → 뒤쪽 반 코 짧은뜨기 2】가 반복되는 구조이다.
Note. 5단의 마지막 빼뜨기는 6단의 첫 번째 코가 된다.

6단 사슬뜨기, 앞쪽 반 코 빼뜨기 〈48코+240사슬/24개의 사슬 줄〉
- [사슬 10]으로 뜨기 시작한다. • 첫 번째 사슬에 단 마무리를 한다.

7단 뒤쪽 반 코 짧은뜨기 〈32코〉
- 5단의 임의의 코(뒤쪽 반 코)에 실B를 연결하며 첫 코를 스탠딩 스티치로 뜬다. • 모두 5단의 남아 있는 뒤쪽 반 코에 뜬다. • 단의 끝에서는 첫 코에 앞쪽 반 코 빼뜨기하여 연결하고, 남아 있는 뒤쪽 반 코에 단수 표시링을 끼워 둔 다음 실을 끊어 정리한다.

Note. 【[뒤쪽 반 코 짧은뜨기 1]×2 → 뒤쪽 반 코 짧은뜨기 2】가 반복되는 구조이다.
Note. 7단의 마지막 빼뜨기는 8단의 첫 번째 코가 된다.

1-2단

3-4단

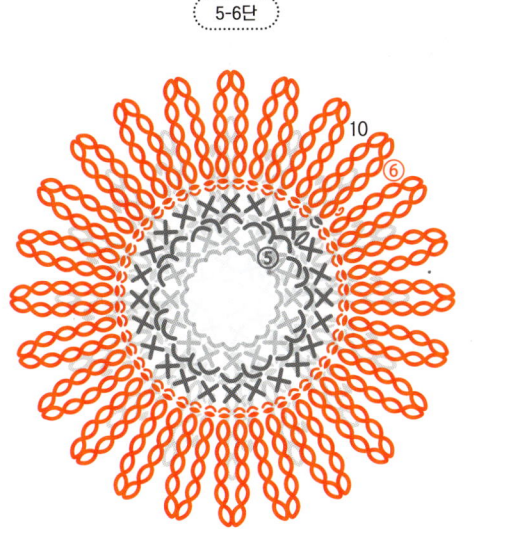

단 마무리(p.19 참조)

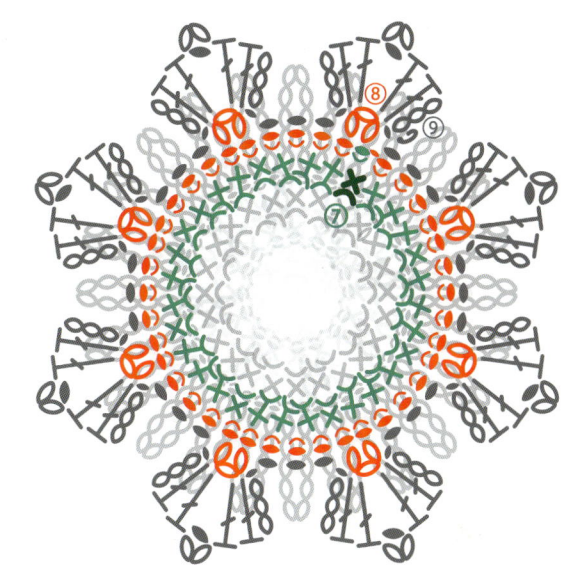

8단 사슬뜨기, 앞쪽 반 코 빼뜨기 〈40코+24사슬〉
- [사슬 3+앞쪽 반 코 빼뜨기 1]로 뜨기 시작한다. • 단의 끝에서는 7단의 마지막 빼뜨기 코에 빼뜨기로 연결한다.

Note.【[앞쪽 반 코 빼뜨기 1+사슬 3+앞쪽 반 코 빼뜨기 1] → [앞쪽 반 코 빼뜨기 1]×3】이 반복되는 구조이다.

9단 빼뜨기, 사슬뜨기, 한길긴뜨기, 2-사슬 피코 〈8개의 꽃잎〉
- 다음 사슬 공간에 [빼뜨기 1+사슬 3+…]으로 뜨기 시작한다. • 첫 번째 빼뜨기 다음 첫 번째 사슬에 단 마무리를 한다.

10단 뒤쪽 반 코 짧은뜨기 〈40코〉
- 7단의 표시링을 끼워 두었던 곳에 실C를 연결하며 첫 코를 스탠딩 스티치로 뜬다. • 모두 7단의 남아 있는 뒤쪽 반 코에 뜬다. • 단의 끝에서는 첫 코에 빼뜨기하여 연결하고, 뒤쪽 반 코에 단수 표시링을 끼워 둔다.

Note.【[뒤쪽 반 코 짧은뜨기 1]×3 → [뒤쪽 반 코 짧은뜨기 2]】가 반복되는 구조이다.

11단 앞쪽 반 코 빼뜨기, 사슬뜨기 〈48코+32사슬〉
- 다음 코에 [앞쪽 반 코 빼뜨기 1]로 뜨기 시작한다.

Note.【[앞쪽 반 코 빼뜨기 1]×4 → [앞쪽 반 코 빼뜨기 1+사슬 4+앞쪽 반 코 빼뜨기 1]】이 반복되는 구조이다.
Note. 11단의 4-사슬은 9단에서 만들어진 꽃잎 사이에 위치해야 한다.

12단 빼뜨기, 사슬뜨기, 두길긴뜨기, 2-사슬 피코 〈8개의 꽃잎〉
- 다음 코에 [빼뜨기 1]로 뜨기 시작한다. • 두 번째 빼뜨기 코에 단 마무리를 한다.

13단 뒤쪽 반 코 짧은뜨기 〈48코〉

- 10단의 표시링을 끼워 두었던 곳에 실D를 연결하며 첫 코를 스탠딩 스티치로 뜬다.
- 모두 10단의 남아 있는 뒤쪽 반 코에 뜬다. • 단의 끝에서는 첫 코에 앞쪽 반 코 빼뜨기하여 연결하고, 이 코의 뒤쪽 반 코에 단수 표시링을 끼워 둔다.

Note. 【[뒤쪽 반 코 짧은뜨기 1]×4 → [뒤쪽 반 코 짧은뜨기 2]】가 반복되는 구조이다.
Note. 13단의 마지막 빼뜨기는 14단의 첫 코가 된다.

14단 앞쪽 반 코 빼뜨기, 사슬뜨기 〈56코+32사슬〉

- 다음 코에 [앞쪽 반 코 빼뜨기 1]로 뜨기 시작한다. • 단의 끝에서는 첫 코에 빼뜨기하여 연결한다.

Note. 【[앞쪽 반 코 빼뜨기 1]×5 → [앞쪽 반 코 빼뜨기 1+사슬 4+앞쪽 반 코 빼뜨기 1]】이 반복되는 구조이다.
Note. 14단의 4-사슬은 12단에서 만들어진 꽃잎 사이에 위치해야 한다.

15단 빼뜨기, 사슬뜨기, 세길긴뜨기, 2-사슬 피코 〈8개의 꽃잎〉

- 다음 코에 [빼뜨기 1]로 뜨기 시작한다. • 두 번째 코에 단 마무리를 한다.

16단 뒤쪽 반 코 짧은뜨기 〈56코〉

- 13단의 표시링을 끼워 두었던 곳에 실E를 연결하며 첫 코를 스탠딩 스티치로 뜬다.
- 모두 13단의 남아 있는 뒤쪽 반 코에 뜬다. • 단의 끝에서는 첫 코에 빼뜨기하여 연결한다.

Note. 【[뒤쪽 반 코 짧은뜨기 1]×5 → [뒤쪽 반 코 짧은뜨기 2]】가 반복되는 구조이다.

17단 한길긴뜨기, 사슬뜨기, 긴뜨기, 짧은뜨기 〈64코+8사슬〉

- [기둥코 사슬 3(=한길긴뜨기 1)+한길긴뜨기 1]로 뜨기 시작한다. • 두 번째 코, 즉 기둥코가 아닌 첫 번째 실제 한길긴뜨기 코에 단 마무리를 한다.

18단 두길 3코 구슬뜨기, 사슬뜨기, 두길긴뜨기 〈56코+52사슬〉

- 코너의 사슬 공간에 실E를 연결하며 첫 코를 스탠딩 스티치로 뜬다. • 직선 구간의 중심에 있는 [두길 3코 구슬뜨기 ~ 두길 3코 구슬뜨기] 부분은 17단의 두 번째와 세 번째 짧은뜨기 사이에 뜬다. • 단의 끝에서는 첫 번째 구슬뜨기 코에 빼뜨기하여 연결한다.

19단 짧은뜨기 〈96코〉

- [사슬 1+짧은뜨기 1]로 뜨기 시작한다. • 두길긴뜨기 코에 뜨는 짧은뜨기 다음에 뜨는 짧은뜨기는 뜨개 사이에 뜬다. • 두 번째 코에 단 마무리를 한다.

20단 한길긴뜨기, 사슬뜨기, 앞걸어 두길긴뜨기, 긴뜨기, 앞걸어 긴뜨기, 짧은뜨기 〈108코+4사슬〉

- 코너에 뜬 7-짧은뜨기 중 4번째 코에 실F를 연결하며 첫 코를 스탠딩 스티치로 뜬다.
- 앞걸어 두길긴뜨기와 앞걸어 긴뜨기는 18단의 구슬뜨기 코에 뜬다. • 두 번째 코에 단 마무리를 한다.

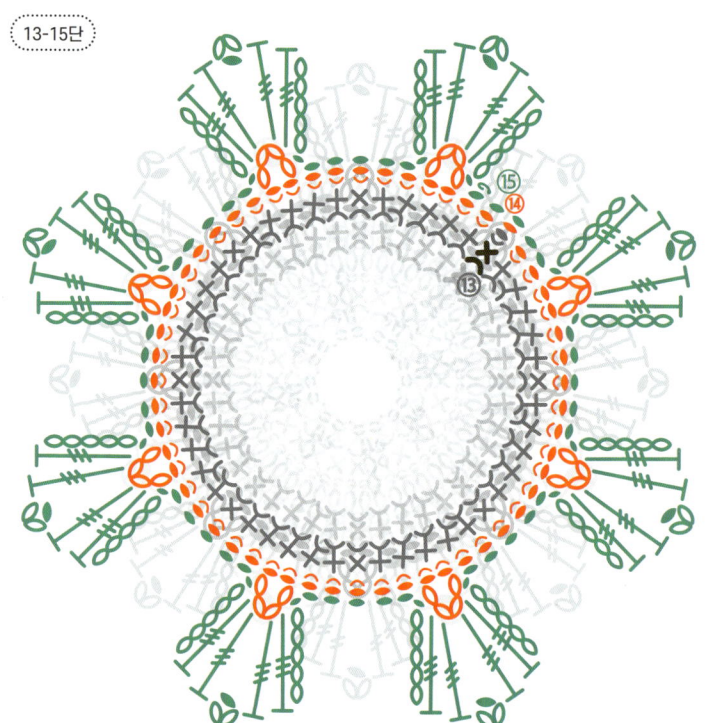

13-15단

16-20단

98 4-하트 사각 모티브 ⓘ

Designs By Muggins (Margaret MacInnis) — Canada
ⓒ mugginsquilts f DesignsbyMuggins ⊕ www.designsbymuggins.com

Level 최고급
Colors A-진한 주황, B-크림색, C-진한 청록

INSTRUCTIONS

1단 짧은뜨기 〈8코〉
- 실A로 매직 링을 만들어 뜬다. • 두 번째 코에 단 마무리를 한다.

2단 뒤쪽 반 코 짧은뜨기, 사슬뜨기 〈12코+8사슬〉
- 임의의 코에 실B를 연결하며 첫 코를 스탠딩 스티치로 뜬다. • 단의 끝에서는 첫 코에 빼뜨기하여 연결하고, 바늘에 걸린 마지막 고리에 단수 표시링을 끼운 다음 실과 함께 편물 뒤로 넘겨둔다.

Note. 단을 올라가며 두 색의 실을 번갈아 뜨게 되므로, 서로 엉키지 않도록 실 하나는 오른쪽에, 나머지 하나는 왼쪽에 두고 뜨도록 한다.

3단 뒤쪽 반 코 짧은뜨기, 짧은뜨기, 사슬뜨기 〈20코+8사슬〉
- 2-사슬 다음 첫 번째 코의 뒤쪽 반 코에 실C를 연결하며 첫 코를 스탠딩 스티치로 뜬다. • 직선 구간에서 [뒤쪽 반 코 짧은뜨기 1]×3, 코너의 사슬 공간에 [짧은뜨기 1+사슬 2+짧은뜨기 1]을 뜨게 된다. • 단의 끝에서는 첫 코에 빼뜨기하여 연결하고, 바늘에 걸린 마지막 고리에 단수 표시링을 끼운 다음 실과 함께 편물 뒤로 넘겨둔다.

Note. 이후 14단까지 단의 끝에서 단수 표시링을 끼우고 편물 뒤로 넘겨두는 작업을 동일하게 반복한다.

4단 뒤쪽 반 코 짧은뜨기, 앞쪽 반 코 한길긴뜨기, 짧은뜨기, 사슬뜨기 〈28코+8사슬〉
- 2-사슬 다음 짧은뜨기의 뒤쪽 반 코에서 표시링을 끼워 두었던 2단의 고리(실B)를 길게 당겨 뺀 다음 느슨하게 [사슬 1]을 뜬다. 그리고 [다음 코에 뒤쪽 반 코 짧은뜨기 1]로 뜨기 시작한다. • 앞쪽 반 코 한길긴뜨기는 2단의 남아 있는 앞쪽 반 코(3단에서 뒤쪽 반 코를 주워 떴으므로)에 뜨게 된다. • 사슬 공간에는 [짧은뜨기 1+사슬 2+짧은뜨기 1]을 뜬다. • 단의 끝에서는 길게 당긴 고리 두 가닥에 빼뜨기하여 연결하고, 바늘에 걸린 마지막 고리에 단수 표시링을 끼우고, 실과 함께 편물 뒤로 넘겨둔다.

Note. 4단 이후부터 단의 첫 코는 모두 이전 단에서 표시링을 걸어두었던 고리를 길게 당겨 뺀 다음 느슨하게 [사슬 1](=짧은뜨기 1)을 떠서 시작한다. 단을 한 바퀴 돌아 이곳에 빼뜨기를 할 때는 길게 당긴 루프 두 가닥에 뜨면 된다. 이후에 뜨는 단에서 이곳의 코를 뜰 때는 빼뜨기 부분에 뜨면 된다. 이는 이후 모두 동일하다.

Note. 느슨하게 뜬 [사슬 1]도 1코로 센다.

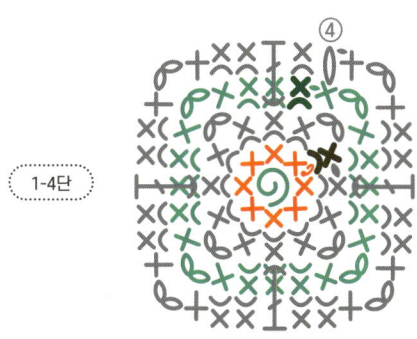

1-4단

❾ 단 마무리(p.19 참조)

5단 뒤쪽 반 코 짧은뜨기, 한길긴뜨기 겹뜨기 〈40코〉

• 중심코 다음의 뒤쪽 반 코에서 [3단(실C)에서 고리 당겨오기+느슨한 사슬 1]로 뜨기 시작한다. • 코너에서는 4단의 사슬을 감싸며 3단의 2-사슬 공간에 뜬다. • 단의 끝에서는 빼뜨기 후 단수 표시링을 끼우고, 편물 뒤로 넘겨둔다.

Note. 코너를 지난 다음 첫 번째 뜨는 짧은뜨기 코는 빠뜨리기 쉬우므로 정확하게 확인하며 뜬다.

6단 앞쪽 반 코 한길긴뜨기, 뒤쪽 반 코 짧은뜨기, 짧은뜨기, 사슬뜨기 〈44코+8사슬〉

• 중심코에서 2코 앞의 뒤쪽 반 코에서 [4단(실B)에서 고리 당겨오기+느슨한 사슬 1]로 뜨기 시작한다. • 앞쪽 반 코 한길긴뜨기는 4단에, 뒤쪽 반 코 짧은뜨기는 5단에 뜨게 된다. • 단의 끝에서는 빼뜨기 후 단수 표시링을 끼우고, 편물 뒤로 넘겨둔다.

Note. 이후 모든 단에서 뜨는 앞쪽 반 코 한길긴뜨기/두길긴뜨기/긴뜨기는 해당 단의 전전단의 코에 뜨고, 뒤쪽 반 코 짧은뜨기는 전단의 코에 뜬다.

7단 뒤쪽 반 코 짧은뜨기, 앞쪽 반 코 한길긴뜨기/두길긴뜨기 〈56코〉

• 중심코에서 2번째의 뒤쪽 반 코에서 [5단(실C)에서 고리 당겨오기+느슨한 사슬 1]로 뜨기 시작한다. • 단의 끝에서는 빼뜨기 후 단수 표시링을 끼우고, 편물 뒤로 넘겨둔다.

Note. 코너 부분은 6단 부분을 뒤로 젖혀 놓고 뜨면 좋다.

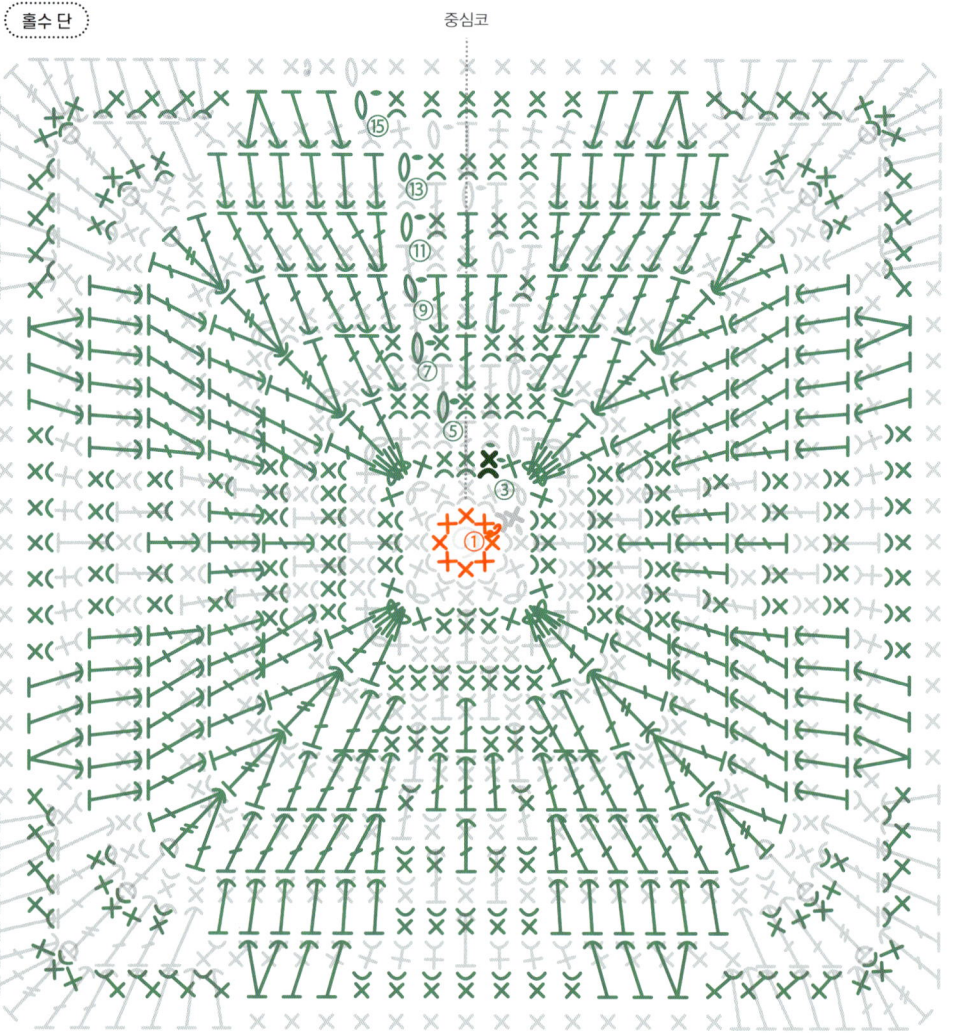

8단 뒤쪽 반 코 짧은뜨기, 앞쪽 반 코 한길긴뜨기 〈64코〉

• 중심코에서 1코 앞의 뒤쪽 반 코에서 [6단(실B)에서 고리 당겨오기+느슨한 사슬 1]로 뜨기 시작한다. • 단의 끝에서는 빼뜨기 후 단수 표시링을 끼우고, 편물 뒤로 넘겨둔다.

9단 앞쪽 반 코 한길긴뜨기/두길긴뜨기, 뒤쪽 반 코 짧은뜨기 〈64코〉

• 중심코에서 2번째의 뒤쪽 반 코에서 [7단(실C)에서 고리 당겨오기+느슨한 사슬 1]로 뜨기 시작한다. • 단의 끝에서는 빼뜨기 후 단수 표시링을 끼우고, 편물 뒤로 넘겨둔다.

10단 짧은뜨기, 앞쪽 반 코 한길긴뜨기 〈72코〉

• 중심코에서 1코 앞의 뒤쪽 반 코에서 [8단(실B)에서 고리 당겨오기+느슨한 사슬 1]로 뜨기 시작한다. • 단의 끝에서는 빼뜨기 후 단수 표시링을 끼우고, 편물 뒤로 넘겨둔다.

11단 앞쪽 반 코 한길긴뜨기/두길긴뜨기, 뒤쪽 반 코 짧은뜨기 〈80코〉

• 중심코에서 2번째의 뒤쪽 반 코에서 [9단(실C)에서 고리 당겨오기+느슨한 사슬 1]로 뜨기 시작한다. • 단의 끝에서는 빼뜨기 후 단수 표시링을 끼우고, 편물 뒤로 넘겨둔다.

12단 앞쪽 반 코 한길긴뜨기, 뒤쪽 반 코 짧은뜨기, 앞걸어 한길긴뜨기 〈88코〉

• 중심코의 뒤쪽 반 코에서 [10단(실B)에서 고리 당겨오기+느슨한 사슬 1]로 뜨기 시작한다. • 코너에서 뜨는 앞걸어 한길긴뜨기는 전단의 코에 뜬다. • 단의 끝에서는 빼뜨기 후 단수 표시링을 끼우고, 편물 뒤로 넘겨둔다.

Note. 12/14/16단의 코너에서 뜨는 앞걸어 한길긴뜨기 또는 앞걸어 두길긴뜨기는 전단의 코에 뜬다. 이는 하트의 모서리의 움푹 팬 모양을 표현하기 위해 뜨개에 변화를 준 것이다.

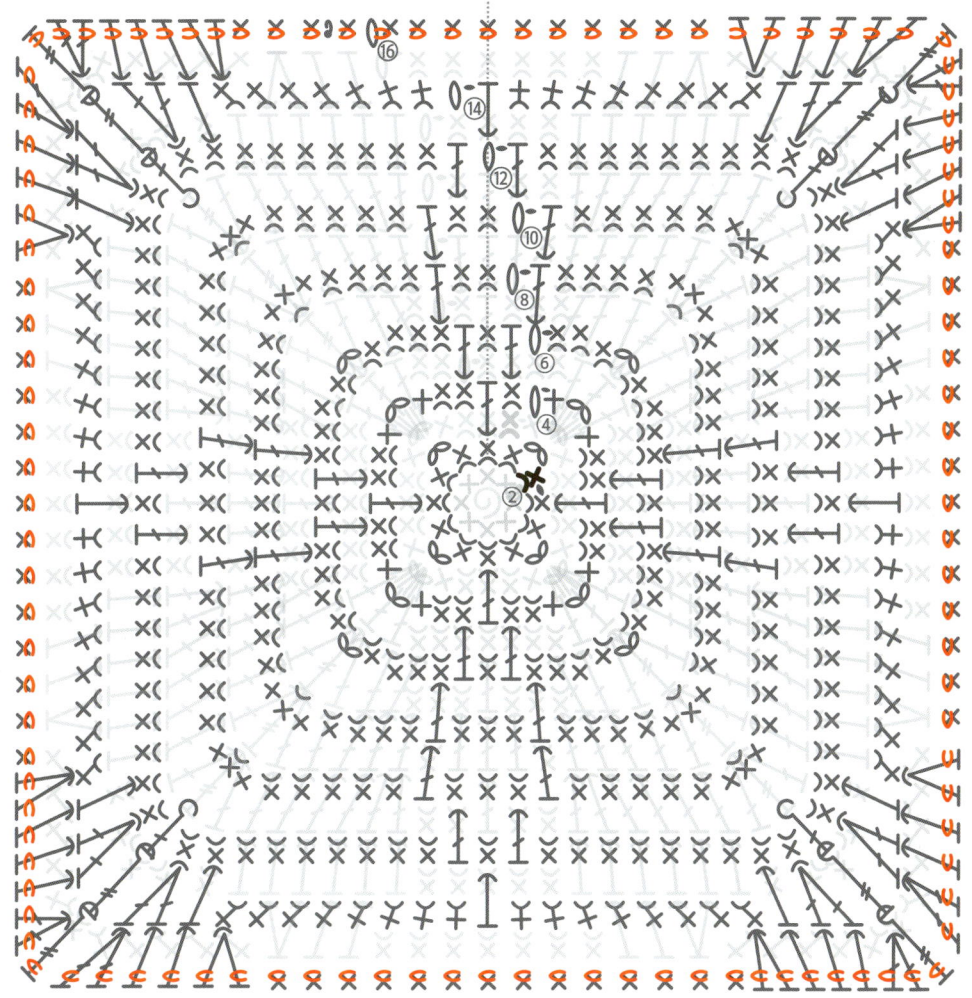

이 모티브는 실B와 C의 색을 완전히 대비되게 배색하여 뜰 때 최상의 결과물이 나온다.

13단 앞쪽 반 코 긴뜨기, 뒤쪽 반 코 짧은뜨기 〈88코〉
• 중심코에서 2번째의 뒤쪽 반 코에서 [11단(실C)에서 고리 당겨오기+느슨한 사슬 1]로 뜨기 시작한다. • 단의 끝에서는 빼뜨기 후 단수 표시링을 끼우고, 편물 뒤로 넘겨둔다.

14단 뒤쪽 반 코 짧은뜨기, 앞쪽 반 코 긴뜨기/한길긴뜨기, 앞걸어 두길긴뜨기 〈96코〉
• 중심코 다음의 뒤쪽 반 코에서 [12단(실B)에서 고리 당겨오기+느슨한 사슬 1]로 뜨기 시작한다. • 단의 끝에서는 길게 당긴 고리 두 가닥에 빼뜨기하여 연결하고, 바늘에 걸린 고리에 표시링을 끼운 다음 편물 뒤로 넘겨둔다.

15단 앞쪽 반 코 긴뜨기, 앞쪽 반 코 긴뜨기 2코 모아뜨기, 뒤쪽 반 코 짧은뜨기 〈96코〉
• 중심코에서 3번째의 뒤쪽 반 코에서 [13단(실C)에서 고리 당겨오기+느슨한 사슬 1]로 뜨기 시작한다. • 단의 끝에서는 빼뜨기 후 단수 표시링을 끼우고, 편물 뒤로 넘겨둔다.

16단 짧은뜨기, 앞쪽 반 코 긴뜨기/한길긴뜨기, 앞걸어 두길긴뜨기 〈112코〉
• 중심코에서 3번째 코에서 [14단(실B)에서 고리 당겨오기+느슨한 사슬 1]로 뜨기 시작한다. • 코너의 앞걸어 두길긴뜨기 앞에서 뜨는 [앞쪽 반 코 한길긴뜨기 2]는 14단의 앞걸어 두길긴뜨기의 앞쪽 반 코와 15단의 짧은뜨기 머리 사슬을 함께 주워서 뜬다. 그리고 앞걸어 두길긴뜨기 다음에 뜨는 [앞쪽 반 코 한길긴뜨기 2]도 같은 방법으로 뜬다. • 단의 끝에서는 길게 당긴 고리 두 가닥에 뒤쪽 반 코 짧은뜨기를 하고, 두 번째 코에 단 마무리를 한다.

장식용 테두리   표면 빼뜨기
실A로 16단을 둘러가며 표면 빼뜨기를 하고 실 정리를 한다.

99 물결 사각 모티브 ⓘ

Madelenón (Soledad Iglesias Silva) — Argentina
🏀 www.madelenon.com ⓘ @handmadelenon f madelenonface

Level 최고급
Colors A-복숭아색, B-멜론색

INSTRUCTIONS

Note. 이 패턴에서 홀수 단은 짝수 단을 뜨기 위한 기초 사슬이 된다.

1단 사슬뜨기 〈7코〉
- 실A로 [사슬 7]을 뜨고 첫 번째 사슬에 빼뜨기하여 원형 고리를 만든다.

2단 한길긴뜨기, 사슬뜨기 〈16코+4사슬〉
- [기둥코 사슬 3(=한길긴뜨기 1)]으로 뜨기 시작한다. • 원형 고리 안에 바늘을 넣어 뜬다. • 단의 끝에서는 3번째 사슬에 빼뜨기하여 연결하고, [사슬 3]을 뜬 다음 단수 표시링을 마지막 사슬에 끼워 둔다.

3단 사슬뜨기, 짧은뜨기 〈4개의 사슬 고리〉
- 2단의 4-한길긴뜨기 중 두 번째와 세 번째 코 사이에 (1단의 사슬을 감싸며) 빼뜨기로 실B를 연결하고, [사슬 6]으로 뜨기 시작한다. • 이후 짧은뜨기도 같은 방법으로 1단의 사슬을 감싸며 2단의 4-한길긴뜨기 중간에 뜬다. • 단의 끝에서는 [사슬 3+두길긴뜨기 1]로 첫 번째 빼뜨기에 연결한다.

Note. 빼뜨기로 실B 연결하기: 실 끝으로 시작코를 만든 다음 시작코를 바늘에 끼우고, 바늘을 원형 고리 안으로 넣었다가 2단의 4-한길긴뜨기 중간으로 바늘 끝을 뺀 다음 실을 감아 당겨 빼서 빼뜨기를 한다.

4단 한길긴뜨기, 사슬뜨기 〈32코+8사슬〉
- 뜨던 실(실B)로 2단의 1-사슬 공간으로 바늘을 넣어 [빼뜨기 1]을 한 다음 [기둥코 사슬 3(=한길긴뜨기 1)]으로 뜨기 시작한다. • 이후 한길긴뜨기는 모두 3단의 6-사슬을 감싸며 2단의 1-사슬 공간에 뜬다. • 단의 끝에서는 3번째 사슬에 빼뜨기하여 연결하고, [사슬 3]을 뜬 다음 단수 표시링을 마지막 사슬에 끼워 둔다.

Note. 이후 짝수 단은 모두 뜨던 실로 [전전단의 1-사슬 공간에 빼뜨기 1+기둥코 사슬 3]으로 뜨기 시작한다. 단의 끝에서는 3번째 사슬에 빼뜨기하여 연결하고, [사슬 3]을 뜬 다음 단수 표시링을 마지막 사슬에 끼워 둔다. 중복되는 설명은 생략한다.

Note. 4단을 뜨면서 2단 끝에 표시링을 끼워 둔 [사슬 3]은 편물의 앞쪽으로 빼 둔다. 이후 모든 짝수 단에서는 마지막에 뜨고 단수 표시링을 걸어 둔 [사슬 3]은 편물 앞으로 빼 둔다.

5단 사슬뜨기, 짧은뜨기 〈8개의 사슬 고리〉
- 표시링을 끼워 두었던 2단의 고리(실A)에 다시 바늘을 끼우고, [사슬 3]으로 뜨기 시

1-5단

단 마무리(p.19 참조)

작한다. (총 사슬 60이 됨) •짧은뜨기는 (3단의 6-사슬을 감싸며) 4단의 4-한길긴뜨기 중 2번째와 3번째 사이에, 그리고 2단의 4-한길긴뜨기 중 2번째와 3번째 사이에 뜨게 된다. •단의 끝에서는 [사슬 3+2단의 마지막 빼뜨기와 같은 코에 두길긴뜨기 1]로 연결한다.

Note. 이후 13단까지의 홀수 단에서는 모두 3개 단 전에 표시링을 끼워 두었던 고리에 다시 바늘을 끼우고 [사슬 3]으로 뜨기 시작하고, 단의 끝에서는 [사슬 3+마지막 빼뜨기와 같은 코에 두길긴뜨기 1]로 연결한다. 중복되는 설명은 생략한다.

6단 한길긴뜨기, 사슬뜨기 〈48코+12사슬〉
• 실A / 직선 구간에서의 한길긴뜨기는 (5단의 6-사슬을 감싸며) 4단의 1-사슬 공간에, 코너에서의 한길긴뜨기는 4단의 4-한길긴뜨기 중 2번째와 3번째 사이에 뜬다.

7단 사슬뜨기, 짧은뜨기 〈12개의 사슬 고리〉
• 실B / 직선 구간에서의 짧은뜨기는 4단의 4-한길긴뜨기 사이, 코너에서의 짧은뜨기는 4단의 4-한길긴뜨기 중 1번째와 2번째 사이/3번째와 4번째 사이에 뜬다.

8단 한길긴뜨기, 사슬뜨기 〈64코+16사슬〉
• 실B / 한길긴뜨기는 모두 6단의 1-사슬 공간에 뜨되, 코너에서는 7단의 6-사슬을 감싸며 뜬다.

9단 사슬뜨기, 짧은뜨기 〈16개의 사슬 고리〉
• 실A / 직선 구간에서의 짧은뜨기는 6단의 4-한길긴뜨기 사이, 코너에서의 짧은뜨기는 (7단의 6-사슬을 감싸며) 6단의 1-사슬 공간에 뜬다.

10단 한길긴뜨기, 사슬뜨기 〈80코+20사슬〉
• 실A / 직선 구간에서의 한길긴뜨기는 (9단의 6-사슬을 감싸며) 8단의 1-사슬 공간에, 코너에서의 한길긴뜨기는 8단의 4-한길긴뜨기 중 2번째와 3번째 사이에 뜬다.

11단 사슬뜨기, 짧은뜨기 〈20개의 사슬 고리〉
• 실B / 직선 구간에서의 짧은뜨기는 8단의 4-한길긴뜨기 사이, 코너에서의 짧은뜨기는 8단의 4-한길긴뜨기 중 1번째와 2번째 사이/3번째와 4번째 사이에 뜬다.

12단 한길긴뜨기, 사슬뜨기 〈96코+12사슬〉
• 실B / 한길긴뜨기는 모두 (11단의 6-사슬을 감싸며) 10단의 1-사슬 공간에 뜬다.

13단 짧은뜨기, 사슬뜨기 〈104코+8사슬〉
• 코너의 사슬 다음에 있는 코에 실A를 연결하며 첫 코를 스탠딩 스티치로 뜬다. •두 번째 코에 단 마무리를 한다.

짝수 단

홀수 단

100 플라워 헤드 사각 모티브 ⓘ12

Crochetedbytess (Therese Eghult) — Sweden
🔗 www.sistersinstitch.com

Level 고급
Colors A-크림색, B-올드 핑크, C-유칼립투스색, D-진주색, E-자작나무색

INSTRUCTIONS

1단 4-방울뜨기, 사슬뜨기 〈6코+18사슬〉
• 실A로 매직 링을 만들어 뜬다. • 단의 끝에서는 첫 번째 방울뜨기의 마지막 사슬에 빼뜨기하여 연결한다.

2단 앞걸어 짧은뜨기, 짧은뜨기 〈24코〉
• 방울뜨기 코에 [앞걸어 짧은뜨기 1]로 뜨기 시작한다. • 두 번째 코에 단 마무리를 한다.

3단 앞걸어 두길 4코 구슬뜨기, 사슬뜨기, 짧은뜨기 〈18코+6사슬〉
• 앞걸어 짧은뜨기 코에 실B를 연결하며 첫 코를 스탠딩 스티치로 뜬다. • 첫 번째 구슬뜨기 다음 첫 번째 사슬에 단 마무리를 한다.

Note. 뜨는 순서: 앞걸어 두길 4코 구슬뜨기 → 사슬 1 → 4코 건너뛰기 → [짧은뜨기 1]×2 → [방금 건너뛰었던 앞걸어 짧은뜨기 코에 앞걸어 두길 4코 구슬뜨기 → 사슬 1 → 2코 건너뛰기 → [짧은뜨기 1]×2]×5
Note. 3단의 마지막 짧은뜨기 2코는 첫 번째 구슬뜨기 뒤에서 떠진다.

4단 짧은뜨기, 사슬뜨기 〈12코+36사슬〉
• 사슬 공간에 실C를 연결하며 첫 코를 스탠딩 스티치로 뜬다. • 단의 끝에서는 첫 코에 빼뜨기하여 연결한다.

5단 한길 5코 팝콘뜨기, 사슬뜨기, 짧은뜨기 〈48코+18사슬〉
• 다음 사슬 공간에 [빼뜨기 1+첫 번째 한길 5코 팝콘뜨기]로 뜨기 시작한다. • 단의 끝에서는 첫 번째 팝콘뜨기 코에 빼뜨기하여 연결한다.

Note. 첫 번째 한길 5코 팝콘뜨기=기둥코 사슬 3(=한길긴뜨기 1)+한길긴뜨기 4+바늘을 뺐다가 기둥코의 3번째 사슬에 바늘을 넣고 바늘 끝에 마지막 고리를 걸어 빼낸 다음, [사슬 1]로 마무리한다(마지막 사슬은 별도의 코로 세지 않음).

6단 짧은뜨기, 사슬뜨기 〈12코+48사슬〉
• [짧은뜨기 1]로 뜨기 시작한다. • 이후 모든 짧은뜨기는 팝콘뜨기 코에 뜬다. • 첫 번째 짧은뜨기 코에 단 마무리를 한다.

7단 한길긴뜨기, 빼뜨기 〈66코〉
• 5-사슬 공간에 실A를 연결하며 첫 코)를 스탠딩 스티치로 뜬다. • 한길긴뜨기는 5-사슬 공간에, 빼뜨기는 3-사슬 중 2번째 사슬에 뜬다. • 두 번째 코에 단 마무리를 한다.

1-2단

↪ 단 마무리(p.19 참조)

3-7단

플라워 헤드 짧은뜨기, 긴뜨기, 한길긴뜨기 〈6개, 각 11코〉
• 5단의 팝콘뜨기 사이 사슬 공간에 실D를 연결하며 첫 코를 스탠딩 스티치로 뜬다. • 5단의 2-사슬 공간에 [짧은뜨기 1+긴뜨기 2+한길긴뜨기 3]을 뜨고, 편물을 돌려 안쪽이 보이는 상태에서 7단의 빼뜨기를 기준으로 6단의 3-사슬 공간 오른쪽과 왼쪽에 각각 [한길긴뜨기 3], [한길긴뜨기 2]를 뜬다. 그리고 첫 번째 짧은뜨기에 마무리를 한다. • 각 팝콘뜨기 사이 사슬 공간에 총 6개를 뜬다.

8단 뒤걸어 긴뜨기 〈60코〉
• 7단의 첫 번째 한길긴뜨기에 실E를 연결하며 첫 코를 스탠딩 스티치로 뜬다. • 단의 끝에서는 첫 코에 빼뜨기하여 연결한다.

9단 앞쪽 반 코 한길긴뜨기 〈300코〉
• [기둥코 사슬 3(=한길긴뜨기 1)]으로 뜨기 시작한다. • 두 번째 코에 단 마무리를 한다.

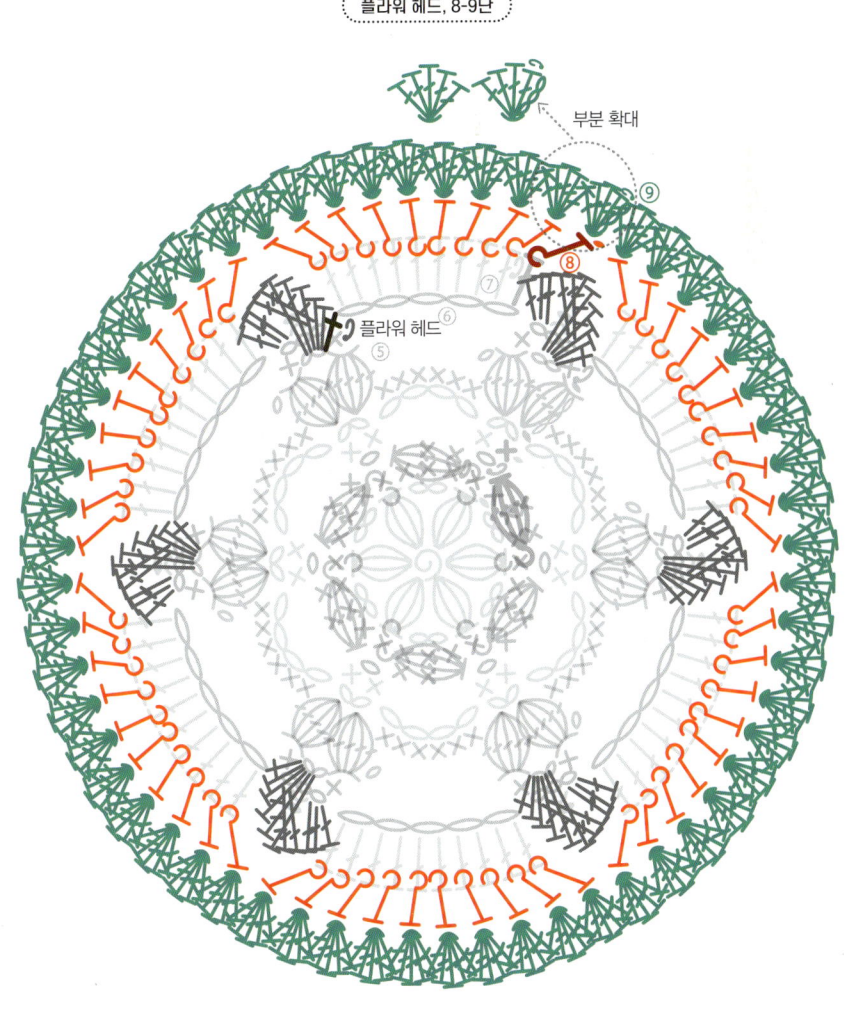

플라워 헤드, 8-9단

부분 확대

205

10단 뒤쪽 반 코 긴뜨기, 사슬뜨기 〈72코+8사슬〉

• 8단의 뒤걸어 긴뜨기 뒤쪽 반 코에 실A를 연결하며 첫 코를 스탠딩 스티치로 뜬다. • 단의 끝에서는 첫 코에 빼뜨기 하여 연결한다.

Note. 러플을 앞쪽으로 기울여놓고 뜨면 더 편리하다.
Note. 뒤쪽 반 코 긴뜨기를 뜰 때 뒤쪽 반 코와 서드 루프를 함께 주워 뜨면 더 견고하게 완성된다.

11단 긴뜨기, 사슬뜨기, 짧은뜨기 〈64코+28사슬〉

• 다음 코에 [빼뜨기 1]로 뜨기 시작한다. • 두 번째 코에 단 마무리를 한다.

12단 한길긴뜨기, 사슬뜨기, 긴뜨기, 4-방울뜨기 〈96코+8사슬〉

• 코너의 사슬 공간에 실E를 연결하며 첫 코를 스탠딩 스티치로 뜬다. • 두 번째 코에 단 마무리를 한다.
Note. 이 단의 방울뜨기는 마지막에 [사슬 1]로 마무리한다(콧수로 세지 않음).

13단 짧은뜨기, 사슬뜨기 〈108코+4사슬〉

• 코너의 사슬 공간에 실E를 연결하며 첫 코를 스탠딩 스티치로 뜬다. • 12단의 방울뜨기에 뜨는 짧은뜨기는 마무리하는 사슬이 아니라 방울뜨기 코에 뜬다는 점에 주의한다. • 두 번째 코에 단 마무리를 한다.

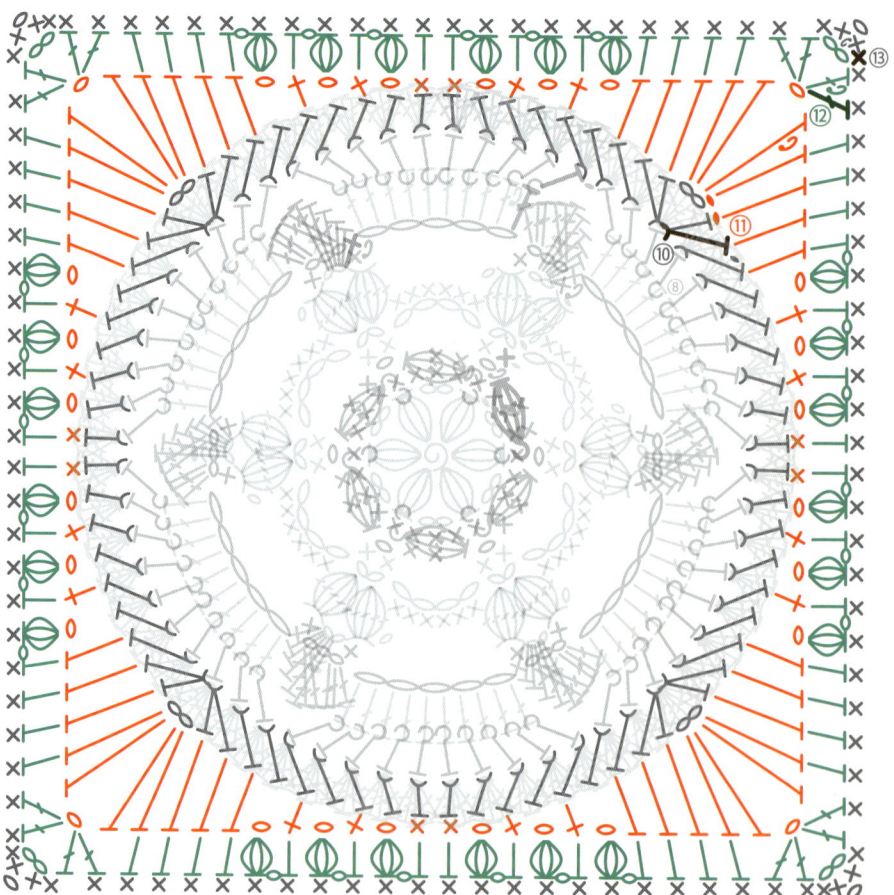

이 책에 실린 도안들은 원작자의 창작물로, 저작권법의 보호를 받습니다. 도안의 무단복제 및 배포, 도안을 이용한 작품의 상업적 이용을 금합니다.

이 책에 참여한 작가들

Sari Åström (Arteeni)
Pam Knighton-Haener (A Yarn of Serendipity)
Christine Bateman (CatsWhiskers Crochet)
Susana Villalobos (Conmismanoss)
Celine Semaan (Crafty CC)
Joy Clements (Crochet Road)
Therese Eghult (Crochetedbytess)
Margaret MacInnis (DesignsByMuggins)
Emmi Hai
Inas Basymeleh (inas.craft)
Irene Strange
Irana Shintarani (IrSh Crochet)
Soledad Iglesias Silva (Madelenón)
Marie Orhon (Marie et ses jolies choses)
Simone Conrad (Ms.Eni)
Mandy O'Sullivan (RedAgape)
Caitie Moore (Thoresby Cottage)
Chrissy Callahan (TurtleBunny Creations)
Nurul A Putri (Ukaracraft)
Mikaela Bates (Vivid Kreations)
Melissa Bradley (Yarn Blossom Boutique)
Anna Edina Tekten (Zipzipdreams)
Shelley Husband (Spincushions)

도안

Amy Gunderson,
IG @amyyounggunderson,
Ravelry: amygunderson

사진

Sophie Peirsman,
www.sophiepeirsman.be

실 제공

Yarn and Colors,
www.yarnandcolors.com

그래니 스퀘어 사각 모티브 100 소스북
: 코바늘 손뜨개 사각 모티브 도안과 믹스앤매치

1판 4쇄 펴냄   2025년 10월 20일

지은이   Amigurumipatterns.net
펴낸이   정현순
인쇄   ㈜한산프린팅

펴낸곳   ㈜북핀
등록   제2021-000086호(2021. 11. 9)
주소   경기도 부천시 조마루로385번길 92
연락처   TEL: 032-240-6110   FAX: 02-6969-9737

ISBN   979-11-91443-08-0 13630
값   27,000원

이 책은 저작권법에 따라 보호받는 저작물이므로 무단전재와 무단복제를 금합니다.
파본이나 잘못 만들어진 책은 구입하신 서점에서 바꾸어 드립니다.